TIA-CLAIR TOOMEY-ORR

MIT DER KRAFT DES HERZENS

Finde dein Warum,
stärke dein Mindset und
werde unbesiegbar

TIA-CLAIR TOOMEY-ORR

MIT DER KRAFT DES HERZENS

riva

Bibliografische Information der Deutschen Nationalbibliothek:
Die Deutsche Nationalbibliothek verzeichnet diese Publikation in der Deutschen Nationalbibliografie; detaillierte bibliografische Daten sind im Internet über http://d-nb.de abrufbar.

Für Fragen und Anregungen:
info@m-vg.de

Wichtige Hinweise
Dieses Buch ist für Lernzwecke gedacht. Es stellt keinen Ersatz für eine individuelle medizinische Beratung dar und sollte auch nicht als solcher benutzt werden. Wenn Sie medizinischen Rat einholen wollen, konsultieren Sie bitte einen qualifizierten Arzt. Der Verlag und die Autorin haften für keine nachteiligen Auswirkungen, die in einem direkten oder indirekten Zusammenhang mit den Informationen stehen, die in diesem Buch enthalten sind.

Ausschließlich zum Zweck der besseren Lesbarkeit wurde auf eine genderspezifische Schreibweise sowie eine Mehrfachbezeichnung verzichtet. Alle personenbezogenen Bezeichnungen sind somit geschlechtsneutral zu verstehen.

1. Auflage 2024

Türkenstraße 89
80799 München
Tel.: 089 651285-0

Übersetzung: Mark Bergmann
Redaktion: Ronit Jariv
Umschlaggestaltung: Sonja Vallant
Umschlagabbildung: CrossFit, LLC
Satz: Daniel Förster
Druck: GGP Media GmbH, Pößneck
Printed in Germany

ISBN Print 978-3-7423-2682-9
ISBN E-Book (PDF) 978-3-7453-2447-1
ISBN E-Book (EPUB, Mobi) 978-3-7453-2446-4

Wir produzieren nachhaltig
www.m-vg.de

Weitere Informationen zum Verlag finden Sie unter

www.rivaverlag.de

Beachten Sie auch unsere weiteren Verlage unter www.m-vg.de

Für Shane, Willow und alle anderen aus meiner Familie

INHALT

Anmerkung der Autorin

Dieses Buch richtet sich an alle, die tatsächlich etwas in ihrem Leben verändern wollen. Es ist nicht für Menschen gedacht, die ständig Ausreden suchen und nicht bereit sind, alles zu geben, um ihr Potenzial voll auszuschöpfen. Ich werde darin Klartext mit dir reden. Meine Ratschläge sind simpel und auf den Punkt, denn Wischiwaschi ist nichts für echte Gewinner.

EINLEITUNG

Als ich mit CrossFit begann, hatte ich noch nicht vor, eines Tages eine der dominantesten Sportlerinnen der Welt zu werden. Mein Ziel – wie deines vielleicht auch – war, einfach fit zu bleiben, aber ich habe viel mehr als das erreicht. Auf meinem Weg bin ich als Mensch gereift, denn alles, was ich über die Jahre im Gym gelernt habe, lässt sich auch auf mein alltägliches Leben übertragen. Als wahrer Champion definierst du dich nicht nur über deine Medaillen, sondern über deinen persönlichen Werdegang und all das Blut, den Schweiß und die Tränen, die du während deiner Entwicklung vergießt.

Besonders klar wurde mir das, als ich bei den CrossFit Games 2016 zum zweiten Mal nur Zweite geworden war. Durch diese enttäuschende Erfahrung erkannte ich, dass mir noch irgendetwas zum ganz großen Erfolg fehlte. Und ich wollte herausfinden, was es war. An der Physis lag es nicht, die stimmte in all meinen Wettkämpfen. Mir wurde bewusst, dass ich noch nicht das richtige Mindset entwickelt hatte, um unaufhaltsam zu sein. An diesem Punkt musste ich mich entscheiden: Sollte CrossFit meine Zukunft oder nur ein Sprungbrett für mich sein?

Mir fiel etwas ein, das mein Dad einmal zu mir gesagt hatte, als ich noch ein kleines Mädchen war und an der Sunshine Coast in Australien lebte: »Du musst deinem Verstand immer Futter geben.« Damals dachte ich, ich solle meinem Gehirn buchstäblich etwas zu essen geben. Inzwischen verstehe ich natürlich, was er damit gemeint hat, nämlich dass mein Körper den ganzen Tag über Höchstleistungen erbringen kann, ich aber auch meinen Verstand trainieren muss. Wenn ich das nicht täte, würde ich mich selbst einschränken. Der Körper kann ganz erstaunliche Dinge vollbringen, am Ende entscheiden aber Herz und Verstand, wie weit du kommst.

Ich habe schon immer hart für meinen Erfolg gearbeitet und stets mein absolut Bestes gegeben, aber ich musste lernen, meine mentale Stärke besser zu nutzen. Also tat ich, was wohl die meisten in einer solchen Situation tun würden: Ich begann, Bücher über mentales Training zu lesen und Podcasts zu diesem Thema zu hören. Ein altes Sprichwort besagt, dass wir zwei Ohren, aber nur einen Mund haben, damit wir doppelt so viel zuhören, wie wir reden (obwohl ich den ganzen Tag lang erzählen könnte). Ich las alles, was ich in die Finger bekam, und hörte vielen Experten zu. Das war äußerst inspirierend. Das Geheimnis, wie ich es bis ganz oben aufs Siegertreppchen schaffen könne, lüftete ich dadurch zwar nicht, aber zumindest bestätigte meine Lektüre mir, dass ich auf dem richtigen Weg war. Außerdem erkannte ich nun, was genau in mir vorging, und verstand die Prozesse besser, die während des Trainings und der Wettkämpfe in mir abliefen.

Was ich damals noch nicht wusste: Mein Ehemann und Coach Shane und ich waren bereits auf dem besten Weg zur Unaufhaltsamkeit. Physische Dominanz war dabei natürlich ein wichtiger Faktor. Rückblickend erforderte es aber ein unermüdliches Commitment – nicht nur körperlich, sondern auch von Herz und Verstand –, um von einer starken CrossFitterin zu einem unaufhaltsamen Menschen zu werden. Jede Sportlerin und jeder Sportler, ob Amateur oder Profi, weiß, wovon ich rede: von diesem unbeschreiblichen Feuer in dir, das dich jeden Morgen um fünf Uhr aus dem Bett und zum Training treibt – Jahr für Jahr. Wie talentiert oder fokussiert du bist, spielt keine Rolle, wenn dir diese Einstellung fehlt und du nicht bereit bist, zu ackern und dich zu quälen. Ich bin bei den CrossFit Games, den Olympischen Spielen 2016 in Rio sowie den Commonwealth Games 2018 angetreten und habe mich mit dem Zweierbob der Damen für die Olympischen Winterspiele 2022 in Peking qualifiziert, doch all diese Erfolge bekam ich nicht geschenkt. Mein Weg war alles andere als leicht – im Gegenteil, ich musste viele Hindernisse und Mauern überwinden. Geschafft habe ich das nur, indem ich meinen Fokus neu justierte, dabei aber meine Leidenschaft für den Sport nie verlor. Du kannst deinen Körper und deinen Geist darauf trainieren, wie eine Maschine zu funktionieren, aber wenn du nicht mit vollem Herzen dabei bist, kannst du es im Grunde auch gleich bleiben lassen.

Einen Trainingsplan kann dir jeder schreiben. Ich könnte dir nun sagen: »Tue dies und jenes und schon wirst du genauso gut sein wie wir Profis.« Aber so einfach funktioniert es nicht. Sportliche Höchstleistungen allein reichen nicht, wahrer Erfolg erfordert Herz und Verstand. Natürlich musst du auch physisch in der Lage sein, ganz oben mitzuspielen, doch ohne die nötige Hingabe und ausreichende mentale Vorbereitung wirst du mit deinen körperlichen Fähigkeiten über einen ganz bestimmten Punkt nicht hinauskommen. Das Buch, das du gerade in Händen hältst, ist die Blaupause dafür, wie ich unaufhaltsam geworden bin – und wie auch du es werden kannst.

KAPITEL 1

FOLGE DEINEM HERZSCHLAG

FINDE HERAUS, WAS DICH ANTREIBT, UND NUTZE DEIN MOMENTUM

Ich bin auf einer Zuckerrohrfarm in der Nähe von Dunethin Rock aufgewachsen, einem Örtchen am Maroochy River an der Sunshine Coast, etwa 100 Kilometer nördlich von Brisbane, in Australien. Die Farm lag zwar nur wenige Kilometer außerhalb des Orts, es hätten aber genauso gut auch 1000 Kilometer sein können. Um zur Schule zu kommen, paddelte ich mit einem Kanu oder Boot vom idyllischen Flussufer, das direkt vor unserem Haus lag, zu einer benachbarten Farm, wo der Schulbus hielt. Nach der Schule war das wilde Buschland, das unsere Farm umgab, mein Spielplatz. Dort fuhr ich Motorrad, spielte mit meinen Hunden Ball oder schwamm im strömenden Salzwasserfluss. Schon von klein auf wurde ich von meinen Eltern ermutigt, meine Energie auf vielfältige Weise einzusetzen. Ich lernte, verschiedene Instrumente zu spielen – erst Klavier, dann Gitarre und schließlich Schlagzeug –, und probierte alle möglichen Sportarten aus. Zeitweise betrieb ich jeden Tag nach der Schule einen anderen Sport, Laufen machte mir allerdings am meisten Spaß. Beim Lauftraining begriff ich, wie wichtig es ist, solide Grundlagen zu haben und fleißig auf ein Ziel hinzuarbeiten. Mir gefiel die Einfachheit des Laufsports, bei dem man ohne große Hilfsmittel oder Equipment unglaublich fit werden kann. Einfach draufloslaufen, ganz allein – das fühlte sich regelrecht befreiend an. Ich mochte außerdem den Aspekt des Individualismus: Du allein bist für deinen Erfolg verantwortlich (auch wenn mein Erfolg tatsächlich eine Teamleistung war, da meine Mum und mein Dad mich stets unterstützt haben).

»Ich würde gerne herausfinden, wie weit ich es im Laufen bringen kann«, erklärte ich meinen Eltern eines Tages beim Abendessen. Damals war ich gerade elf. »Ich möchte Queensland (unseren Bundesstaat) bei den Landesmeisterschaften vertreten.«

»Okay, Tia. Das wird ein hartes Stück Arbeit, du wirst frühmorgens aufstehen und trainieren müssen und nachmittags nach der Schule nochmal …«, sagte mein Dad. Und Mum ergänzte: »Und wenn deine Freunde dich fragen, ob du bei ihnen übernachten willst, wirst du ablehnen müssen, weil du auch an den Wochenenden trainieren musst …«

»Alles klar, verstanden«, entgegnete ich enthusiastisch und schaute beide mit glasklarem, entschlossenem Blick an. Von diesem Tag an wurde ich von meinen Eltern unterstützt – nie zu viel und nie zu wenig –, was mir unfassbar viel Raum gab, mich zu entwickeln und zu wachsen. Ich stand jeden Morgen um fünf Uhr auf, um ein paar Bahnen zu schwimmen (mein Vater war ein überzeugter Befürworter von Crosstraining), und trainierte nach der Schule wieder. Jeden. Einzelnen. Tag. Damals dachten sicher viele Leute: »Wow, warum schinden die Eltern das junge Mädchen dermaßen?« Aber ich wollte das so. Ich habe meinen Vater morgens geweckt und genervt, dass wir losmüssen. Klar gab es auch Tage, an denen ich mal nicht aufstehen wollte und gejammert habe: »Bitte, Dad, nur noch ein paar Minuten schlafen …«

»Wenn du es zu den Landesmeisterschaften schaffen willst, musst du jetzt aufstehen, Tia«, lautete dann seine Antwort.

Und ich wusste, dass er recht hatte.

Als ich mit elf meinen ersten größeren Crosslauf-Wettbewerb bestritt, war ich unglaublich nervös. Ich war noch so jung und die anderen Läufer waren viel erfahrener als ich. Trotzdem wurde ich auf Anhieb Dritte und sagte anschließend ungläubig zu meinem Dad: »Ich glaube, ich könnte bei so etwas echt gewinnen!«

Nach diesem dritten Platz ging meine Motivation für alle folgenden Wettbewerbe buchstäblich durch die Decke. Mein Dad war mein erster Coach. Er war früher selbst Sportler gewesen, hat Fußball gespielt und auf regionaler Ebene Schwimmwettkämpfe bestritten. Er wusste deshalb genau, wie er mich vor einem Rennen in Wettkampfstimmung bringen musste, und feuerte mich vom Streckenrand aus an: »Los, Tia! Zeig mir, wie groß dein Herz ist!« Auch meine Mum war immer mit dabei. Die moralische Unterstützung der beiden half mir jedes Mal, es über die Ziellinie zu schaffen, und zwar in dem Bewusstsein, dass ich mein absolut Bestes gegeben hatte. Schon damals wusste ich, dass das Herz mein stärkster Muskel ist und ich nicht nur körperliches Talent und Fleiß, sondern auch Leidenschaft brauchte, um erfolgreich zu sein. Meine Leidenschaft trieb mich an. Ich brauchte kein hochmodernes Trainingszentrum oder die besten Laufschuhe, um es an die Spitze zu schaffen. Die Kraft, die dafür nötig ist, befand sich bereits tief in mir drin.

Und damals wie heute trage ich mein Herz auf der Zunge. Wenn ich die Ziellinie überquere, brülle ich ganz instinktiv und recke meine Fäuste in die Luft. Ich lasse alles raus. Diese Leidenschaft, diese Emotionen, sie gehen alle auf die eine Sache zurück, die mich antreibt.

Finde heraus, was dich antreibt

Jeder Mensch braucht etwas im Leben, das ihn antreibt – einen Lebenszweck, ein bestimmtes Leitbild, eine tief sitzende Motivation. Dieses Etwas ist der Motor für alles, was du tust. Stelle dir selbst die Frage, warum du einen Marathon laufen, Fußball spielen oder – so wie ich – immer und immer wieder die CrossFit Games gewinnen willst. Ist es, weil du in deinem Metier zur absoluten Spitze gehören willst? Weil du ein so guter Mensch wie möglich sein möchtest? Um deinen Kindern ein Vermächtnis zu hinterlassen? Oder treiben dich finanzielle Aspekte? Wenn du herausgefunden hast, was dich antreibt, dann kommt der Erfolg ganz von selbst. Jedes andere wichtige Konzept aus diesem Buch ist nachrangig, wenn du deinen Antrieb, dein »Warum« noch nicht kennst.

Shane, mein Ehemann und Coach (du wirst auf den folgenden Seiten noch oft von ihm hören), erklärt das Konzept des persönlichen Antriebs immer mit zwei konzentrischen Kreisen. Der innere Kreis stellt den persönlichen Antrieb dar, alles außerhalb davon steht für alle Entscheidungen, die man aufgrund dieses Antriebs trifft. Würde es mich zum Beispiel meinem Ziel, die CrossFit Games zu gewinnen, näherbringen, wenn ich am Wochenende ausginge und mir ein paar Drinks genehmigte? Vermutlich nicht. Oder bringt es mich in Wettkampfform, wenn ich mit meinen Freunden schwimmen gehe? Das wäre sicher eine bessere Freizeitbeschäftigung als Ausgehen und Alkohol, dennoch würde ich meine begrenzte Zeit damit nicht optimal nutzen. Bestimmt gibt es viele Situationen in deinem Alltag, in denen dir Entscheidungen leichter fallen würden, wenn du wüsstest, was genau dich antreibt. Vor allem in schwierigen Zeiten oder wenn du auf Widerstände stößt, wird das Festhalten an deinem Warum deine Handlungen bestimmen und darüber entscheiden, ob du den leichten oder den harten Weg wählst.

Als ich begann, ernsthaft CrossFit zu betreiben, waren Shane und ich bereits seit einigen Jahren zusammen und sprachen immer wieder darüber, eines Tages eine Familie zu gründen. Mein Antrieb lautete deshalb: Ich möchte eine Mutter sein, die ihren Kindern viele tolle Geschichten erzählen kann. Geschichten, die sie lehren, dass sie alles erreichen können, was sie wollen, wenn sie nur hart genug daran arbeiten. Ich wollte zunächst meine eigene Geschichte schreiben, um meine künftige Familie zu inspirieren und zu motivieren, damit meine Kinder später einmal alles, was sie anpacken, mit Bravour meistern, ganz egal, ob im Sport, in der Kunst, der Geschäftswelt oder Meeresbiologie.

Warum ich dir das alles erzähle? Weil ich dir zeigen möchte, dass Motivation allein nicht ausreicht. Um dauerhaft erfolgreich zu sein, ist es wichtiger, dir deinen persönlichen Antrieb bewusst zu machen. Motiviert sein kann jeder, die meisten sind es allerdings nicht besonders lange. Motivation ist vergänglich. Dein Antrieb bleibt und verleiht dir dauerhaftes Momentum. Shane definiert Momentum als eine Reihe von Gewohnheiten, die Konstanz in dein Training bringen. Viele Menschen suchen nur die schnelle Bestätigung und hoffen, dass Motivation sie an ihr Ziel bringt. Motivation gibt dir vielleicht die Energie für ein 30-sekündiges Trainingsvideo, das du auf Instagram posten kannst, aber wenn du um fünf Uhr morgens aufstehen musst, um stundenlang im strömenden Regen zu laufen, brauchst du viel mehr als das. Lass mich dir an dieser Stelle den Unterschied zwischen Motivation und Momentum erklären, damit du verstehst, worauf ich hinauswill. Motivation ist der Wille, ein bestimmtes Ziel oder Ergebnis zu erreichen. Um diese Motivation aufrechtzuerhalten, benötigst du wiederum Momentum. Ein Beispiel: Motivation ist der Schub, den du brauchst, um dich aufs Rad zu setzen. Momentum lässt dich immer weiter in die Pedale treten, auch wenn es hart wird. Motivation lässt dich also mit etwas beginnen, Momentum lässt es dich durchziehen.

Motivation kommt und geht wie Ebbe und Flut – und das ist gut so

Als ich 14 war, zogen wir nach Weipa, einer kleinen Stadt etwa 2500 Kilometer nördlich von Brisbane. Auch dort trainierte ich fleißig weiter und wurde immer besser, schneller und stärker, sodass ich zwischen 2004 und 2010 zahlreiche Medaillen und Pokale einsammelte. Mit 15 lernte ich Shane kennen, natürlich bei einem Triathlon-Wettbewerb. Die Liebe zum Sport verband uns. Er begann, mir vor und nach der Schule mit meinem Training zu helfen, und überwachte zum Beispiel meine Sprints mit der Stoppuhr, wenn mein Dad arbeiten musste. So fing alles an. (Rückblickend ist es lustig, wie Shane schon damals in seiner Rolle als mein Coach aufging!)

2009 beschlossen meine Eltern, mich für meine letzten beiden Schuljahre auf ein Internat in Townsville zu schicken, das 16 Autostunden von Weipa entfernt an der Küste von Queensland lag. Die ersten zwölf Wochen dort waren die schlimmsten. Ich hatte furchtbares Heimweh und weinte mich Nacht für Nacht in den Schlaf. Irgendwann begann ich, meine Einsamkeit als Motor zu nutzen. Im Vergleich zur Schule in Weipa hatte ich hier viel mehr Möglichkeiten, angefangen bei den Trainingspartnern bis hin zu topmodernen Trainingseinrichtungen. Morgens ging ich in einem Olympia-Becken schwimmen und nachmittags laufen – auf einer echten Tartanbahn und nicht auf einer provisorischen Rasenstrecke wie an meiner alten Schule.

Obwohl meine Eltern und mich Hunderte Kilometer trennten, war mein Dad stets in meinem Kopf und ermutigte mich weiterzumachen. Ich stellte mir seine Motivationsreden vor, das trieb mich an. Die Tatsache, dass ich in Townsville ganz auf mich gestellt war, bestärkte mich in meinem Streben, weil ich nun definitiv wusste, dass ich all das nur für mich allein tat. Vor allem konnte ich mich nun nicht mehr darauf verlassen, dass mein Vater mich morgens um fünf aus dem Bett scheuchte oder akribisch meine Läufe überwachte. Diese Zeit hat mich gelehrt, dass ich den Willen, den Antrieb und die Entschlossenheit besaß, es zu schaffen – ich musste mich einzig auf mich selbst verlassen. Mir war außerdem bewusst, wie viel meine Eltern in mich investiert hatten, und ich wollte sie auf keinen Fall enttäuschen. Sie hatten hart dafür gearbeitet, mir all dies zu ermöglichen. Das betrachtete ich nicht als Selbstverständlichkeit.

Bis zum Ende meiner Schulzeit blieb ich beim Crosslauf und schöpfte mein Potenzial als Läuferin, so gut es ging, aus. Jahr für Jahr schaffte ich es zu den Landesmeisterschaften – dem höchsten Wettbewerb in Australien. Als ich mit der Schule fertig war, wusste ich allerdings nicht so recht, wie es weitergehen sollte. Einen Großteil der beträchtlichen finanziellen Aufwendungen, die für den Sport auf diesem Niveau nötig waren, hatten während der Schulzeit meine Eltern getragen. Das war nun vorbei. Meine Eltern zahlten mir das College, aber für alles, was darüber hinausging, musste ich selbst aufkommen. Die enormen Kosten einer ambitionierten Läuferkarriere konnte ich selbst nicht stemmen. Nach Rücksprache mit meinen Eltern beschloss ich deshalb, meine Laufschuhe erst einmal an den Nagel zu hängen, und schrieb mich 2011 an der Queensland University of Technology ein. Ursprünglich wollte ich einmal Tierärztin werden, weil ich Tiere so sehr liebe. Ich befürchtete jedoch, dass meine Noten nicht gut genug waren, um Veterinärmedizin zu studieren. Also überlegte ich, Hebamme oder Rettungssanitäterin zu werden. Für beide Kurse war damals aber die Anmeldefrist bereits abgelaufen, sodass ich mich für meine dritte Option entschied: Ich belegte Gesundheits- und Krankenpflege sowie Sportwissenschaften mit dem Ziel, nach dem Abschluss noch meinen Master zu machen.

Mit Beginn des Colleges musste ich meinen Fokus vom Laufsport aufs Studium verlagern. Ich trieb weiterhin Sport, aber trainieren, nur um fit zu bleiben, reichte mir nicht aus. Mir fehlten die Wettkämpfe. Vor dem Studium hatte mein Training stets einen Zweck, weil ich mich immer auf den einen oder anderen Wettbewerb vorbereitet hatte. Da ich nun auf nichts mehr hintrainieren konnte, trainierte ich irgendwann gar nicht mehr. Das fühlte sich für mich an, als hätte ich einen großen Teil meines Lebenszwecks (also meines Antriebs) verloren. Ich war weit weg von zu Hause, von meiner Familie und von Shane. Bisher hatte ich meine Einsamkeit mit Sport verdrängt. Da das nun nicht mehr ging, fühlte ich mich so schlecht wie noch nie zuvor in meinem Leben. Ich wollte wieder laufen, weil ich aber fürchtete, Studium und Sport nicht unter einen Hut zu bekommen, erfand ich zahlreiche Ausreden und sagte mir zum Beispiel: »Sport zahlt deine Rechnungen nicht.« Inzwischen hatte ich schon längere Zeit nicht mehr ernsthaft trainiert und fürchtete, dass es unglaublich schwer werden würde, auch nur annähernd zu meiner alten Form zurückzufinden. Ich dachte, dieser Zug sei abgefahren und ich zu alt, um es im Sport noch zu etwas zu bringen. Also trieb ich irgendwann gar keinen Sport mehr. Ich hörte mit allem auf und konzentrierte mich einzig auf mein Studium. Doch schon bald wurde mir klar, dass ich damit einen großen Teil meiner selbst aufgegeben hatte. Training war viele Jahre ein so wichtiger Bestandteil meines Lebens gewesen, dass ich mich nun, als dieser Teil weg war, geradezu verloren fühlte.

Nun könnte man denken, dass ich all die überschüssige Energie voll in mein Studium steckte, doch dafür fehlte mir völlig die Motivation. Ich fühlte mich wie eine totale Versagerin und begann plötzlich, alles infrage zu stellen. Was war meine Bestimmung? Sollte ich meinen Abschluss machen und mir einen regulären Job suchen, so wie alle anderen auch? Und wenn ja, was für einen? Ich wog meine Optionen damals ganz rational ab und entschied, genau dies zu tun. Augen zu und durch! Meine Eltern würden es niemals zugeben, aber tief in mir drin wusste ich damals, dass sie sich Sorgen um mich machten, wodurch diese Zeit nur noch aufwühlender für mich war. Ich strengte mich im Studium nicht richtig an, was mir vorkam, als würde ich das Geld meiner Eltern zum Fenster rauswerfen. Ich war enttäuscht von mir selbst und hatte gleichzeitig das Gefühl, dass etwas mit mir nicht stimmte. Ich hatte mich so lange als Sportlerin identifiziert, dass ich nun, da ich keine mehr war, nicht wusste, wer ich überhaupt war und was ich mit meinem Leben anfangen sollte.

Ich befürchtete, meine Eltern zu enttäuschen. Eigentlich wollte ich sie immer stolz machen, nun lebte ich aber ziellos in den Tag hinein und verschwendete mein Potenzial. Ich gewöhnte mir einen ungesunden Lebenswandel an und aß schon zum Frühstück Schokolade (kein Witz), blieb lange auf, verpasste Vorlesungen oder schlief mittendrin ein. Mir ist bewusst, dass durchaus auch andere Menschen einen solchen Identitätsverlust erleben und dieses Gefühl der Leere kennen – vielleicht kennst du es ja auch. Es war definitiv keine einfache Zeit.

Weil ich nach wie vor nicht wusste, was ich mit meinem Leben anfangen sollte, brach ich das Studium irgendwann ab und zog in den Küstenort Gladstone, der rund sechs Autostunden nördlich von Brisbane liegt, zu Shane, der dort einen Job bei einem Bergbauunternehmen angenommen hatte. Du kannst dir sicher vorstellen, dass diese Entscheidung die Sorgen meiner Eltern nicht eben kleiner werden ließ. Sie wollten, dass ich weiter studierte, um einen Abschluss zu machen, mit dem ich einen guten Job finden würde. Aber ich brauchte einfach eine Pause, um mir darüber klar zu werden, in welche Richtung ich gehen wollte. Zunächst nahm ich eine Stelle als Zahnarzthelferin an und bekam später eine Anstellung als Laborantin in derselben Firma, in der auch Shane arbeitete. Wir führten ein nettes, einfaches Leben – ich verdiente ein wenig Geld und begann, mir mit Shane eine gemeinsame Zukunft aufzubauen. Außerdem hatte ich genug Zeit, um mir in Ruhe meine nächsten

Schritte zu überlegen. Irgendwann fand der Laufsport von selbst zu mir zurück. Ich begann, in einem Sportclub im Ort zu arbeiten, und nahm an den Wochenenden an Rennen teil. Ich trainierte regelmäßig und lenkte mein Leben endlich wieder in die richtigen Bahnen. Shane spielte damals Rugby und absolvierte 2013 seine Saisonvorbereitung in einem CrossFit-Gym. Er meinte, dass CrossFit auch mir bei meinen Laufwettbewerben helfen könne, weil vor allem die plyometrischen Elemente und Krafteinheiten meine Physis stärken würden.

Also ging ich einige Tage später mit Shane gemeinsam ins Gym. Das Training dort faszinierte mich, aber mit dem Coach kam ich nicht klar, denn ich hatte von Anfang an das Gefühl, dass er an meinen Fähigkeiten zweifelte. Ich erwartete keine Sonderbehandlung, aber der Typ sah mich bei jeder Frage, die ich ihm stellte, an, als könnte ich unmöglich auch nur eine der Übungen korrekt ausführen. Das hielt ich für kein gutes Zeichen.

Shane ermutigte mich dennoch, es weiter zu versuchen. Und tatsächlich: Sobald ich den Dreh einigermaßen raushatte, dauerte es nicht mehr lange, bis ich geradezu besessen von dieser neuen Disziplin war. Durch CrossFit hatte ich gefühlt wieder mehr Kontrolle über mein Leben und konnte herausfinden, was mich wirklich antrieb. Ich hätte nie geglaubt, dass Laufen oder ein bestimmter Fitnessplan das fehlende Puzzlestück in meinem Leben sein könnten, aber als ich endlich wieder anfing, Sport zu treiben, wünschte ich, ich hätte die Laufschuhe schon früher wieder aus dem Schrank geholt. An CrossFit faszinierte mich, dass es sich wie *die* ultimative Herausforderung anfühlte, weil es alle möglichen Fitness-Aspekte einbezog: Man muss stark, explosiv und schnell sein, aber auch eine gute Ausdauer und breit gefächerte Skills besitzen und in der Lage sein, sich allen möglichen Bedingungen anzupassen. CrossFit ist die perfekte Mischung aus verschiedenen Sportarten und begeisterte mich schon bald mehr als bloßes Laufen.

Rückblickend ist mir klar geworden, dass ich diese ungewissen Zeiten durchleben musste, um meinen wahren Antrieb zu finden. Ich bin der festen Überzeugung, dass alles aus einem bestimmten Grund geschieht und gut Ding sehr oft Weile haben will. Wer mich kennt, weiß, dass ich ziemlich ungeduldig bin, beim Setzen meiner Ziele lasse ich mir allerdings Zeit. Geduld und Disziplin sind nämlich wichtige Zutaten eines jeden Erfolgsrezepts. Während du auf ein Ziel hinarbeitest, wirst du – vielleicht morgen, vielleicht kommende Woche oder erst im kommenden Monat – auf neue, wichtige Informationen stoßen. Wir alle entwickeln uns weiter und im Zuge dessen verändern sich unsere Bedürfnisse. Deshalb müssen wir für neue Motivationsquellen offen sein. An den CrossFit Games 2015 nahm ich zum Beispiel nur teil, um mich auf die Qualifikation für die Olympischen Spiele 2016 im Gewichtheben vorzubereiten. Aus einer Teilnahme an den CrossFit Games wurden letztlich acht. Ich wollte diese Phase meines Lebens maximal ausnutzen – jetzt hart arbeiten und dafür später die Früchte ernten.

Es hilft, ein übergeordnetes Ziel zu haben. Sobald du deins gefunden hast, kannst du dir Gedanken darüber machen, was du alles tun musst, um es zu erreichen. Um mich dabei nicht zu überfordern, versuche ich das große Ganze einfach in viele kleine Teilziele zu untergliedern. Ein Beispiel? Wenn ich meine persönliche Bestmarke (PB) bei Squats von 130 auf 180 Kilo steigern möchte, dann stelle ich einen Plan auf, wie ich mir die fehlenden 50 Kilo in kleinen Fünf-Kilo-Schritten langsam erarbeite. Ich beuge also erst 135 Kilo, dann 140 und so weiter. Und egal, ob es vier Wochen oder vier Jahre dauert: Mit Geduld und Beständigkeit werde ich mein übergeordnetes Ziel so irgendwann erreichen.

WIE DU DEIN MOMENTUM BEIBEHÄLTST

Ich habe zusammen mit meiner Familie immer Tennis geschaut, so wie in Deutschland alle gemeinsam Fußball gucken. Einer der ersten Sportler, die ich als Kind bewusst wahrnahm, war deshalb Lleyton Hewitt, einer der besten Tennisspieler Australiens. Hewitt, der als Kämpfernatur galt, gewann Titel im Einzel bei den US Open 2001 und in Wimbledon 2002 und war der jüngste Spieler aller Zeiten, der es an die Spitze der Weltrangliste schaffte. Er gehört zu den Athleten, die mich in Sachen Motivation inspiriert haben. Ich lebte aber auch für den Adrenalinschub, der meinen ganzen Körper durchfuhr, wenn ich Wettkämpfe bestritt. Diese Leidenschaft hielt mein Momentum aufrecht.

Dass du dein Momentum behältst, ist bei jeder Form von Training der Schlüssel zum Erfolg. Denn sonst fallen dir immer häufiger Ausreden ein und es wird dir schwerfallen, zu deinem morgendlichen Lauf aufzubrechen, ins Gym zu gehen oder deine neue Diät zu starten. Wie behältst du also dein Mojo?

Lass dich von anderen inspirieren. Dabei kann es sich auch einfach um ein kleines Zitat handeln, das du in einem Buch gelesen oder aus dem Mund eines anderen Sportlers gehört hast. Ich merke mir so etwas und rufe es immer dann ab, wenn ich einen kleinen Motivationsschub benötige.

Bringe Abwechslung rein. Egal, auf welchem Level du dich befindest: Jedes Fitnessprogramm kann ein wenig Abwechslung vertragen. Als ich mit dem Laufen anfing, wusste mein Dad, dass Schwimmen mein Lungenvolumen vergrößern würde, was mir wiederum beim Laufen zugutekam. Wir bauten meinen Trainingsplan deshalb um und ergänzten ihn um gelenkschonende

Einheiten im Schwimmbecken, auch um Verletzungen und Übertraining zu vermeiden. Versuche, eine gesunde Mischung aus Ausdauer-, Kraft- und Mobility-Training zu finden.

Habe Spaß! Falls du mir auf Instagram folgst, weißt du bereits, dass ich viele meiner Trainingseinheiten wie ein Spiel aufbaue – insbesondere, wenn ich gemeinsam mit Shane trainiere. Zum Beispiel versuche ich, ihn bei Langhantel- oder Box-Squats zu schlagen. (Was mir auch immer gelingt. Er macht es mir allerdings nicht leicht und gibt ebenfalls immer sein Bestes!)

Genieße den Grind. Ein großer Teil deines Trainings besteht aus dem Wiederholen bestimmter Bewegungen. Seilspringen. Squats. Box Jumps. Tagein, tagaus, immer und immer wieder. Lerne, diesen Prozess zu genießen. Egal, was passiert: Nimm alle Herausforderungen an und nutze jeden einzelnen Moment, denn nur so kannst du deinen Weg mit Freude beschreiten. Es ist unfassbar wichtig, dass du lernst, die Quälerei zu genießen.

Trainiere mit einem Partner. Ich habe festgestellt, dass es mir enorm viel bringt, mit jemandem gemeinsam zu trainieren. Ich hatte das Glück, im Laufe meiner Karriere mit anderen Sportlern der CrossFit Games trainieren zu dürfen. Es ist extrem motivierend, mit jemandem Seite an Seite zu trainieren, der den Sport genauso leidenschaftlich betreibt wie ich und versucht, mich in jeder Einheit zu schlagen.

Intrinsische und extrinsische Motivation

Es gibt zahlreiche Forschungen zum Thema Motivation, besonders im Bereich der intrinsischen und extrinsischen Motivation. Bei extrinsischer Motivation setzt jemand anderes deine Ziele für dich, bei intrinsischer Motivation setzt du sie dir selbst. Als ich aufwuchs, hatte ich diese intrinsische Motivation ständig. Sie war wie ein Wecker, der meinem Körper jeden Morgen einen Kickstart verpasste. Mit dieser Art von Motivation bist du unaufhaltsam. Sie wirkt wie ein Power-Knopf in deinem Kopf, der dich ins Gym, auf die Laufstrecke oder ins Schwimmbecken befördert und dich wie von Sinnen trainieren lässt, sobald du ihn betätigst. (Der Knopf befördert dich übrigens ebenso zuverlässig in den Klassenraum oder zu deinem Job.) Jede Motivation, die dafür sorgt, dass du dein Ziel beständig und mit Fleiß verfolgst, wird dich ans Ziel bringen. Auf dem College funktionierte das für mich nicht, weil meine Motivation darauf beruhte, dass ich für andere und nicht für mich selbst erfolgreich sein wollte. Ich ging nicht aufs College, um das zu erreichen, was ich wirklich wollte, weshalb ich mich dort nur schwer motivieren konnte. Schließlich lernte ich auf die harte Tour, dass ich dort nur Zeit und Geld verschwendete.

Manchmal reicht intrinsische Motivation allein allerdings nicht aus. Dann kann es sinnvoll sein, sich Motivation von außen zu holen. Ich wollte zum Beispiel Shane und meine Familie stolz machen. Weil ich wusste, wie hart meine Eltern gearbeitet hatten, damit ich meine Träume verwirklichen konnte, durfte ich sie einfach nicht enttäuschen. Und die Tatsache, dass Shane sein gesamtes Leben meinem Erfolg gewidmet und untergeordnet hat, ist für mich ebenfalls keine Selbstverständlichkeit.

Auch Shane hatte schon immer eine Leidenschaft für Fitness, nahm aber einen Job im Bergbau an, weil jeder in seinem Umfeld ihm dazu geraten hatte. Der Job war für ihn nur Mittel zum Zweck, er konnte seine Rechnungen damit bezahlen. Man merkte ihm aber immer an, dass er mit seinem Kopf ganz woanders war. Er war nie zufrieden mit seiner Arbeit, hatte nie die nötige Motivation dafür. Als wir erkannten, dass er mich trainieren und sich so einen Namen als Coach machen konnte, hatten wir auf einmal beide dieselbe Motivation – nämlich aus mir einen Vollzeitprofi im CrossFit zu machen. Wir hätten es beide niemals so weit gebracht, wenn wir dieses Ziel nicht gemeinsam, mit derselben Motivation, Hingabe und Begeisterung angegangen wären.

Hier habe ich übrigens den größten Mentalitätsunterschied zwischen Australiern und Amerikanern erlebt: Als ich zum ersten Mal in den USA antrat, fiel mir auf, dass Sportler dort ganz andere extrinsische Motivatoren hatten. Ich trat nicht an, um zu gewinnen. Wie eine typische Australierin nahm ich am Wettbewerb teil, um Spaß daran zu haben, präsent zu sein, den Jubel des Publikums zu genießen, andere Sportler kennenzulernen und die ganze Atmosphäre in mich aufzusaugen. Ich trat an, weil Wettkämpfe mir Spaß machen. Natürlich habe ich auch nichts dagegen zu gewinnen, aber den meisten US-Sportlern schien es ausschließlich darum zu gehen. Doch das ist nicht der Sinn von Sport. Ich gebe zu, dass sich manchmal auch bei mir diese Siegermentalität bemerkbar macht, weil ich schon so lange in den USA lebe. Mir ist allerdings aufgefallen, dass ich viel zu angespannt bin und meinen Fokus verliere, wenn ich nur daran denke, Erste zu werden. Um Bestleistung zu bringen, darf ich mich deshalb nicht von dieser transaktionalen Motivationsform leiten lassen.

UMGIB DICH MIT GUTEN MENSCHEN

Motivation ist ansteckend – umgib dich deshalb mit Menschen, die ein ähnliches Ziel wie du verfolgen und ebenso hart darauf hinarbeiten. In Kapitel 5 werden wir das Thema Teamwork noch weiter vertiefen, nur so viel vorweg: Deine Zeit mit Gleichgesinnten zu verbringen, kann dir auf deinem Weg zum Erfolg nur helfen. Solche Menschen teilen deine Einstellung und verstehen dich deshalb blind, sodass du dich für bestimmte Entscheidungen niemals rechtfertigen musst. Obwohl CrossFit ein Individualsport ist, beziehe ich viel Motivation von anderen Sportlern und umgekehrt. Das ist auch der Grund, warum wir unsere Online-Fitness-Plattform PRVN Fitness gestartet haben. Shane hatte erkannt, dass Sportler sich gegenseitig ermutigen und anspornen können, indem sie gemeinsam trainieren. Freundschaftlicher Wettbewerb, Sportsgeist und ein Gemeinschaftsgefühl können Workouts auf ein völlig neues Niveau heben. Als ich mit Sport anfing, hatte ich wenig Kontakt zu anderen Athleten, weil ich nicht enttäuscht werden wollte, wenn die anderen nicht genauso leidenschaftlich trainierten wie ich. Ich hielt mich für unbesiegbar und dachte, ich könne alles auf eigene Faust schaffen. Es fiel mir außerdem schwer, mich über mein Training mit anderen auszutauschen, weil ich nicht zu viel davon preisgeben wollte. Eines Tages erkannte ich jedoch, dass es mir guttat, mich zu öffnen und andere Menschen an meinem Leben teilhaben zu lassen, weil dies eine extrinsische Motivation in mir erzeugte. Außerdem motivierte ich dabei gleichzeitig auch andere. Eine solche positive Gruppendynamik kann Spitzenleistungen in allen Bereichen ermöglichen – außerdem macht in der Gruppe einfach alles mehr Spaß. Von einer so symbiotischen Beziehung zwischen Gleichgesinnten profitieren alle Beteiligten.

Bewerte deine Ziele Jahr für Jahr neu

Denke nicht, dass ich jeden Morgen mit einem Lächeln zum Training gehe. Auch mir fehlt es manchmal an der nötigen Motivation, doch solange ich mir über meinen persönlichen Antrieb bewusst bin, kann ich daraus Energie ziehen. Shane ist mir dabei eine große Hilfe, sodass ich auch an schweren Tagen Vollgas geben kann. Mein persönlicher Antrieb bleibt der Wunsch, eine Familie zu gründen und genügend Zeit für sie zu haben. Das ist mein großes, übergeordnetes Ziel. Es erfordert, dass wir auf eine gemeinsame Zukunft hinarbeiten, in der wir finanziell so unabhängig sind, dass entweder Shane oder ich mit den Kindern zu Hause bleiben kann. Das ist der Grund, warum ich Tag für Tag buchstäblich jede Minute so hart wie möglich arbeite und so viele CrossFit Games gewonnen habe: weil ich damit eine bessere Zukunft für uns und unsere Kinder schaffe.

Deine Motivation kann sich allerdings von Jahr zu Jahr ändern, weil schließlich auch du dich von Jahr zu Jahr veränderst. Deshalb setzen Shane und ich uns jeden Dezember zusammen und sprechen über unseren persönlichen Antrieb und darüber, wie ich mich weiterhin verbessern kann. *Wieso werde ich im neuen Jahr wieder so hart wie möglich trainieren? Was will ich erreichen? Was werden wir anders machen?* Mit einer entsprechenden Vision und dem nötigen Fokus erstellen wir dann eine Strategie, die uns ans Ziel bringt.

Der Kenianer Eliud Kipchoge gilt als der beste Marathonläufer aller Zeiten. Sein persönlicher Antrieb war ziemlich simpel: Wie die meisten Schulkinder in Kenia begann er schon früh mit dem Langlauf, einfach weil er jeden Tag zur Schule hin- und wieder zurücklaufen musste. »Man denkt gar nicht über das Laufen nach, weil es einfach getan werden muss«, hat Kipchoge einmal gesagt. Das ist wirklich ein simpler und dennoch profunder Antrieb, oder? Was ist deiner?

VERMEIDE EIN BURN-OUT

Wenn du erschöpft bist und nicht mehr kannst, dann gestehe dir das ein und höre auf deinen Körper. Keine Sorge: Uns allen geht es mal so. Wichtig ist, dass du gegensteuerst, bevor du völlig kraftlos bist.

Gönne dir eine kleine Auszeit, aber nur eine kurze. Falls du etwa an einem Projekt arbeitest, das dich verzweifeln lässt, dann nimm etwas Abstand davon. Setze dir aber selbst eine Frist, nach der du dich wieder mit dem Projekt beschäftigst.

Bewerte deine Situation neu. Bitte deinen Trainingspartner oder die Person, die dich motiviert, um Rat. Stelle dir selbst die Frage, ob du in deinem Leben etwas verändern musst.

Und vergegenwärtige dir immer wieder, was dein persönlicher Antrieb ist. Hat sich der Grund, aus dem du trainierst, verändert? Trainierst du auf ein bestimmtes Ziel hin oder ist dein Training nur ein Teilschritt auf dem Weg zu einem größeren, übergeordneten Ziel?

KAPITEL 2

DAS GUTE ALTE HARD YAKKA

ERFOLG BELOHNT HARTE ARBEIT UND DIE, DIE ETWAS WAGEN

Mein Vater war gelernter Klempner und Dachdecker. Mit beiden Jobs schien er allerdings nur die Zeit totzuschlagen, in der er mal nicht auf unserer Farm arbeitete. Wenn man auf einer Farm aufwächst, hat man viele Verpflichtungen. Bevor ich wegziehen und die Welt entdecken konnte, gab es auf unserem Hof stets genügend *Hard Yakka* zu erledigen. Hard Yakka ist eine Bezeichnung der Aborigines, es bedeutet »harte Arbeit« und meint insbesondere schwere körperliche Tätigkeiten. Die fruchtbaren Böden in Queensland eignen sich perfekt für den Zuckerrohranbau, weshalb meine Familie und all unsere Nachbarn die Pflanze kultivierten. »Zuckerrohr erntet sich nicht von selbst«, hat mein Dad immer gesagt, wenn ich neben ihm auf dem Traktor saß, während er die Felder umpflügte. Der Zuckerrohranbau war harte Arbeit mit wenigen Ruhephasen. Der Prozess war langwierig und es gab immer jede Menge zu tun.

Als Kind war ich zu jung, um meinem Dad und meinem Opa zu helfen, das Zuckerrohr per Hand zu schneiden und auf den Hänger zu laden oder auf dem Feld die Stecklinge zu pflanzen. Zu sehen, wie meine Eltern jeden Tag so hart arbeiteten, hat mich aber nachhaltig geprägt. Wenn sie mit ihren schwieligen Händen und sonnengegerbter Haut schufteten, taten sie es stets mit einer stillen Würde. Schon damals wusste ich: Egal, was ich später einmal tun würde, ich wollte es mit derselben Hingabe tun.

Vielleicht war es für mich deshalb keine große Sache, jeden Morgen um fünf Uhr aufzustehen und zu trainieren, als ich damals mit dem Laufen begann. Meine Mutter war dann meist schon auf und kümmerte sich um meine beiden jüngeren Schwestern, die sieben Jahre jüngere Elle und die zehn Jahre jüngere Molly. Ungefähr in der Zeit, als Molly geboren wurde, riet mir mein Lieblingssportlehrer Gwyn, es doch mal mit Crosslauf zu versuchen. Ich schien Talent dafür zu haben, war gewillt, fleißig zu trainieren, und Gwyn wollte sehen, wie weit ich es bringen konnte. Mein Dad wurde mein Trainer – als hätte er nicht schon genug zu tun gehabt! Mit Maßband und Sprühfarbe markierten wir 400-, 800- und 1500-Meter-Abschnitte auf der Landzunge, die unser Grundstück umgab. Damit hatte ich meine eigene Laufstrecke, auf der ich jederzeit trainieren konnte. Dort übte ich, während mein Dad arbeitete. Im Winter half es mir, die Lichter seines Traktors draußen auf dem Feld zu sehen, während ich auf der Laufbahn meine Runden zog. Denn wenn er frühmorgens schon in der Dunkelheit dort schuften konnte, dann konnte ich das auch. Ich wusste, dass er dann seine *Smoko* – so nennen wir in Australien eine morgendliche Kaffeepause – schon hinter sich hatte. Danach gab es eine kurze Mittagspause und anschließend würde er bis weit nach Einbruch der Dunkelheit ohne Pause weiterarbeiten, 15 Stunden lang, jeden Tag.

Talent versus harte Arbeit

Diese Arbeitsmoral habe ich geerbt, sie beeinflusst bis heute mein Training und wie ich alles in meinem Leben angehe. Talent zu haben, ist eine Sache, was du damit anfängst, eine ganz andere. Ich bin so erzogen worden, dass ich eine Verantwortung für mich selbst trage und mich nicht einfach zurücklehnen und darauf warten kann, dass mir Dinge in den Schoß fallen. Bei uns gibt es ein Sprichwort, das wir früher ständig verwendet haben: »All yak and no yakka.« Auf Deutsch würde man sagen: »Viel Gerede, nichts dahinter.« Wir haben damit Leute beschrieben, die lieber große Töne spucken, statt große Taten zu vollbringen. Auch in der Welt des Wettkampfsports begegnen mir solche Menschen ständig.

Wie Zuckerrohr müssen auch unsere Talente und Fähigkeiten ständig gehegt und gepflegt werden. Talent allein ist kein Erfolgsgarant, Erfolg erfordert Fleiß und harte Arbeit. Das gilt vor allem im CrossFit, weil der Sport so viele unterschiedliche Teildisziplinen umfasst. Vielleicht bist du ein schneller Läufer, Schnelligkeit ist aber nur für einen Teil des Wettkampfs von Bedeutung. Andere Elemente erfordern Ausdauer und weitere Fitnessaspekte wie Kraft, Explosivität und Geschicklichkeit. Deshalb trifft man in den Games auch auf so viele unterschiedliche Athleten. Wer es bis dorthin schafft, hat sich weit über das ihnen angeborene Talent hinaus zu Spitzenleistungen gepusht und gelernt, auf ein anderes Talent zu setzen, das meiner Ansicht nach immens wichtig ist: Disziplin. Ja, es ist tatsächlich ein Talent, Tag für Tag konzentriert und motiviert zum Training zu erscheinen und alles zu geben. Egal, welches Ziel du verfolgst: Mit Talent bekommst du vielleicht deinen Fuß in die Tür. Um sie aber aufzustoßen und hindurchzugehen, wird immer auch harte Arbeit nötig sein. Viele denken, ich hätte bessere Gene als meine Konkurrenz, doch in Wahrheit ist meine Arbeitsmoral ein viel größerer Erfolgsfaktor als mein Talent.

Keine Ausreden, keine Abkürzungen. Beißt du die Zähne zusammen und kämpfst dich auch in harten Zeiten durch oder willst du lieber auf Instagram damit prahlen, wie viel du beim Kreuzheben schafft, um schnelle Likes zu sammeln? Falls du glaubst, mit Talent allein deine Ziele erreichen zu können, dann erwartet dich eines Tages ein gehöriger Realitycheck!

Dir wird nichts geschenkt

Ich hasse Ausreden, aber noch mehr hasse ich Abkürzungen. Ich habe selbst nie welche genommen und werde es auch niemals tun. Beides sind Ausflüchte und Ausflüchte sind nichts für Gewinner. Es gab in meiner gesamten Karriere keinen einzigen Tag, an dem ich nicht mein Bestes gegeben habe. Wenn du alles gibst, bist du auf jeden Fall ein Gewinner, auch wenn es am Ende nicht zum Sieg reicht. Der ehemalige NBA-Star Bill Russell hat einmal gesagt: »Wenn dir jemand fünf Dollar bezahlt, dann arbeite so hart, als wären es sieben.«

Als ich mich mit zwölf auf die Landesmeisterschaften vorbereitet habe, war ich etwa eine Woche vor dem Rennen unglaublich aufgeregt: »Oh mein Gott, in diesem Jahr wird's klappen, oder? Dieses Jahr werde ich gewinnen! Ich habe trainiert wie eine Wahnsinnige und wirklich mein Bestes gegeben. Jeden. Einzelnen. Tag.« Es kam, wie es kommen musste: Einige Tage später wurde ich richtig, richtig krank. Die Krankheit war nicht ansteckend, raubte mir aber die Energie. Wir waren bereits 16 Stunden bis nach Townsville gefahren, wo das Rennen stattfinden sollte. Mein Dad sagte: »Du musst da nicht mitmachen. Das weißt du, oder?« Doch ich blieb stur. Ich gab alles und landete auf dem zehnten Platz. Niemand wusste, dass es mir hundeelend ging, aber das störte mich nicht. Ich trat an und gab mein Bestes.

15 Jahre später, bei den CrossFit Games 2022: Einige Wochen vor dem ersten Wettkampftag meldete sich eine alte Rückenverletzung schmerzhaft zurück. Meine ganze Familie war nach Madison im US-Bundesstaat Wisconsin geflogen, um mich zu unterstützen, und wir alle fragten uns besorgt, ob ich überhaupt antreten könne. Es waren noch zwei Wochen bis zu den Games und ich kam nicht mal aus dem Bett. Wir versuchten es mit den üblichen Methoden, von entzündungshemmenden Lebensmitteln bis hin zu Massagen und Eisbädern. Es war eine Qual, aber aufgeben kam für mich nicht infrage. Ich fürchtete, nicht rechtzeitig für den Wettkampf fit zu werden, wollte aber meine Konkurrenten auf keinen Fall spitzkriegen lassen, dass etwas mit mir nicht stimmte. Und ich wollte diesen Rückschlag nicht als Ausrede gelten lassen.

Ich erlebe häufig, dass Menschen vorschnell Gründe finden, warum sie keinen Erfolg haben können. Dann fallen Sätze wie: »Das kann ich nicht, wegen einer alten Rückenverletzung«, »Dieser Sport ist mir viel zu teuer« oder »Ich habe einfach keine Zeit zu trainieren, weil ich in meinem Job so eingespannt bin«. Klar, wir alle haben Aufgaben, Verbindlichkeiten und die alltäglichen Dinge, um die wir uns kümmern müssen. Erfolgreiche Menschen haben aber ausnahmslos alle einen Weg gefunden, zeitliche, finanzielle oder Motivationsprobleme kreativ zu lösen und das Verfolgen ihres Ziels in ihren Alltag einzubauen.

Falls Geldmangel das Problem ist: Es gibt viele Sportarten, die du kostenlos ausüben kannst. Gehe laufen, absolviere ein Online-Workout oder stemme daheim Gewichte. Wenn Zeitmangel dich bremst, dann überlege dir kleine Fenster, in die du kurze Workouts quetschen kannst, etwa frühmorgens, in der Mittagspause oder nach Feierabend. Und wenn es dir an Motivation fehlt, dann suche dir einen Trainingspartner, der dich anspornt. Wenn du etwas wirklich willst, dann wirst du auch einen Weg finden, es zu tun – ganz ohne Ausreden!

HARTE ARBEIT IST … HARTE ARBEIT

Falls du ein wenig Starthilfe brauchst, dann findest du hier einige Tipps, wie ich am Ball bleibe:

1. **Plane dein Training.** Trage deine Trainingstage und -zeiten in einen Kalender ein und blocke dir die entsprechende Zeit dafür.

2. **Platziere gezielt Hinweise.** Um dich an ein bevorstehendes Workout zu erinnern, kannst du deine Trainingsklamotten gut sichtbar auf dem Wohnzimmersessel drapieren oder die Laufschuhe direkt vor die Tür stellen. Oder du schreibst ein motivierendes Zitat auf einen Zettel und klebst ihn an den Badezimmerspiegel. (Ich habe meins mit Lippenstift auf den Badezimmerspiegel geschrieben, damit ich es jeden Tag sehen kann: »GEWINNE DIE CROSSFIT GAMES!«) Und falls du frühmorgens einen Extra-Push brauchst, um aus dem Bett zu kommen, dann stelle (wenn möglich) den Timer deiner Kaffeemaschine. Nichts lockt einen schneller aus dem Bett als der Geruch von frischem Kaffee.

3. **Gehe zum Training.** Die größte Herausforderung ist häufig, überhaupt zum Training zu erscheinen. Wenn du das geschafft hast, dann ist das schon die halbe Miete. Der Rest kommt von selbst. Sobald ich auf Betriebstemperatur bin – etwa nach zehn Minuten –, hat sich der innere Schweinehund, der mich eben noch vom Training abhalten wollte, in Luft aufgelöst. Was mich zum nächsten Punkt bringt:

4. **Trickse dein Gehirn aus.** In seinem Buch *Die 1%-Methode* beschreibt James Clear, wie die Motivation ganz von selbst

kommt, sobald du mit etwas beginnst, das du lange aufgeschoben hast.[1] Gib dir selbst diese ersten zehn Minuten, bis deine Endorphine wirken – danach wird alles leichter. Und bevor du dich versiehst, ist eine Stunde vergangen und du fühlst dich viel besser.

5. **Mache mal Pause.** Ich gönne mir einen Pausentag pro Woche, das empfehle ich dir auch. Es ist wichtig, im Leben die richtige Balance zu finden. Wenn du merkst, dass du hier und da mal ein Training ausfallen lässt und langsam wieder in schlechte Muster verfällst, dann finde, so schnell es geht, wieder in die Spur. Falls du für ein einstündiges Workout keine Zeit hast, mach stattdessen nur 20 Minuten. Das ist besser als nichts! Beständigkeit ist ein wichtiger Faktor. Beim nächsten Mal kannst du dich ja steigern. Verkompliziere nichts unnötig – wenn dir alles zu viel wird, wirfst du auch schneller das Handtuch.

6. **Setze dir tägliche Ziele.** Ich habe zu Hause einen Whiteboard-Kalender, auf dem ich mir jeden Morgen fünf Ziele für den Tag notiere. Abends hake ich dann ab, wie viele ich davon erreicht habe. So bewerte ich, ob der Tag für mich ein Erfolg oder ein Misserfolg war. Eine solche Liste könnte folgendermaßen aussehen: lesen, zwei Liter Wasser trinken, meditieren, Mobility-Übungen machen, etwas Neues lernen. Ich muss alle fünf abhaken, um den Tag als Erfolg verbuchen zu können. Entweder steht dann also ein großes blaues W (für »Win«) oder ein großes rotes L (für »Loss«) in der Box des jeweiligen Tages. Am Ende der Woche kann ich leicht Bilanz ziehen. Im Idealfall stehen dann sieben blaue Ws im Kalender, schon über ein oder zwei Ls kann ich mich nämlich mächtig ärgern.

7. **Belohne dich selbst.** Nutze denselben Kalender, um zu sehen, wie viele Tage in Folge du mit einem blauen W abschließen kannst. Setze dir selbst Meilensteine – etwa eine ganze Woche voller Ws – und belohne dich selbst dafür mit einem leckeren Abendessen oder einem Abend im Kino. Meine Belohnung ist meist ein romantischer Abend mit Shane. Das hilft in Momenten, in denen mir das Training zu viel wird, und erinnert mich daran, wofür ich das alles tue.

Trainiere bewusst und zielgerichtet

Manche Menschen gehen ins Gym, um Dampf abzulassen, andere, weil sie etwas Zeit für sich wollen, und wieder andere, weil sie schlicht Freude am Training haben. Falls du gerne Sport treibst, um dich fit zu halten oder Stress abzubauen, dann ist das toll. Da du dieses Buch liest, bist du aber vermutlich extrem ambitioniert und willst im Wettkampf noch die entscheidende Hundertstelsekunde herausholen. Warum ich ins Gym gehe? Ich möchte dort »zielgerichtet trainieren«, wie Shane und ich es nennen. Ich trainiere stets mit einem Ziel im Hinterkopf und alles, was ich im Gym und außerhalb davon tue, ist auf dieses Ziel ausgerichtet. Ich versuche, heute besser zu sein, als ich es gestern noch war (damit ich meine Konkurrenz später aus der Halle fegen kann). Und morgen werde ich besser sein als heute (also bin ich unschlagbar). Mein Training ist körperlich natürlich äußerst anstrengend, aber ich pushe mich auch mental. Jede Einheit auf dem Fahrrad- oder Ruderergometer dient einem bestimmten Zweck. »Wenn ich dort nicht alles gebe, kann das später den Unterschied zwischen Gewinnen und Verlieren ausmachen«, sage ich mir immer wieder. Konnte ich auf dem

Rudergerät noch eine Sekunde rausholen? Habe ich 10 bis 15 Kilo mehr gestemmt, die im nächsten Wettkampf den großen Unterschied machen werden? Diese Herangehensweise ist mental extrem erschöpfend und körperlich zweifellos schmerzhaft, aber sie ist es wert, denn sie garantiert mir, dass ich am Ende der Saison auf dem Siegertreppchen stehe.

Auch außerhalb des Gyms handle ich stets zielorientiert. Denn was ich in meiner Freizeit tue, ist ebenfalls wichtig. Wenn ich zum Beispiel zu Hause meine Lieblingsserien schaue, dann mache ich dabei Dehnübungen, statt nur auf der Couch zu lümmeln. Shane sagt immer: »Es zählt nicht nur die eine Stunde im Gym, sondern auch, was du in den übrigen 23 Stunden tust, die du außerhalb des Gyms verbringst.« Mir ist wichtig, dass ich mein Ziel kenne und alle Schritte bestimmen kann, die nötig sind, um es zu erreichen. Dann glaube ich viel fester daran, dass ich es schaffe, vor allem an schlechten Tagen, an denen ich keine Lust habe und mir wie in einer Zeitschleife vorkomme, weil ich immer und immer wieder dieselben Übungen wiederholen muss. In solchen Momenten muss ich mir ins Gedächtnis rufen, warum ich das alles tue.

Manche Leute sagen sich: »Ich bin fünf Kilometer gelaufen, also bin ich mit meinem Training für heute durch.« Nein, bist du nicht! Und all jenen, die sagen: »Ich liebe Training, ich könnte den ganzen Tag weitermachen«, entgegne ich: Ihr trainiert vermutlich noch nicht hart genug! Euer Körper muss derart schmerzen, dass ihr das Training verflucht und unmöglich weitermachen könnt. Genau dort verläuft die rote Linie zwischen echtem Training und Hobbysport. Viele Athleten glauben, dass sie wie Profis trainieren, sind aber höchstens ambitionierte Hobbysportler. Im Hobbysport gibt es keinen Trainingsplan, keine Struktur. Das ist etwas für Fitnessbegeisterte, die gelegentlich etwas für ihre Gesundheit tun, ihren Kopf freibekommen oder sich etwas Zeit für sich selbst nehmen wollen. Echtes Training dient immer einem ganz bestimmten Zweck.

Wenn du wirklich besser und stärker werden oder vielleicht sogar in Wettkämpfen antreten willst, dann musst du in deinen Workouts zielgerichtet trainieren. Das erfordert mehr, als nur die Pace auf dem Touchscreen deines Laufbands im Auge zu behalten. Wenn du dich wirklich bis an deine Grenzen und darüber hinaus pushst, dann wirst du das nicht lieben, sondern du wirst es genauso hassen wie ich. Aber du musst es tun, um aufs nächste Level zu kommen. Das Gefühl, mein Können vor zahlreichen jubelnden Zuschauern auf der großen Weltbühne zu präsentieren, wiegt für mich all die Qualen auf, die ich täglich im Gym erleiden muss. Wenn andere mir also erzählen, dass sie hart trainieren, dann frage ich immer: »Aber tust du es auch zu einem bestimmten Zweck?« (P. S.: Niemand auf der Welt trainiert härter als ich!)

DAS RICHTIGE MASS

Wenn ich im Wettkampfmodus bin, trainiere ich acht bis zehn Stunden am Tag. Zum Anfang der Saison lasse ich es noch etwas ruhiger angehen und beginne mit zwei Stunden täglich, gefolgt von jeder Menge Regenerationsmaßnahmen. Im Laufe der Saison kommen dann immer mehr und immer längere Trainingseinheiten hinzu. Ich steigere mich erst auf zwei bis drei Stunden, dann auf drei bis vier Stunden und schließlich trainiere ich fünf bis sechs Stunden. Ein typischer Tag sieht dann folgendermaßen aus: Um acht Uhr wärme ich mich auf und absolviere eine Einheit. Danach ruhe ich mich aus, denn schon um 10:30 Uhr steht die nächste Einheit an und eine weitere um 13 Uhr. So schaffe ich vier bis fünf jeweils anderthalbstündige Workouts am Tag. Wenige Wochen vor den CrossFit Games lege ich dann noch eine Schippe drauf und steigere mich auf sechs bis acht und manchmal sogar zehn Stunden Training am Tag, um die Belastung der Games, die ja auch den ganzen Tag andauern, bestmöglich zu simulieren.

Wir bezeichnen diese Methode als »progressive Überlastung«. Ich steigere mich dabei aber so kleinschrittig und langsam, dass mein Körper genügend Zeit hat, sich daran zu gewöhnen. Wir behalten dabei außerdem die ganze Zeit meine Regeneration im Blick: Shane verwendet dazu ein Bewertungssystem mit Zahlen von 1 bis 10. In Extremfällen, wenn das Training besonders hart war, reicht die Skala sogar bis 11. Folgendes bedeuten die einzelnen Werte:

- **1-2** easy-peasy
- **3-4** locker und angenehm
- **5-6** leicht außer Atem
- **7-8** anstrengend, aber machbar
- **9-10** Weitermachen wird schwierig
- **11** Ich kann nicht mehr

Wenn ich Shane am Ende einer Einheit sage, dass ich irgendwo bei 3 oder 4 stehe, wird er mich noch härter pushen. Sage ich aber 9 oder 10, dann weiß er, dass ich eine Pause brauche, und wird zusätzlich versuchen herauszufinden, ob mich irgendetwas schwächt. Am darauffolgenden Tag werden wir das Training dann ein wenig reduzieren. Wenn ich am Ende der Einheit dann bei 7 oder 8 stehe, wissen wir, dass ich mich besser erholt habe als noch am Tag zuvor.

Es ist also wichtig, dass du bewusst und maßvoll trainierst. Stundenlange Workouts ohne Sinn und Verstand werden dich nicht weiterbringen. Trainiere stattdessen zielgerichtet, indem du dir bewusst machst, was du erreichen möchtest und mit welchen Maßnahmen dir das gelingt. Dann wiederhole diese Maßnahmen so oft, dass sie dir in Fleisch und Blut übergehen. Alles, was du tust, sollte einem Ziel dienen und du solltest dir dieses Ziels stets bewusst sein. Stelle dir jeden Tag, jeden Monat immer wieder selbst die Frage: Was ist der Zweck meiner Tätigkeit? Was will ich damit erreichen? Und passt es zu meinen Zielen? Auf diese Fragen solltest du stets eine Antwort parat haben. Und wenn nicht, dann denke nach, bis du eine findest. Ich habe immer wieder neue Antworten auf diese Fragen. 2014 wollte ich mich für die Olympischen Spiele qualifizieren. 2023 lautete mein Ziel, gesund für zwei zu essen.

Ich sehe immer wieder, dass Sportler während ihrer Wettkampfvorbereitung in diese Falle tappen: Sie glauben, alles für den Sieg zu tun, nur weil sie sich quälen. Aber das stimmt nicht. Du musst nicht in jedem Workout bis ans Limit gehen, aber du solltest in jedem Workout bewusst und zielorientiert trainieren. Dazu gehört auch, deinen Sport zu respektieren und dich mit den Regeln auseinanderzusetzen, die dich im Wettkampf erwarten. Vor dem Startschuss die Linie zu übertreten, ist bei einem Rennen zum Beispiel ein No-Go. Natürlich sind auch mir schon Fehlstarts passiert; ich bin nicht perfekt und Fehler gehören dazu. Aber sie passieren Sportlern häufiger, die nicht zielorientiert trainieren. Wenn diese dann disqualifiziert werden, gehen sie mit hängenden Köpfen und völlig entgeistert in die Kabine zurück. Ich habe erlebt, dass ein Sportler, der nach einem Fehlstart disqualifiziert wurde, felsenfest davon überzeugt war, dass die Kampfrichter sich geirrt hatten. Dieser Sportler wird es nie aufs Podium schaffen, wenn er nicht einsieht, dass der Teufel im Detail steckt. An solchen vermeintlichen Kleinigkeiten erkennt man, wie jemand mit kleinen und großen Problemen umgeht, ob im Wettkampf oder im Alltag.

Häufige Fehler

In all den Jahren, die ich mich schon in Gyms abrackere, ist mir aufgefallen, dass immer wieder dieselben Fehler gemacht werden – von Anfängern und Profis gleichermaßen. Auch mir passieren manchmal noch welche. Folgende Dinge solltest du als angehender Spitzensportler vermeiden.

Anfängerfehler

Davon habe ich als Anfängerin so einige gemacht.

1. Du trainierst zu früh zu hart oder zu schwer. Als Einsteigerin war ich ungeduldig und wollte alles so schnell wie möglich erlernen, nahm mir aber nicht ausreichend Zeit, um mich zu verbessern.
2. Dir fehlt Beständigkeit. Besonders am Anfang musst du Woche für Woche regelmäßig vier bis fünf Stunden lang im Gym sein, um bewusst einen gesunden Rhythmus zu entwickeln und an deinen Skills zu feilen.
3. Du ernährst dich nicht optimal. Ich selbst hatte früher oft Heißhunger auf Schokolade und habe mich nicht sonderlich gesund ernährt. Deshalb weiß ich: Was du isst, kann dein Training und deine Leistungsfähigkeit beeinflussen. Richte dich von Beginn an nach einem guten Ernährungsplan, der zu dir passt.
4. Du kaufst zu viel Equipment. Ich habe schon nach wenigen Wochen im CrossFit alles Mögliche und Unmögliche an Zubehör gekauft. (Wie gesagt: Ich bin ungeduldig!) Heute weiß ich, dass das gar nicht notwendig war. Du brauchst nicht jedes Gadget oder die neusten Sneakers, um CrossFit zu trainieren. Gehe es langsam an und probiere aus, was für dich funktioniert und was du brauchst, statt alles zu kaufen, was angeboten wird.

Profifehler

1. Du achtest zu wenig auf Regeneration und riskierst Übertraining.
2. Du lässt dich von den Rankings verrückt machen, insbesondere von den Ranglistenplätzen der Konkurrenz, statt dich auf die grundlegenden Aspekte des Trainings zu konzentrieren.
3. Du arbeitest nicht an deinen Schwächen. Ich bin von Natur aus stark, musste aber trotzdem viel Gewichtheben trainieren, um meine Technik zu optimieren. Ignoriere deine Schwächen nicht, sondern merze sie gezielt aus, um besser zu werden.
4. Kleine Veränderungen führen zu großen Ergebnissen. Die Details sind wichtig.
5. Du glaubst an den Hype um deine Person und vergisst dabei deine Ziele. Manche Sportler lassen sich von guter Presse ablenken oder feilen lieber an ihrem Image als an ihrer Performance. Auf Dauer kann darunter dein Selbstwertgefühl leiden, denn wer im Fokus steht, wird auch als Erster kritisiert, wenn es mal schlechter läuft. Konzentriere dich nicht auf dein Auftreten, sondern auf deine Leistung.

In ihrem Bestseller *Grit* beleuchtet Angela Duckworth[2] eine Theorie des Soziologen Dan Chambliss, die dieser als »Alltäglichkeit der Exzellenz« bezeichnet. All die kleinen, scheinbar »alltäglichen« Dinge, die du tagtäglich tust, werden dich laut Chambliss eines Tages dazu befähigen, in einer Sache zu brillieren. Egal, ob du Schriftsteller, Entertainer oder Sportler bist: Erfolg kennt keine Abkürzung. Alles erfordert Zeit und Geduld. (In ihrem TED-Talk zum Thema Charakterstärke (englisch: *grit*) erklärte Duckworth, man müsse »tagein, tagaus an seiner Zukunftsvision festhalten, nicht nur für Wochen oder Monate, sondern für Jahre, und wirklich hart arbeiten, um diese Zukunftsvision Wirklichkeit werden zu lassen.

Charakterstärke bedeutet, das Leben wie einen Marathon und nicht wie einen Sprint anzugehen.«[3])

GIBST DU WIRKLICH DEIN BESTES?

Reden kann jeder. Alle denken, dass sie härter trainieren als der Rest, aber wenn du mich fragst, kann man immer noch eine Schippe drauflegen – viele wollen das nur nicht wahrhaben. Sie sind der festen Überzeugung, bereits alles in ihrer Macht Stehende zu tun, um ihr Ziel zu erreichen, aber sie glauben nicht zu 100 Prozent an sich. Obwohl sie denken, dass sie ihr Bestes geben, lassen sie sich in Wahrheit zurückhalten, sei es von Erfolgsangst oder der Furcht, alles auf eine Karte zu setzen. Für den Fall, dass sie scheitern, haben sie sich schon vorher Ausreden zurechtgelegt: »Ich habe wegen meiner Verletzung nicht gewonnen.« Oder: »Ich hatte einfach nicht das richtige Team.« Hast du dich schon mal bei ähnlichen Ausreden erwischt? Überlege, was du in den vergangenen 24 Stunden getan hast, um dein Ziel zu erreichen, und hinterfrage dich erneut. Glaubst du wirklich, du tust genug?

- Nutzt du deine Freizeit sinnvoll? (Gehst du beispielsweise bis spätnachts aus, statt zu Hause zu bleiben und dich auszuschlafen?)
- Welche alltäglichen Ablenkungen kannst du eliminieren? (Kleiner Tipp: Handys sind wahre Zeitfresser!)
- Wie kannst du deine Zeit außerhalb des Gyms besser organisieren, um mehr Zeit im Gym zu haben? (Ein Beispiel: Du sparst viel Zeit beim Kochen, wenn du deine Mahlzeiten für die ganze Woche vorbereitest.)

- Hast du eine gesunde Alltagsroutine? Ich höre viele Leute über Rückenschmerzen klagen, weil sie den ganzen Tag im Büro sitzen. 10 bis 20 Minuten für Dehn- und Mobility-Übungen sollte aber jeder übrighaben!

Wie sind deine Antworten auf diese Fragen ausgefallen? Hast du Bereiche entdeckt, in denen du dich verbessern könntest?

Trust the Process – vertraue deiner Trainingsvorbereitung

Ich setze enormes Vertrauen in mein Training, das mich auf alles vorbereitet, was mich im Wettkampf erwarten könnte. Ich verfüge über ein stabiles Fundament und habe mir beigebracht, mich so anzupassen, dass ich unter allen Umständen meine Bestleistung erbringen kann.

Hier ein Beispiel: Als ich 2015 zum ersten Mal bei den CrossFit Games antrat, war ich froh, einfach nur dort zu sein. Aber ich wollte natürlich auch gewinnen. Beim CrossFit weißt du nie, was dich erwartet, weil sich der Ablauf des Wettbewerbs immer verändert und erst wenige Stunden vor dem Start bekannt gegeben wird. Die einzelnen Stationen werden erst wenige Tage vor dem Wettkampf ausgewählt, du musst also auf alles Mögliche vorbereitet sein. Nachdem das Programm endlich veröffentlicht wurde, studierten Shane und ich es sofort eingehend und erschraken beide beim Begriff »Pegboard«. Ich wusste damals noch nicht einmal, was ein Pegboard überhaupt war. Ich würde diese Übung also zum ersten Mal vor Zehntausenden Zuschauern im Wettkampf ausprobieren.

Ich blickte Shane an und murmelte: »Glaubst du, ich kriege das hin?«

Ich spürte, wie sich alles in mir zusammenzog. »Verdammt, darauf bin ich wohl nicht vorbereitet«, dachte ich. Zwar besaß ich als Debütantin noch eine Art Welpenschutz – niemand rechnete damit, dass ich irgendwas gewinne –, aber ich wollte meinen eigenen Erwartungen an mich selbst gerecht werden.

»Du hast vielleicht nicht genau diese Übung trainiert, aber viele, die ganz ähnlich sind. Du hast Pull-ups trainiert und Rope Climbs. Du darfst nur nicht in Panik geraten und musst konzentriert bleiben. Dann garantiere ich dir, dass du es an diesem Pegboard hochschaffen wirst«, antwortete Shane.

Seine Worte beruhigten mich. Ich sagte mir außerdem, dass meine Nervosität vor allem von der Aufregung herrührte, etwas Neues zu tun.

Ich blendete meine Konkurrentinnen links und rechts aus und konzentrierte mich einzig darauf, mich Loch für Loch am Board raufzuarbeiten. Ich überstürzte nichts, ich geriet nicht in Panik und ich ließ nicht zu, dass mich die Nervosität überwältigte. Denn letztlich konnte ich mir sicher sein, dass ich mich im Training bestmöglich vorbereitet hatte. Wenn du dich gut vorbereitet hast und auf diese Vorbereitung vertraust, dann kannst du wirklich etwas erreichen. Ich bin an jenem Abend mit dem Wissen zu Bett gegangen, mein Bestes gegeben zu haben.

Wie alle Anfänger lag auch ich zu Beginn meiner CrossFit-Karriere weit hinter der Konkurrenz zurück. Aufgrund meines wohldurchdachten Trainings war ich allerdings in der Lage, in kürzester Zeit Dinge zu erreichen, für die andere Jahre gebraucht haben. Es geht aber nicht nur um die Zeit, die du reinsteckst. Stundenlanges kopfloses Training bringt dir nicht viel. Viele Stunden Training voller Überzeugung und Fokus dagegen schon. Ich habe viele Sportler, die lange vor mir mit dem CrossFit anfingen, nicht nur ein-, sondern inzwischen längst überholt – und das nur, weil ich auf meine Trainingsvorbereitung vertraut habe.

Quäle dich jetzt …

Nicht, dass man mich falsch versteht: Ich hasse es zu trainieren. Ich hasse es wirklich! Aber ich weiß, wo ich hinwill – aufs Siegertreppchen –, und dieses Wissen lässt mich weitermachen. Ich quäle mich im Training, weil ich weiß, wie weit ich es bringen kann, und weil ich weiß, dass nicht nur ich hart trainiere. Muhammad Ali hat einmal gesagt: »Ich habe jede Sekunde des Trainings gehasst, aber mir immer gesagt: ›Gib nicht auf. Quäle dich jetzt und verbringe den Rest deines Lebens als Champion.‹« Durch harte Arbeit entwickelst du Beständigkeit. All die Zeit, die du in bewusstes Training investiert hast, wird sich später in Form einer starken Performance auszahlen. Das muss dein Ziel sein. Du musst so beständig trainieren, dass alles, was du tust – deine Haltung beim Clean and Jerk, die korrekte Atmung bei GHD Sit-ups, das Gefühl für die richtige Pace beim Rudern, ohne dafür auf den Monitor schauen zu müssen –, dir in Fleisch und Blut übergeht. Wenn es darauf ankommt, werden sich diese Dinge dann so natürlich anfühlen, dass du sie ganz instinktiv korrekt ausführst und wie eine Maschine funktionierst – egal, ob in der Wettkampfarena, im Sitzungszimmer oder im Klassenraum. Was dir zu Beginn noch schwer von der Hand geht, wird mit der Zeit immer leichter, wenn du es erst 10-, 100- oder gar 1000-mal wiederholt hast. Irgendwann wird sich diese anfangs komplexe Tätigkeit anfühlen, als seist du wie dafür geschaffen.

Vielleicht hast du schon einmal von der 10 000-Stunden-Regel gehört. Sie basiert auf Forschungen des Psychologen Anders Ericsson und wurde vom Autor Malcolm Gladwell einer breiteren Öffentlichkeit vorgestellt. Der Wert ist natürlich etwas willkürlich gewählt, er sollte vor allem provozieren und Aufmerksamkeit erregen (kann aber auch ein ambitioniertes Ziel für dich sein). Das zugrunde liegende Konzept wurde für Shane und mich jedenfalls zu einer unverrückbaren Säule unserer Vorbereitung. Das alte

Sprichwort stimmt: Es braucht Tausende Stunden, um wirklich gut in etwas zu werden. 2021 habe ich die 10 000 Stunden im CrossFit endlich geknackt. Auch Shane erreichte im selben Jahr diese goldene Marke, weil er mich und andere 10 000 Stunden lang trainiert hatte. Obwohl ich das Training hasse, leide ich lieber jetzt, damit ich den Rest meines Lebens das genießen kann, was ich mit meiner harten Arbeit erreicht habe.

Die Ein-Prozent-Regel

Shane ist ein großer Verfechter der Ein-Prozent-Regel, die besagt, dass viele kleine Schritte nach einer gewissen Zeit große Veränderungen nach sich ziehen können. Ein einprozentiger Fortschritt in einem bestimmten Bereich deines Lebens lässt dich vielleicht keine neuen Rekorde aufstellen, wenn du diesen einprozentigen Fortschritt aber mit einem weiteren einprozentigen Fortschritt aus einem anderen Bereich deines Lebens kombinierst, dann kann daraus ein Synergieeffekt entstehen, was dich wiederum anspornen wird, in wieder anderen Bereichen deines Lebens solche einprozentigen Fortschritte zu machen. Bei manchen Dingen wird es gefühlt ewig dauern, bis du sie endlich gemeistert hast, wenn du ein Ziel aber motiviert und mit Leidenschaft verfolgst, wirst du sehen, wie schnell kleine Schritte zu großen Veränderungen führen. Wenn du es schaffst, solche einprozentigen Veränderungen zur Gewohnheit zu machen, dann wirst du auf Dauer dein volles Potenzial ausschöpfen können.

Mein Alltag besteht aus vielen solcher Mini-Angewohnheiten. Ich stehe jeden Tag frühmorgens auf, um zu trainieren, was ich mir schon früh, während meiner Zeit als Läuferin, angewöhnt habe. Nach dem Aufstehen trinke ich als Erstes ein Glas Wasser, dann genieße ich eine Tasse Kaffee und lese dabei einen guten Ratgeber, anschließend dehne ich mich und meditiere dabei. Dann checke ich meine Mails, danach beginne ich mit dem Training. Mir ist bewusst, dass auch alles, was ich außerhalb des Gyms tue, zu meinem Sieg im Wettkampf beiträgt. Ein produktiver Tagesplan, an den du dich beständig hältst, ist ein Schlüsselfaktor für Erfolg. Ohne eine solche durchgetaktete Routine verliere ich schnell meinen Fokus und lasse viele Dinge schleifen.

Dieses Konzept führt nahtlos zu einem weiteren: So planvoll, wie du diese eine Sache angehst, solltest du alles in deinem Leben angehen. Selbst Kleinigkeiten spielen dabei eine Rolle. Räumst du Kurzhanteln nach einem Satz ordentlich weg? Hinterlässt du deine Trainingsstation sauber für den nächsten Sportler? Oder, um ein alltäglicheres Beispiel zu wählen: Hältst du deine Küche sauber und aufgeräumt? Jede Wette: Wenn in deiner Spüle ständig schmutziger Abwasch steht, bist du auch in anderen Bereichen deines Lebens unordentlich. Es mag mühsam sein und eine Menge Zeit kosten, dich ständig mit solchen kleinen Details zu befassen, aber diese Kleinigkeiten summieren sich und können den Unterschied zwischen Erfolg und Misserfolg ausmachen, im Sport wie im Leben. Ich weiß, es ist langweilig, weshalb man sich manchmal schnell dabei ablenken lässt, es ist aber wichtig, auch solche kleinen Details im Blick zu behalten.

Wenn ich den Abwasch erledigen muss, dann schrubbe ich dieses blöde Geschirr so gründlich, dass es glänzt. Nach dem Bügeln lege ich meine Sachen so akkurat zusammen, dass selbst Aufräumexpertin Marie Kondo vor Neid erblassen würde. Und das Gym hinterlasse ich stets sauberer, als es vorher gewesen ist. Wer Ordnung in seiner Wohnung hält, der hält auch Ordnung im Leben. Handle stets so professionell wie möglich. Gute Angewohnheiten und ein strukturierter Alltag helfen dir dabei. Wenn du dein Training schwänzt oder Ausreden suchst, um selbst kleinste Aufgaben nicht erledigen zu müssen, dann wird dieses Verhalten sich auch auf andere Bereiche deines Lebens ausweiten.

Eine andere Weisheit hat sich dagegen als Mythos entpuppt: Angeblich dauert es 21 Tage, bis eine Tätigkeit zur Gewohnheit wird, Studien haben allerdings gezeigt, dass dafür mindestens zwei Monate nötig sind.[4] Egal, was du also zur Gewohnheit machen möchtest, du musst am Ball bleiben. Übernimm dich dabei nicht, sondern ändere immer nur eine Sache auf einmal. Wenn du dir zu viel zumutest, ist dein Scheitern vorprogrammiert und du wirst beim kleinsten Rückschlag das Handtuch werfen. Sobald du dir eine neue Gewohnheit angeeignet hast, kannst du eine weitere angehen. Und dann noch eine! Ein Beispiel: Vor dem Training dehnen, einmal pro Woche einen Pausentag einlegen, mehr Wasser trinken – das sind alles sinnvolle und leicht umsetzbare Gewohnheiten, die deine Fitnessroutine noch besser machen können. Doch egal, wie simpel diese Veränderungen auch sein mögen: Sie zum festen Bestandteil deiner Routine zu machen, braucht Zeit. Egal, welche neuen Gewohnheiten du dir aneignen möchtest: Wenn du dich langsam steigerst – über eine Woche, einen Monat oder ein Jahr –, dann wirst du mit der Zeit exponentiell besser werden.

Übrigens arbeite auch ich gerade an einer neuen Gewohnheit: Ich möchte im Training gelassener werden. Ich habe ziemlich hohe (manche würden sagen: unerreichbare) Erwartungen an mich selbst und gehe deshalb oft mit einer extremen Intensität ins Training. Manchmal erreiche ich diese selbst gesteckten Ziele aber nicht, wie meine Trainingspartner dir bestätigen könnten. Sie respektieren meine Leistung, lachen aber auch immer, wenn ich mal wieder zu verbissen rangehe. Ich werde weiter an mir arbeiten.

Glaube mir, auch ich erlebe immer wieder Momente, in denen die Nervosität droht mir den Hals abzuschnüren. Wenn das passiert, denke ich immer an Shanes Rat: »Keep it simple, Tia. Finde deinen Flow und lasse deinen Körper sein Ding machen.« Das tue ich und kann dann auch wieder frei atmen.

Ich habe also gelernt, meine Aufregung zu akzeptieren. Sie zeigt mir, dass ich noch immer hungrig nach Erfolg bin und mir meine Leistung im anstehenden Wettbewerb etwas bedeutet. Ich bin nicht die einzige Sportlerin, die ihrer Nervosität etwas Positives abgewinnen kann. Der Formel-1-Pilot Daniel Ricciardo – ebenfalls ein Australier – hat einmal gesagt: »Genieße das flaue Gefühl im Magen. Genieße die Anspannung und den Druck. Wenn man deinen Namen noch nicht kennt, dann genieße die Herausforderung, dir einen Namen zu machen.«

TOOLS FÜR DEIN TRAINING

Als ich mit CrossFit begann, dachte ich, dass ich nicht hart genug trainiert hatte, wenn ich nach dem Workout nicht blutig, voller blauer Flecke oder absolut erschöpft war. Mit der Zeit erkannte ich aber, dass es für das Training am nächsten (oder übernächsten) Tag nicht förderlich ist, meinen Körper in einer Einheit völlig zu zerstören. Ich begann also, smarter zu trainieren und mir Gedanken darüber zu machen, was für meinen Körper am besten ist. Das folgende Equipment würde ich als Grundausstattung für CrossFitter bezeichnen. Ich verwende es täglich und nehme es überallhin mit, selbst auf Reisen. Diese Tools helfen dir, deine Leistung zu vorbessern, gestalten das Training angenehmer und beugen Verletzungen vor.

- **Langhantel:** Du solltest nur mit hochwertiger Ausrüstung arbeiten. Achte darauf, dass sich die Gewichtscheiben auf deiner Hantel gut drehen, weil sie sonst deine korrekte Bewegungsausführung stören können.

- **Uhr:** Beim CrossFit ist die Zeit dein schwerster Gegner. Eine Uhr ist deshalb ein äußerst sinnvolles Tool für deine Vorbereitung. Ich habe meine immer dabei, wenn ich mich im Gym von Station zu Station bewege. Falls du eine Smartwatch verwendest, achte auf eine mit langer Akkulaufzeit.
- **Handschuhe und Handschutz:** Wir Crossfitter verwenden oft Handschützer, etwa bei Pull-ups oder anderen Übungen, um unsere Hände zu schonen. Achte auf Modelle, die gleichzeitig leicht und robust sind, damit sie bei Übungen an der Klimmzugstange wie Toe to Bar, Muscle-ups, Chest- oder Pull-ups nicht stören und möglichst lange halten.
- **Ellenbogen- und Kniebandagen:** Kompressionsmanschetten schonen die Gelenke. Sie sind vor allem dann sinnvoll, wenn Ellenbogen oder Knie bereits angeschlagen sind und ein wenig zusätzliche Stabilität benötigen. Sie lindern zudem Schmerzen, verbessern die Durchblutung und fördern die Regeneration der Muskulatur.
- **Schaumstoffrolle:** Ich liebe diese Dinger sowohl vor dem Training als auch danach. Sie helfen nicht nur, Verspannungen herauszumassieren, sondern fördern auch die Durchblutung, wärmen die Muskeln auf und helfen, Muskelkater zu lindern. Du kannst sie jederzeit und überall einsetzen, um muskuläre Verspannungen oder Schmerzen zu behandeln.
- **Springseil:** Ein Springseil ist fester Bestandteil meiner täglichen Routine. Achte beim Kauf darauf, ein möglichst schnelles Seil zu wählen, das also besonders leicht ist und geschmeidig rotiert – das hilft dir später im Wettkampf.

- **Widerstandsband:** Ein weiterer fester Bestandteil meiner täglichen Routine. Widerstandsbänder eignen sich super zum Stretching, vor allem des Oberkörpers. Wenn das Band über ausreichend Spannung verfügt, sorgt es bei mir für eine tolle Dehnung in den Schultern. Ich dehne mich normalerweise frühmorgens nach dem Aufstehen, allerdings eher mit statischen Übungen. Später im Gym dehne ich mich dann dynamischer und verwende dafür Widerstandsbänder, um meine Durchblutung zu fördern und mich optimal aufzuwärmen.

- **Kinesiotape:** Bei Übungen, die meine Hände besonders belasten, wie Cleans oder Snatches, tape ich meine Finger, um insbesondere meinen Daumen zu schützen. Verwende ein Tape, das nicht zu starr ist, damit du deine Daumen noch problemlos beugen kannst. Und tape nicht zu viel! Das erhöht den Druck auf die Daumen und kann Schmerzen verursachen.

- **Trainingsschuhe:** Ich habe immer drei Paar Schuhe dabei: Laufschuhe zum Laufen (logisch), spezielle Gewichtheberschuhe und normale Turnschuhe für alles andere. Ich verschleiße in jeder Saison zwei Paar Gewichtheberschuhe, weil ich sie ständig trage und sie meine Fußgelenke extrem stabilisieren.

- **Wasser:** Man kann es nicht oft genug sagen: Ausreichende Hydrierung ist für den Körper enorm wichtig, weshalb ich immer eine Wasserflasche dabeihabe. Ich verwende zusätzlich Salt Packets, das sind kleine Salztüten, die besonders viele Elektrolyte enthalten und so helfen, meinen Flüssigkeitshaushalt zu regulieren. So bleibe ich stets hydriert und leistungsfähig.

- **Gewichthebergürtel:** Ich verlasse mich nur ungern zu sehr auf einen Gürtel, verwende aber einen, wenn ich schwere Squats oder irgendeinen Kraftzirkel ausführe. Der Gürtel stützt meinen Rücken, wodurch ich länger trainieren kann und das Risiko einer Muskelzerrung minimiere.
- **Lifting Straps:** Zughilfen verwende ich bei schweren Cleans oder Snatches. Sie helfen mir, Kraft aufzubauen und selbst bei schweren Sätzen eine saubere Technik beizubehalten, weil ich mich nicht mehr um die Griffkraft sorgen muss, sondern mich voll und ganz auf das Gewicht und die Bewegung konzentrieren kann.
- **Handgelenkbandagen:** Bei Überkopfübungen wie Handstand, Push-ups oder Handstand Walks, bei denen meine Handgelenke zusätzlich stabilisiert werden sollen, nutze ich Handgelenkbandagen. Am liebsten welche, die richtig dick und robust sind. Auch beim Bankdrücken oder Clean and Jerk sind sie sinnvoll sowie bei praktisch allen Kurzhantel- oder Kettlebell-Übungen.

Nimm dir die Zeit

Für mich als Profisportlerin mag das leicht gesagt sein, denn mein sportlicher Erfolg ermöglicht es mir, 24/7 zu trainieren. Das war allerdings nicht immer so, schließlich bin ich nicht irgendwann einfach als dominanteste CrossFitterin aller Zeiten aufgewacht. Ich hatte nie ein Motivationsproblem (Shane wird dir das bestätigen können), weil ich schon immer wusste, wie wichtig Training ist, um meine Ziele zu erreichen. Mein Problem war der Zeitmangel. Als ich mit CrossFit anfing, musste ich als Laborantin in einem Bergbauunternehmen zwölfstündige Tag- und Nachtschichten abreißen. Ich arbeitete immer zwei Tage lang von 7 bis 19 Uhr und anschließend drei Tage lang von 19 bis 7 Uhr. Trainiert habe ich in meiner Freizeit. Nach den Tagschichten war ich gegen 19:30 Uhr im Gym. Ich habe also zwölf Stunden gearbeitet, anschließend zweieinhalb Stunden trainiert, bin ins Bett gegangen und habe das Ganze am nächsten Tag nochmal gemacht. An Tagen mit Nachtschicht habe ich vor der Arbeit trainiert.

Wenn du etwas wirklich willst, dann wirst du auch einen Weg finden, es zu tun. Es war zuweilen herausfordernd und wirklich erschöpfend, dafür bin ich heute allerdings umso stolzer auf das Erreichte. Ich bin der Überzeugung, dass derartige Strapazen eine wichtige Grundlage für künftige Erfolge sein können, wenn man nur richtig damit umgeht. Wir alle haben mit Hindernissen zu kämpfen. Wichtig ist, dass wir sie identifizieren und Mittel finden, sie aus dem Weg zu räumen. Ich denke oft an diese Zeiten zurück und sage mir dann: »Wenn wir es damals, unter diesen Umständen geschafft haben, dann schaffen wir es heute erst recht!«

Diese unumstößliche Arbeitsmoral ist die Basis für praktisch alles, was in diesem Buch behandelt wird. *Durch harte Arbeit bilden sich Beständigkeit und gute Gewohnheiten heraus. Bleibe geduldig und vertraue auf deine Vorbereitung.* Stelle dir harte Arbeit wie die Achse eines Fahrrads vor, von der alle Speichen abgehen. Eine dieser Speichen ist dein Talent, eine weitere ist Leidenschaft. Sie alle sind wichtig, doch ohne die Achse, die sie im Zentrum verbindet, wirst du nicht losfahren können. Mit harter Arbeit als deiner Achse kann dich nichts mehr aufhalten.

KAPITEL 3

FÜTTERE DEINEN GUTEN WOLF

AKZEPTIERE RÜCKSCHLÄGE UND NUTZE FURCHT ALS ANTRIEB

Im dichten australischen Busch, der unsere Farm umgab, lebten alle möglichen wilden Tiere. Man durfte also nicht ängstlich sein. Einmal, als ich sieben war, spielte ich gerade im Wohnzimmer mit meinem Lieblingsspielzeug, als ich neben mir auf dem Boden etwas zischen hörte. Ich rief nach meinem Dad, der sofort angerannt kam.

Als er unseren Hausgast entdeckte – eine Teppichpython –, erklärte er mir: »Weißt du, Tia, wir dringen hier eigentlich in ihren Lebensraum ein, also müssen wir uns respektvoll verhalten. Sie ist nicht aggressiv, lasse sie also einfach in Ruhe ihr Ding machen und sie wird von allein wieder verschwinden. Habe keine Angst, sie fürchtet sich vermutlich mehr vor dir als du vor ihr.« Er hatte recht, eine Teppichpython ist – im Gegensatz zu vielen der hochgiftigen Schlangen und Spinnen, die es in Australien gibt – harmlos und war auf unserer Farm sogar nützlich, weil sie Ratten und Mäuse verputzte.

Als ich älter wurde, musste ich feststellen, dass es im Leben zahlreiche Dinge gibt, die noch viel furchterregender als Schlangen sind. Meine Eltern haben mich allerdings stets ermutigt, mich meinen Ängsten geradewegs zu stellen und die Grenzen meiner Komfortzone ständig zu erweitern. Als ich mit dem Laufsport begann, ließen sie nicht zu, dass die fehlenden Möglichkeiten in unserem direkten Umfeld meinen Enthusiasmus bremsten. Im australischen Busch, wo wir lebten, gab es weder Trainer noch Trainingsstätten, das nächste anständige Trainingszentrum befand sich knapp 100 Kilometer entfernt in Brisbane. Manchmal musste ich barfuß laufen, weil ich nicht die richtigen Schuhe hatte. Aber wir haben uns von diesen widrigen Bedingungen nicht abschrecken lassen, sondern es trotzdem irgendwie hinbekommen. Rückblickend bin ich heute manchmal erstaunt, wie kreativ meine Eltern damals waren, wenn ich mal wieder eine neue Sportart ausprobieren wollte. Während andere sich beschweren, dass sie nicht die beste Ausrüstung besitzen, sehe ich das nur als Grund, noch härter zu trainieren. Wenn es in der Nähe kein topausgestattetes Gym gibt, dann blase ich mein Training nicht ab, sondern trainiere einfach etwas anderes. Ich habe jedes Hindernis immer als Chance betrachtet, daran zu wachsen.

Die Angst vor dem Versagen

Die lange Vorrede in diesem Kapitel diente nur dazu, dir zu erklären, warum ich schon mein ganzes Leben über recht entspannt mit Ängsten umgehe. Weil ich ziemlich rustikal aufgewachsen bin, konnte ich die meisten Schwierigkeiten relativ einfach meistern und ließ mich bei nichts, was ich versucht habe, verunsichern. Das änderte sich später, als ich mit CrossFit begann, einem Sport, der zu großen Teilen aus Gewichtheben besteht. 2014 schaffte ich ohne Trainer im Clean and Jerk bereits 85 Kilo bei nur 52 Kilo Körpergewicht – was großartige Werte waren, wie man mir damals versicherte. Doch ich wusste, da geht noch mehr. Und ich wollte mehr!

Bei einem kleineren Event in Brisbane – meinem ersten Einzelwettkampf im CrossFit – entdeckte mich ein Gewichthebertrainer namens Miles Wydall, der in mir eine »kleine, dürre, aber kräftige« Frau sah, die bereits extrem stark im Clean and Jerk war. Ich hatte als eine von nur drei Teilnehmerinnen die Clean and Jerk Ladder geschafft. Miles war ein bekannter Trainer, der bereits mehrere Olympioniken betreut hatte. Er erkannte mein Potenzial und wollte Shane und mir dabei helfen, meine Kraft aufzubauen und meine Technik zu verbessern. Er sagte damals zu mir: »Du bist hungrig und hast viel Power. Wer weiß, wie weit du kommen könntest, wenn du den Sport und seine Technik besser verstehst.« Miles wollte mich auf die Commonwealth-Spiele vorbereiten und glaubte sogar, ich könne es zu den Olympischen Spielen 2016 in Rio schaffen. (Die Commonwealth-Spiele sind ein großes Sportereignis, das den Olympischen Spielen ganz ähnlich ist, bei dem aber ausschließlich Teilnehmer aus Großbritannien und den früheren britischen Überseegebieten antreten.)

Wydall betrieb den Cougars Weightlifting Club in Brisbane. Alle vier Wochen fuhren Shane und ich die sechs Stunden nach Süden, um mit ihm zu trainieren. Das war ein ziemlicher Aufwand, allerdings verbesserte ich in kürzester Zeit meine Technik und stieg in den Ranglisten auf; die stundenlangen Autofahrten hatten sich also gelohnt. Ich beschloss, alles auf eine Karte zu setzen – entweder würde ich damit scheitern oder erfolgreich sein. Und ich tat alles, damit Letzteres der Fall war. Anfang 2015 kündigte ich meinen Job im Labor und eröffnete mein eigenes CrossFit-Gym, um mich zu 100 Prozent darauf vorzubereiten, einen der begehrten Plätze im australischen Gewichtheberteam bei den Olympischen Sommerspielen 2016 in Rio zu ergattern. Rückblickend war es eigentlich Wahnsinn, meinen sicheren Job in den Minen von Rio Tinto aufzugeben, um ein eigenes Gym zu eröffnen und für die Olympischen Spiele zu trainieren. Es war ein Wagnis, wir waren aber bereit, das Risiko einzugehen.

In jener Zeit hörte ich einen Podcast mit dem CrossFitter Jason Khalipa, der sagte, dass man erst bereit sei, ein Ziel zu erreichen, wenn man es laut ausspricht. Boom! Das war genau der Rat, den ich damals brauchte.

Eines Abends schlossen Shane und ich gerade das Gym ab und räumten unsere Sporttaschen in den Kofferraum, als ich mich ihm zuwandte und sagte: »Ich will bei den Games antreten!« Ich wollte herausfinden, wie gut ich wirklich war, und indem ich Shane davon erzählte, war mein neues Ziel plötzlich verbindlich. Es war real geworden. Ich erzählte es ihm zuerst, weil ich wusste, dass er mir helfen würde, mein Ziel zu erreichen. Anschließend sagte ich es aber auch meiner Familie und meinen Freunden. Nachdem es ausgesprochen war, begann sich die Angst bei mir einzuschleichen. Ich spürte nun den Druck, den Erwartungen gerecht zu werden und meinen Traum zu verwirklichen. Dieser Druck kam nicht aus meinem Umfeld, ich selbst habe ihn mir auferlegt, und meine Angst zu scheitern wurde immer größer. Bei allem, was ich tat, stand meine Familie immer hinter mir, weshalb ich sie nicht enttäuschen wollte. Das motivierte mich, löste aber auch eine leichte Panik in mir aus. Denn hätte ich mein Ziel nicht erreicht, wäre das nicht nur für mich, sondern auch für meine Familie eine herbe Enttäuschung gewesen. Ich war angespannt, dieser selbst auferlegte Druck ließ erstmals Selbstzweifel in mir aufsteigen. Ich muss zugeben: Es kann ganz schön beängstigend sein, vor den Augen aller etwas zu wagen. Du hoffst, dass du auch wirklich alles Menschenmögliche tust, um deine Träume und Ziele Wirklichkeit werden zu lassen.

Das Einzige, was mir in jener Zeit durch den Kopf ging, war: »Verbock das bloß nicht! Sei keine Versagerin!« Diese negativen Gedanken lasteten wie Gewichte auf meinen Schultern und hätten mich irgendwann unweigerlich runtergezogen, wenn ich es zugelassen hätte. Vielleicht wären dann meine Pull-ups ein paar Hundertstel langsamer gewesen, was mich am Ende den Sieg gekostet hätte. Worauf ich hinauswill: Schon der kleinste Anflug von Selbstzweifel kann dich ausbremsen. Du musst deshalb stets positiv bleiben – was leichter gesagt als getan ist, ich weiß. Shane und ich haben verschiedene Methoden entwickelt, meine Zweifel in den Griff zu bekommen. Als Erstes habe ich die Wirkung meiner negativen Gedanken auf meinen Körper umgedreht und mir gesagt: »Ich schaffe das!« Diese positive Botschaft ließ mich entspannen. Statt mir über alle möglichen Eventualitäten Gedanken zu machen und deshalb am Ende zu scheitern, konnte ich mich nun auf das Wesentliche konzentrieren, nämlich darauf, meinen Job zu machen. Ich bezeichne das als »meinen guten Wolf füttern«. Du musst deinen Körper mit positiver Energie nähren, denn das erlaubt es dir, deine Bestleistung abzurufen.

Das Konzept des guten/bösen Wolfs stammt ursprünglich aus dieser alten Parabel der Cherokee-Indianer:

Eines Abends erzählte ein alter Cherokee seinem Enkel von einem Kampf, der im Inneren von uns Menschen tobt.

Er sagte: »Mein Junge, in jedem von uns ringen zwei Wölfe miteinander. Der eine ist böse. Er ist Wut, Neid, Eifersucht, Sorge, Kummer, Gier, Arroganz, Selbstmitleid, Schuld, Missgunst, Lügen, falscher Stolz, Überheblichkeit, Minderwertigkeitsgefühle und Ego.

Der andere Wolf ist gut. Er ist Freude, Frieden, Liebe, Hoffnung, Gelassenheit, Bescheidenheit, Freundlichkeit, Güte, Empathie, Großzügigkeit, Wahrheit, Mitgefühl und Vertrauen.«

Der Enkel dachte einen Moment lang darüber nach und fragte dann: »Welcher Wolf gewinnt?«

Darauf entgegnete der alte Cherokee knapp: »Der, den du fütterst.«

Wie habe ich also meinen guten Wolf gefüttert? Zunächst begann ich, mich als Champion und nicht nur als bloße Teilnehmerin zu visualisieren (worauf ich etwas weiter hinten in diesem Buch noch genauer eingehen werde). Shane unterstützte mich dabei, indem er seine Ansprachen im Training so formulierte, dass sie meine eigenen positiven Gedanken bestärkten. Ich begann, alles in meinem Leben – selbst alltägliche Dinge wie mein Essen oder meine Schuhe – als Abschnitt auf meinem Pfad zur Goldmedaille zu betrachten.

Die Wolf-Parabel half mir außerdem zu verstehen, dass Angst eine völlig normale Reaktion ist, wenn wir mit etwas Unbekanntem konfrontiert sind. Sobald wir eine Bedrohung wahrnehmen, löst die Amygdala in unserem Gehirn den Kampf-oder-Flucht-Reflex aus. Wenn du dich vor etwas fürchtest, steigt deine Herzfrequenz, deine Atmung wird schneller – dein Körper reagiert also auf die Bedrohungssituation. Die Frage ist, wie du mit dieser Reaktion umgehst. Versteinerst du aus Angst? Oder bist du bereit zu kämpfen? Ich weiß, für welche Option ich mich immer entscheiden würde …

Es hilft mir zu wissen, dass die Angst, die ich jedes Mal aufs Neue überwinden muss, wenn ich die Wettkampffläche betrete, etwas ganz Natürliches ist. Es hat eine ganze Weile gedauert, bis ich so weit war, doch inzwischen habe ich verstanden, dass Scheitern dazugehört. Denn wenn wir nie scheitern, dann pushen wir uns nicht bis ans Limit, und wenn wir das nicht tun, können wir nicht besser werden. Wenn du aber scheiterst, dann tue es nach deinen Regeln. Shane sagt immer, wenn man nach den Regeln anderer scheitert, ist man enttäuscht. Scheitere ich aber nach meinen Regeln, kann ich das besser akzeptieren. Und das stimmt! Klar, manchmal fühle ich mich trotzdem noch wie gelähmt vor Angst, aber dann sage ich zu mir selbst: »Wenn ich es nicht versuche, wie soll ich dann lernen? Wie soll ich mich weiterentwickeln?« Nachdem ich das akzeptiert hatte, begann ich, echte Ergebnisse zu sehen. Indem ich meine Furcht akzeptierte und es mir erlaubte, zu scheitern, konnte ich all die Negativität in etwas Positives verwandeln. Mir wurde bewusst, wie wichtig dieser Entwicklungsprozess ist.

Nervosität ist nichts Schlimmes – sie zeigt nur, dass du lebendig bist! –, aber Angst kann dich auslaugen, angespannt und langsamer machen. Du bist schneller, wenn du entspannt bist. Oder um es mit Bruce Lee zu sagen: »Je weniger du dich anstrengst, umso schneller und kräftiger wirst du sein.«

Um ein erfolgreicher Sportler oder eine erfolgreiche Sportlerin zu sein, musst du diese Angst vor dem Versagen überwinden. Denn wenn du das nicht schaffst, bremst du dich schlicht und ergreifend selbst aus und nimmst dir die Chance, dich mental und körperlich so zu pushen, dass du deine Ziele erreichst. Dann wirst du nie dort ankommen, wo du hinwillst. Und du wirst nie zurückblicken und deinen Weg zum Erfolg bestaunen können. Nur aufgrund der prägenden Ereignisse auf diesem Weg habe ich es überhaupt bis zu diesem Punkt geschafft. Es ist okay zu scheitern, solche Momente prägen deine Biografie und beeinflussen, wie du künftig Hindernisse meisterst.

Zu lernen, mit meiner Furcht umzugehen, hat es mir ermöglicht, 2015 bei den CrossFit Games anzutreten und als Rookie direkt auf dem zweiten Platz zu landen, was noch niemandem zuvor gelungen war. Sofort dachte ich: »Ich will im darauffolgenden Jahr unbedingt wieder dabei sein. Ich muss mir selbst und der Welt beweisen, dass dieser Erfolg kein Zufall war.« CrossFit war nun mehr für mich als bloße Vorbereitung auf die Olympischen Spiele. Ich hatte etwas zu beweisen. Abgeschlossen hatte ich mit dem Thema Angst aber noch nicht.

Die Angst vor Erfolg

Nachdem ich 2015 Zweite geworden war, wollte ich dieses sensationelle Ergebnis im Jahr darauf eigentlich nur wiederholen. Es mag seltsam klingen, aber als ich mit CrossFit-Wettkämpfen anfing, hätte ich nie geglaubt, eines Tages die Games zu gewinnen, weil ich gar nicht vorhatte, diesen Sport so lange zu betreiben. Ich dachte, dass ich mir das auf Dauer gar nicht leisten könne. CrossFit war für mich eher eine Art Hobby, um mich zu testen. Selbst nach meinem starken Abschneiden 2015 glaubte ich noch nicht so recht daran, dass ich tatsächlich ganz oben auf dem Siegertreppchen stehen könne. Shane wusste aber, dass ich hart genug dafür trainiert hatte, und versuchte, mich vor den Games 2016 zu überzeugen, dass ich das ganze Ding gewinnen würde. Ich erinnere mich, wie ich damals dachte: »Es ist nicht einfach, eine WM zu gewinnen. Das ist ein ganz anderes Level! Die anderen Frauen betreiben diesen Sport seit Jahren, verglichen mit ihnen bin ich eine Anfängerin. Und Anfängerinnen werden keine Weltmeister.« Es gelang mir auch nicht, all die Kritiker aus den vergangenen zwölf Monaten zu ignorieren, die meinen zweiten Platz als Zufallstreffer hingestellt hatten.

Als ich jedoch wieder den zweiten Platz erreichte, wurde mir klar, dass ich zu große Angst gehabt hatte zu gewinnen. Ich hatte den ersten Platz verschenkt, weil ich mein Ziel nicht hoch genug gesteckt hatte. Ich hatte mich mit dem zweiten Platz begnügt und mich dadurch selbst eingeschränkt. Und ich ließ mich durch all das Gerede von außen beeinflussen. Du bist immer nur so gut wie das, was du dir zutraust, und irgendetwas tief in mir drin hatte mich zurückgehalten. Ich besaß noch kein volles Vertrauen in meine Fähigkeiten und war zu vorsichtig, weil ich keine Fehler machen wollte. Deshalb griff ich nicht richtig an. Ich hätte gewinnen können, tat es aber nicht, weil ich mich vor dem Sprung auf dieses nächste Level fürchtete. Ich verließ die Wettkampffläche mit dem Wissen, dass ich mehr hätte erreichen können, und Shane sah mir diese Enttäuschung an. Ich will nicht nur für mich selbst auf dem Siegertreppchen stehen, sondern auch für das Team, das hinter mir steht und mir den Sieg erst ermöglicht. Und diese Menschen hatte ich enttäuscht, Shane, meine Familie, meine Freunde. Ich hatte nicht hart genug für sie oder für mich selbst gekämpft.

HABE KEINE ANGST, ERFOLGREICH ZU SEIN

Viele Menschen haben Angst zu scheitern, es gibt aber auch einige, die sich davor fürchten, erfolgreich zu sein. Sie igeln sich regelrecht ein, um sich vor dem furchtbaren Gefühl zu schützen, ihr Ziel nicht erreicht zu haben, und sind der völlig irrationalen Überzeugung, es ohnehin nicht zu schaffen. Damit stehen sie sich selbst im Weg. Und Untersuchungen zeigen, dass dieses Problem bei Frauen besonders verbreitet ist.

Frauen nehmen eine neue oder schwierige Herausforderung häufig etwas zögerlicher an als Männer. Ob das angeboren oder anerzogen ist, weiß niemand so genau (vermutlich beides). Wir grübeln oft zu viel, hinterfragen alles und unterschätzen uns. Studien haben gezeigt, dass Männer ihre Fähigkeiten und Leistungen in der Regel überschätzen, während Frauen beides eher unterschätzen.[5] Für viele Frauen sind Minderwertigkeitsgefühle daher etwas Alltägliches. In Ihrem Buch *Selbstbild* schreibt die Stanford-Psychologieprofessorin Carol Dweck darüber, wie Frauen, die mit dem Scheitern Probleme haben, oftmals Opfer eines zu starren Selbstbilds sind und glauben, an ihren Fähigkeiten ließe sich nichts verändern.[6] Sportlerinnen betrachten ein schlechtes Ergebnis in einem Wettbewerb deshalb häufig nicht als Spiegel ihrer Leistung an einem bestimmten Tag, sondern als grundsätzliches Versagen. Doch das schadet nur dem Selbstbewusstsein.

Im Gegensatz zu Männern neigen Frauen außerdem dazu, eher an ihre Schwächen zu denken als an ihr Potenzial. Vermeiden lässt sich das durch die Erkenntnis, dass Angst etwas ganz Normales ist und man sie nicht umgehen kann, sondern sich ihr stellen muss. Eine andere Möglichkeit gibt es nicht. Konzentriere dich auf deine Stärken, vergleiche dich nicht mit anderen und vergiss niemals, dass Angst nur ein Gedanke ist und *nicht* die Wirklichkeit.

Diese Leitlinien haben mir immer geholfen. Es ist okay, mal was zu verpatzen. Betrachte es als Chance, zu lernen, zu wachsen und herauszufinden, wie gut du in dieser bestimmten Sache wirklich bist. Sobald du aufhörst, dir Gedanken darüber zu machen, was andere über dich denken, wirst du beginnen, dein eigenes Leben zu leben. Erst dann hast du die Freiheit, dein wahres Potenzial zu entfalten. Besinne dich immer darauf, was dein persönlicher Antrieb, dein Warum ist.

Und an alle weiblichen CrossFitter: Lebt frei von Zweifeln und Furcht!

Als Shane und ich nach den Games 2016 in unserem Mietwagen raus nach Carson in Kalifornien fuhren, führten wir ein sehr langes Gespräch und beschlossen, niemals denselben Fehler zweimal zu machen. Das Motto »Dabei sein ist alles« gab es für uns fortan nicht mehr, von jetzt an würden wir nach den Sternen greifen. Wir wollten nicht mehr nur gut oder großartig sein, sondern unaufhaltsam.

In diesem Moment wurde mir klar, dass die mentale Leistungsfähigkeit genauso wichtig ist wie die körperliche – eine Erkenntnis, die meine Entwicklung maßgeblich verändert hat. Das war zwar eine harte Zeit für mich, aber auch eine wichtige, in der ich viel nachgedacht habe. Wäre ich in jenem Jahr nicht Zweite geworden, wer weiß, wo ich heute stünde. Dieser zweite Platz ließ mich erkennen, dass ich auf den ersten Platz wollte! Obwohl es mich bis heute wütend macht, dass ich diese Enttäuschungen erleben musste, ist mir bewusst, dass diese Erfahrung notwendig war, weil sie ein Feuer in mir entfacht hat, das mich zu einer Gewinnerin machte. Ich bin an diesen Enttäuschungen gewachsen und blicke heute ohne Bedauern darauf zurück, weil sie Bestandteile meiner Lernkurve waren und ich durch sie heute eine bessere Sportlerin bin. Ich bin überzeugt, dass mich in diesen ersten beiden Wettkampfjahren nicht meine körperlichen Fähigkeiten im Stich gelassen haben, sondern meine Psyche. Die war nämlich noch nicht auf demselben Level wie mein Körper.

Bevor wir irgendwelche größeren Veränderungen umsetzen konnten, mussten wir allerdings erst einmal zu den Olympischen Spielen nach Rio fliegen, die im August, nur wenige Tage nach den CrossFit Games, stattfanden. (Verrückt, oder?) Am Ende wurde ich 14te – nicht schlecht für eine Debütantin. Dass ich Australien bei den Spielen repräsentieren und das grün-goldene Leibchen tragen durfte, war für mich die Erfüllung eines Traums, unabhängig vom Ergebnis. Ich kehrte deshalb erhobenen Hauptes von den Spielen zurück, mit einem Gefühl der Zufriedenheit, was mir eine völlig neue Perspektive auf mein Leben gab und darauf, wie ich die Dinge künftig angehen würde. Ich glaubte nun mehr denn je daran, alles erreichen zu können, was ich mir in den Kopf setzte – wenn ich es nur genug wollte. Und was ich wirklich wollte, war, die CrossFit Games zu gewinnen.

Sobald wir zurück in Australien waren, begannen Shane und ich mit der Arbeit. Wir krempelten unser Trainingsprogramm völlig um und änderten alles: die Kommunikation zwischen Trainer und Sportlerin (noch mehr positive Verstärkung), die Workouts (weniger Volumen, dafür höhere Intensität) und den Trainingsplan (weniger war nun mehr). Es war eine Rundumstrategie, um mit Vollgas das Ziel zu erreichen, das ich in diesem Jahr verpasst hatte: den ersten Platz bei den CrossFit Games. Wir schauten uns alte Videos von mir an, analysierten meine Körpersprache, beobachteten meine Gegnerinnen und diskutierten meine Trainingsgewohnheiten, um Spielraum für Verbesserungen zu finden. Ich durfte mich nicht mehr länger selbst ausbremsen, sondern musste absolut alles geben.

Akzeptiere dein Scheitern

Wie gesagt: Im Gegensatz zur landläufigen Meinung ist Scheitern keine Schande. Wer scheitert, strengt sich beim nächsten Mal noch mehr an und entwickelt sich so weiter. Shane sagt mir beinahe jeden Tag: »Push dich bis zum Limit! Es ist okay, wenn du was falsch machst oder scheiterst, denn ich garantiere dir: In diesen Momenten lernst du mehr über dich selbst. Und wer lernt, wird besser.« Wenn du bei Squats immer dasselbe Gewicht auflegst oder deine Zeit auf dem Rudergerät nicht steigerst, wirst du logischerweise auch keine Fortschritte machen. Wenn du immer dasselbe tust, wirst du immer auf demselben Stand bleiben. Und das ist nicht genug, wenn du ein Champion werden möchtest. Oft sehe ich, dass Sportler versuchen, ihre bisherige persönliche Bestleistung erneut abzurufen, doch sobald sie die Chance haben, diese zu übertreffen, geben sie sich mit dem bisherigen Wert oder fünf Kilo weniger zufrieden. Doch so wirst du körperlich und ganz sicher auch mental nie stärker werden. Es gibt einen Moment, den ich als »die Grenze« bezeichne. In diesem Moment pushst du dich so sehr, dass du an dein persönliches Limit gelangst. Es ist okay, manchmal zu scheitern und diese Grenze nicht zu überschreiten, weil du dich dann beim nächsten Mal nur noch mehr anstrengen wirst. Wichtig ist nur zu wissen, wo die Grenze verläuft, und dass du dich jedes Mal bis dorthin pushst. Ich betrachte die Angst vorm Scheitern als Gradmesser, der sicherstellt, dass ich genau das tue. Angst hält dich auf Trab.

Durch sie bleibst du hungrig nach mehr. Mike Tyson hat einmal gesagt: »Angst ist entweder dein bester Freund oder dein schlimmster Feind.«[7] Er hatte völlig recht damit.

In seinem Bestseller *Die 1%-Methode* beschreibt James Clear ein Konzept, das in eine ganz ähnliche Richtung geht: Er erklärt, dass wir Menschen dann maximal motiviert sind, wenn wir Tätigkeiten ausüben, die genau an der Grenze unserer Fähigkeiten liegen – die also weder zu einfach noch zu schwer sind.[8] Das kann ich absolut bestätigen. Was Clear meint, ist die Grenze, die ich oben erwähnte. Sie ist der schmale Grat zwischen Selbstvertrauen und Angst, Erfolg und Scheitern und genau auf diesem Grat musst du dich bewegen, wenn du an der Spitze mithalten willst. Und jetzt gehe und finde deine persönliche Grenze!

Wenn ich gemeinsam mit anderen Sportlern trainiere, fällt mir sofort auf, wenn diese genau wie ich früher falsch mit ihrer Angst umgehen. Uns allen kann das so gehen, egal, wie erfahren wir sind. Ich habe das bei den Besten der Besten ebenso erlebt wie bei jungen Athleten, die gerade erst ihr wahres Potenzial ergründen. Sie verkrampfen dann oder sind plötzlich ganz verkopft, weil sie befürchten, etwas zu verpatzen oder nicht zu schaffen. Sobald sie etwas Neues ausprobieren müssen, mit dem sie sich nicht auskennen, verfallen sie in Schockstarre, ähnlich wie ich damals, als ich vor meinem ersten CrossFit-Wettkampf vom Pegboard erfuhr. Diesen Sportlern erkläre ich, dass auch ich früher solche Gedanken hatte, aber irgendwann erkannt habe, dass ich vor dem Scheitern keine Angst haben muss, weil es zur persönlichen Entwicklung einfach dazugehört. Risiken einzugehen ist eben genau das: ein Risiko. Tust du es nicht, wirst du nicht besser werden und niemals deine Ziele erreichen. Betrachte dein Scheitern deshalb lieber als einen weiteren Schritt zum Sieg. Denn wenn du einmal einen groben Fehler gemacht hast, dann machst du ihn mit Sicherheit nicht noch einmal und hast deshalb beim nächsten Mal einen Vorteil.

Entscheide dich immer für die schwerere Variante

Ich entscheide mich stets für die schwerstmögliche Option, selbst wenn das bedeutet, im Training häufiger zu scheitern. Habe ich beim Gewichtheben zum Beispiel die Wahl, 68 oder 70 Kilo zu stemmen, dann wähle ich hundertprozentig immer das schwerere Gewicht. Denn wenn ich härter trainiere, werde ich besser. Dasselbe gilt für meine Angst: Wenn ich mir unsicher bin und die Wahl zwischen einer leichten und einer schwierigen Option habe, entscheide ich mich für die größere Herausforderung. Das wurde mir von klein auf durch meine Eltern eingeimpft. Denn wenn etwas einfach wäre, dann würden es ja alle tun, richtig? Und wer die leichte Option zieht, der muss sich fragen, ob er wirklich den nötigen Willen hat. Es mag beängstigender sein, den schwierigeren Weg zu gehen, aber dennoch stelle ich mich stets den größten Herausforderungen.

TIAS TIPPS, UM DEN BÖSEN WOLF AUSZUHUNGERN

1. Denke immer daran, dass Angst etwas Gutes ist. Sobald sich Angst in deine Gedanken einschleicht, stehst du vor der Entscheidung: auf Nummer sicher gehen und stagnieren oder angreifen und besser werden. Für was entscheidest du dich? Betrachte Angst als Chance und nimm sie aktiv an. Sich bewusst für etwas Unangenehmes zu entscheiden, ist nicht leicht. Auch ich musste das erst lernen. Ich rate dir, dich unbedingt ständig neu zu fordern, denn du wirst niemals erfahren, wie viel Potenzial du hast, wenn du nicht da rausgehst und etwas wagst.

2. Visualisiere dich selbst als Champion. Visualisierung ist ein mächtiges Werkzeug, um deine Perspektive zu verändern. Probiere es aus und du wirst sehen: Du bekommst sofort das Mindset eines Gewinners und den nötigen Fokus, um deine Ziele zu erreichen. Im nächsten Kapitel werde ich noch einmal genauer darauf eingehen.

3. Training, Training und nochmals Training. Je besser du vorbereitet bist, umso weniger Selbstzweifel wirst du haben.

4. Lege dir ein Mantra zu. Überlege dir einen Leitsatz, mit dem du negative Gedanken aufhalten kannst. Ich verwende häufig dieses berühmte Zitat der Navy SEALs: »Fall to the level of your training.« Es bedeutet, dass ich in Drucksituationen nicht angespannt sein muss, weil ich alles schon Tausende Male im Training gemacht habe.

Streiche »Aufschieben« aus deinem Wortschatz

Etwas aufzuschieben ist ein richtiger Momentum-Killer, davon bin ich überzeugt. Je mehr du etwas auf die lange Bank schiebst, umso schwerer wird es, in Schwung zu kommen, und dementsprechend härter wird natürlich der Weg insgesamt. Etwas aufzuschieben bringt nichts, es hält dich bloß auf.

Ich war nie ein Mensch, der Dinge gerne aufschiebt. Mein Vater war, wie gesagt, überzeugt davon, dass man sich seinen Ängsten stellen muss, weshalb ich Probleme schon immer direkt angegangen bin.

Ich mochte außerdem das stressige Gefühl nicht, wenn etwas Unerledigtes noch vor mir lag. Aber ich kenne durchaus viele, die Dinge aufschieben, und einige können noch nicht einmal etwas dafür. Studien haben gezeigt, dass Menschen, die Dinge aufschieben, häufig unter Angststörungen leiden oder sich überfordert und gestresst fühlen.[9] Wenn es auch dir so geht, gibt es vielleicht einen tiefer liegenden Grund, der diese Probleme verursacht?

Konzentriere dich auf den Moment

Meine Eltern haben mir beigebracht, immer im Hier und Jetzt zu leben. Falls dir das nicht von klein auf anerzogen wurde, fällt es dir vielleicht schwer, den Fokus auf deine augenblickliche Situation zu richten und Dinge einfach zu tun. Aber das ist in Ordnung. Es ist nie zu spät dazuzulernen. Meine Trainingspartnerin Brooke, die bei den CrossFit Games 2021 eine schwere Ellenbogenverletzung erlitt, ist dafür ein gutes Beispiel.

Sie unterzog sich daraufhin der sogenannten Tommy John Surgery und musste aufgrund des langen Heilungsprozesses anschließend acht Wochen lang mit dem Training pausieren. Der Wiedereinstieg war nicht einfach, sie musste sich kleinschrittig nach und nach ins Training zurückkämpfen. Ihr war anzumerken, dass sie dieser Prozess überforderte. Sie hatte einen unheimlich langen Weg vor sich und war schon am ersten Tag völlig niedergeschlagen. Ich kann das verstehen. Manchmal mache ich selbst den Fehler, schon beim ersten Schritt ganz hoch zum Gipfel des Bergs zu schauen, den ich sprichwörtlich erklimmen will. Deshalb versuche ich, wenn ich einen neuen Trainingszyklus beginne (der mehr als zwölf Wochen meiner Saison ausmachen wird), mich bewusst auf den Moment zu konzentrieren und die Dinge zu nehmen, wie sie kommen. Denn wenn ich mir schon über Woche zehn oder elf Gedanken mache, bevor ich überhaupt Woche eins geschafft habe, verliere ich den Fokus und habe ein Problem. Dass Brooke die Rückkehr ins Training so schwerfiel, tat mir leid. Sie versuchte sich an einer Übung, die sie seit ihrer OP nicht mehr gemacht hatte. Die Übung war schwer und Brooke hatte Angst, ihren Ellenbogen erneut zu verletzen. Sie hatte kein Vertrauen in sich selbst, das konnte man ihr ansehen.

Also sagte ich: »Brooke, sei präsent und konzentriere dich auf das Hier und Jetzt. Lasse dir Zeit und nimm die Herausforderung an, die vor dir liegt. Gib mir nur eine Wiederholung. Eine einzige Wiederholung … Okay, cool! Eine haben wir geschafft. Nun gib mir noch eine.« So haben wir die komplexe Übung aufgebrochen und in simple Einzelschritte unterteilt. Brooke sollte sich keine Gedanken über das komplette Workout machen, sondern sich nur auf diese eine Wiederholung konzentrieren. Eine nach der anderen. Am Ende schaffte sie sechs Wiederholungen und sagte: »Wow, mir tut alles weh, aber ich habe es geschafft!« Was da wehtat, waren »gute« Schmerzen. Ihre Muskeln hatten gearbeitet und wurden nun stärker. Ein Jahr darauf legte Brooke bei den CrossFit Games 2022 eine dominante Performance hin und belegte zur Überraschung aller den fünften Platz. Ich war so stolz auf sie.

Wenn dir etwas zu viel wird, ob beim Wiedereinstieg nach einer Verletzung (oder einer Schwangerschaft!) oder beim Angehen einer neuen Sache, dann untergliedere dein Problem in kleine, machbare Teilziele und richte deinen Fokus einzig auf die vor dir liegende Aufgabe. Schaue weder nach vorne noch zurück, sondern konzentriere dich nur auf das, was jetzt zu tun ist. Denn wenn die Aufgabe zu kompliziert ist, bist du schnell überfordert und machst keine Fort-, sondern nur Rückschritte.

Schäme dich nicht für den Sieg

Beständigkeit, eine akribische Vorbereitung und harte Arbeit sind die drei wichtigsten Maßnahmen, mit denen du deine Angst im Griff behältst. Und sei stolz auf deine Arbeitsmoral! Früher hätte ich das niemals gekonnt. Als typische Australierin war ich so bescheiden, dass mir nie der Satz »Ich bin die Fleißigste im Training!« über die Lippen gekommen wäre, weil ich glaubte, mir meine Sporen erst noch verdienen zu müssen. Ich dachte, dass ich noch nicht lange genug dabei sei. Tief in mir drin wusste ich zwar schon immer, dass ich die Fleißigste war, ich wollte den erfahrenen Profis gegenüber aber nicht respektlos erscheinen. Mit der Zeit habe ich mich dann immer und immer wieder bewiesen und inzwischen traue ich mich, selbstbewusst zu sagen: »Niemand arbeitet härter als ich!« Bis ich so weit war, brauchte es aber eine Menge Zeit sowie Druck vonseiten der Medien. Früher wollte ich auf keinen Fall jemanden vor den Kopf stoßen, denn schließlich denkt jeder, er trainiere hart. Daraus habe ich eine wichtige Lehre gezogen: Schäme dich niemals dafür zu gewinnen. Stolz auf die eigene Leistung darfst du nicht erst nach jahrelanger Erfahrung sein. Wenn du schon in deinem ersten Wettkampfjahr stark ablieferst, dann hole dir deine Erfolge und sei verdammt nochmal auch stolz darauf! Setze dir selbst keine Grenzen, sondern schnappe dir die Goldmedaille! Heute wünschte ich, ich hätte auf die Menschen gehört, die mir damals diesen Rat gaben.

Als ich das erste Mal bei den CrossFit Games antrat, produzierte die TV-Anstalt, die das Event übertrug, von jedem Teilnehmer ein kurzes Vorstellungsvideo. Ich sollte in meinem Video sagen: »Mein Name ist Tia-Clair Toomey und ich bin die fitteste Athletin der Welt.«

Das wollte ich aber nicht. Schließlich, so mein damaliges Denken, hatte ich mir das Recht, so etwas zu sagen, noch gar nicht erarbeitet. Letztlich habe ich den Spruch trotzdem aufgesagt, es fühlte sich für mich aber total unnatürlich an, weil ich der Meinung war, dass die einzige Person, die das sagen durfte, diejenige war, die am Ende tatsächlich gewann. Weil man sich so etwas verdienen muss. Nicht weil ich dachte, es wäre nicht so. Sondern weil ich es nicht bewiesen hatte. Noch nicht!

Irgendwann habe ich erkannt, dass Amerikaner ihre Siege gerne selbstbewusst vorhersagen. Australier sind da ein wenig bescheidener und sprechen nicht immer explizit aus, was sie erreichen, wer sie sein und welche Erfolge sie erzielen wollen. Derlei Dinge laut herauszuposaunen, gilt bei uns als arrogant. Australier scheinen alle am sogenannten Tall-Poppy-Syndrom zu leiden, bei dem besonders erfolgreiche Menschen kritisiert werden. Wer mit seinen Leistungen und Erfolgen angibt, wird hier häufig mittels Sarkasmus zurechtgestutzt und darf sich Dinge anhören wie: »Ach wirklich, du glaubst echt, dass du das schaffst?« Heute weiß ich, dass solche Sprüche für jemanden, der wirklich etwas geleistet hat, herabwürdigend klingen.

Inzwischen habe ich es mir definitiv verdient, stolz auf meine Leistung zu sein. Ich glaube auch, dass ein Teil von mir versucht hat, die »amerikanische Art« zu übernehmen, nachdem ich nun seit vielen Jahren in den USA lebe. Warum auch nicht? Ich schätze sehr, wie die Amerikaner mit dem Thema Gewinnen umgehen. Es gibt keinerlei Grund, dich für dein Talent oder deine Motivation zu schämen. Amerikaner und andere Menschen haben meine reservierte Art damals vermutlich als Unsicherheit oder mangelndes Selbstvertrauen aufgefasst. Aber um es ganz klar zu sagen: Am Selbstvertrauen mangelte es mir ganz sicher nicht!

WIE DU NEGATIVE GEDANKEN AUSSPERRST

Negative Gedanken können sich manchmal einschleichen, wenn du sie am wenigsten gebrauchen kannst. Hier findest du einige erprobte Strategien, die ich nutze, um mir beim Gewinnen nicht selbst im Weg zu stehen.

- Denke nicht zu weit voraus, sondern konzentriere dich auf das Hier und Jetzt. Wenn du dir zu viele Gedanken über mögliche Probleme in der Zukunft machst, verkomplizierst du deine Situation. Denke an meine Kollegin Brooke: immer eine Wiederholung nach der anderen.
- Bringe deinen inneren Kritiker zum Schweigen. Ein tolles Zitat aus der TV-Serie *Ted Lasso* lautet: »Sei wie ein Goldfisch, die haben ein Gedächtnis von nur zehn Sekunden.« Wenn etwas schiefgeht, mache einfach weiter. Du musst in deinem Leben immer den Play-Knopf drücken und nicht den fürs Zurückspulen.
- Wenn du dich auf einem Surfbrett aufstellen willst oder auf einem Schwebebalken balancierst, solltest du nicht nach unten oder hinten schauen, sondern immer nach vorne. Dasselbe gilt für dein Leben. Und das meine ich im körperlichen wie auch im mentalen Sinn.

Nutze deine Angst als Motor

Deine Emotionen können ein mächtiges Werkzeug sein. Bei Wettkämpfen nutze ich meine Emotionen als Superkräfte und lasse mich von allem, was innerhalb oder außerhalb der Arena geschieht, anheizen. Das kann ein Artikel sein, der mich verärgert hat, oder die abfällige Bemerkung einer Konkurrentin. Auch wenn ich mich in der Regel nicht mit anderen Teilnehmerinnen vergleiche, werde ich durch kleine verbale Spitzen hier und da doch daran erinnert, dass junge, hungrige Athletinnen mir dicht auf den Fersen sind. Solche Provokationen nehme ich nicht persönlich, sondern nutze sie zu meinem Vorteil. Ich entwickle dann einen inneren Dialog, in dessen Verlauf ich Wut oder Ärger in Motivation verwandle. Das hilft mir, eine Wiederholung schneller auszuführen oder mich etwas länger an der Stange festzuhalten. Wenn mich also jemand provozieren will, nur zu – im Wettkampf kenne ich keine Freunde.

Ein typisches Beispiel: Nach dem ersten Tag der CrossFit Games 2022 stand ich in der Rangliste auf dem achten Platz. Im dritten Event war es für mich nicht gut gelaufen, ich hatte einen Anfängerfehler gemacht, durch den ich Zeit verlor und in den Rankings abrutschte. Ich war dementsprechend sauer. Noch wütender wurde ich, als Kritiker diese Situation nutzten, um meinen Niedergang herbeizufantasieren. Das konnte ich natürlich nicht zulassen. Als ich am Ende des Tages mit der Reporterin Nikki Brazier sprach, ließ ich sie wissen: »Ich bin bereit für einen Fight. Ich kann es kaum erwarten.«

Am darauffolgenden Tag lief ich in Bestform auf und verwies die Konkurrenz auf die Plätze.

Alle Kritiker, die dachten, sie werden Zeuge, wie die Titelträgerin vom Thron gestürzt wird, und schon nach dem ersten Wettkampftag offen fragten: »War es das für sie?«, »Hat sie ihre Dominanz verloren?« oder »Ist ihre Zeit vorbei?«, haben mir letztlich einen Gefallen getan. Denn all das negative Gerede hat mich erst so richtig angespornt. Manche Leute versuchen, negative Kommentare auszublenden. Ich nicht. Ich verwandle die negative Energie in positive und verwende sie als Treibstoff für den nächsten Wettkampftag. Da haben meine Konkurrentinnen Pech gehabt. Falls sie vorhatten, mich mit ihren bissigen Kommentaren aus dem Konzept zu bringen, erreichten sie damit das ganze Gegenteil, denn am nächsten Tag ging ich wie aufgeputscht an den Start. Die Moral von der Geschichte? Nutze all die Energie, mit der du bisher deine Angst gefüttert hast, um dieselbe Angst deinen Gegnern einzuflößen.

Ich ließ nicht zu, dass meine Dominanz infrage gestellt wird. Auch wenn ich einen schlechten Tag hatte: Mein Ziel war nach wie vor der WM-Sieg. Ich hatte mich selbst so konditioniert, dass ich alle anderen Teilnehmerinnen als erbitterte Rivalinnen betrachtete, und war nicht bereit, ihnen auch nur ein Fünkchen Hoffnung zu geben, dass sie es mit mir aufnehmen könnten. Ich wollte ihnen zeigen, dass sie – egal, wie hart sie trainiert hatten – nicht ansatzweise in der Lage waren, an mich heranzureichen. Ich respektiere jede meiner Konkurrentinnen, aber wer es mit mir aufnehmen will, der muss am Wettkampftag in absoluter Topform antreten. Und selbst dann würde ich nie zulassen, dass mich jemand besiegt.

Wir alle müssen im Alltag genügend Kämpfe austragen, also warum sollten wir einen gegen uns selbst führen? Du musst an dich glauben, denn wenn du es nicht tust, wird es auch sonst niemand tun. All die Kritiker, die dich längst totgesagt haben, werden auf dein Scheitern hoffen, das kann ich dir garantieren. Ich habe triumphiert, obwohl diese Leute ständig versucht haben, mich kleinzureden. Meine trotzige Botschaft an solche Menschen lautet: »Na los doch, unterschätzt mich ruhig weiter. Ich werde euch immer wieder beweisen, was ich draufhabe!«

Lasse dich von den Hatern anspornen

Das ist meine Geheimwaffe. Die Negativität und die Zweifel von anderen sind ein riesiger Ansporn für mich. Im Wettkampf nutze ich die Emotionen, die dadurch tief in mir drin entstehen, und verwandle sie in Treibstoff, der mir einen regelrechten Schub gibt. Die vielen Jahre an Schweiß und Hingabe entladen sich dann in einem großen Power-Move, mit dem ich alle Kritiker zum Schweigen bringe – all jene, die meine Fähigkeiten infrage stellen, die sagen, ich sei nicht gut genug, oder Geschichten über mich erfinden, obwohl sie mich überhaupt nicht kennen. Wenn du negative in positive Energie umkehrst, ist nur wichtig, dass du dies nie mit Verbitterung tust. Denn das würde nur neue negative Energie erzeugen. Ich versuche damit nur, ein weiteres Prozent rauszuholen, mehr nicht. (Hinweis: Du wirst in diesem Buch nirgends den Begriff »Opfer bringen« lesen, außer hier. Ich betrachte nichts, was ich tue oder nicht tue, als Opfer, das ich erbringen muss. Opfer zu bringen, bedeutet, etwas aufzugeben, und ich habe nicht das Gefühl, durch CrossFit irgendetwas aufgeben zu müssen. Hingabe und Opferbereitschaft sind zwei völlig unterschiedliche Dinge.) Ich handle nie aus Verbitterung.

Glaube mir: Je erfolgreicher du bist, umso mehr Hater wirst du haben. Selbst wenn du großartige Unterstützer hast, musst du dich gegen all jene wappnen, die dich runterziehen wollen. Die CrossFit-Community ist toll und einer der Gründe, warum ich diesen Sport so liebe. Alles läuft ganz demokratisch ab und viele Leute wollen dich unterstützen. Aber wie überall gibt es auch dort Hater. Sie mögen nur zwei Prozent der Community ausmachen, aber es gibt sie eben und ihre Stimmen sind häufig am lautesten. Lasse dich von solchen Leuten nicht unterkriegen und zeige ihnen den Mittelfinger – aber natürlich nur in deinem Kopf! Ich lasse andere niemals wissen, was ich fühle. Wenn ich mit Negativität konfrontiert werde, gehe ich professionell damit um, aber irgendwo muss ich mit all der negativen Energie ja hin. Mir sind über die Jahre einige Leute begegnet, die der Meinung waren, dass ich nicht das Zeug zum Champion hätte, etwa weil ich aus dem australischen Hinterland kam, kein gutes Netzwerk besaß oder von keinem bekannten Sponsor unterstützt wurde – suche dir was aus. Als ich anfing, kannte mich noch niemand und viele haben mich links liegen lassen. Das hat mich nur noch mehr motiviert, weil ich es denen zeigen wollte! Einige mögen dies für die falsche Form von Motivation halten, ich finde aber, es kann genau der richtige Impuls sein, den du zum Sieg brauchst.

Als ich bei den Games 2017 Erste wurde, war dies der Beweis dafür, dass man Angst für sich nutzen kann. Dass sich all das negative Gerede in positive Energie verwandeln lässt. Dass man sich für seinen Erfolg nicht schämen muss. Nachdem das Hochgefühl des Siegs verflogen war, kam ein neues Gefühl auf: Ich wusste, dass ich endlich genau dort war, wo ich hingehörte. Ich hatte hart dafür gearbeitet und alles Nötige getan, um endlich an der Spitze zu stehen.

KAPITEL 4

UNAUFHALTSAMES MINDSET

DENKE WIE EIN CHAMPION

Für mich, ein Mädchen aus einem kleinen australischen Dorf, war es ein ziemlicher Kulturschock, plötzlich unter all den amerikanischen CrossFittern mitzumischen. Anfangs dachte ich, ich würde nicht in dieselbe Liga wie sie gehören. Doch wie ich bald merkte, spielte das keine Rolle. Ich musste mich nur selbst mit anderen Augen betrachten – als Champion und nicht als bloße Teilnehmerin. Ich musste erkennen, dass ich den Charakter, die Skills und die Disziplin besaß, die nötig waren, um Großes zu erreichen. Dieses neue Mindset war entscheidend für meinen Erfolg. So, wie du dich siehst, werden auch andere dich sehen.

Du wirst deshalb nicht immer gewinnen. Es wird weiterhin Tage geben, an denen du dich verletzt, deine persönliche Bestleistung verpasst oder gegen einen direkten Konkurrenten verlierst. Aber ich lasse mich deswegen nie zu Selbstmitleid hinreißen, denn solche Momente machen dich unaufhaltsam. Dieses Mindset ist vielschichtig: Sei egoistisch (ohne dabei arrogant zu sein) und bescheiden, aggressiv, aber freundlich und stets fair.

Sei egoistisch

Ich gebe zu, dass ich es anderen gerne recht mache. Als Kind aß ich immer gemeinsam mit meinen Schulfreundinnen zu Mittag. Bevor wir anschließend spielen gehen durften, mussten wir unsere Lunchboxen in den Klassenraum zurückbringen. Ein Mädchen wusste genau, welche Knöpfe sie bei mir drücken musste. Sie sagte: »Du bist so eine gute Läuferin, kannst du meine Box vielleicht mitnehmen?« Sie wollte mich mit einem Lob dazu bringen, ihre Arbeit zu machen. Und das funktionierte. »Klar«, sagte ich, ich half meinen Freundinnen schließlich gerne. Doch dann wurde daraus eine regelmäßige Sache und ich bekam das Gefühl, dass ich nur noch nach der Pfeife dieses Mädchens tanzte. Irgendwann begann sie, auch andere zu ermutigen, mich für sich einzuspannen. Und das taten sie, weil sie genau wussten, dass sie mich ausnutzen konnten. Zwar habe ich nie was gesagt, aber ich fühlte mich so unwohl dabei, dass ich eines Tages nach der Schule mit meiner Mum darüber sprach. »Warum lassen mich die anderen alles für sie machen?«, wollte ich wissen. Sie riet mir, mich nicht mehr mit ihnen abzugeben, doch das kam damals nicht für mich infrage. Ich dachte, ich hätte keine andere Wahl. Als ich älter wurde, erkannte ich, dass wir alle eine Wahl haben. Manche Menschen missverstehen Nettigkeit bewusst oder unbewusst als Schwäche und nutzen sie gnadenlos aus. Meinen Freunden damals war das vermutlich nicht bewusst, weil sie noch Kinder waren. Erwachsene tun so etwas allerdings nicht selten vorsätzlich. Du kannst solchen Menschen entweder erlauben, deine Gefühle zu verletzen und dein Handeln zu diktieren – oder eben nicht.

Mein Gewichthebetrainer Miles Wydall hat diese Schwäche ziemlich schnell bei mir erkannt, Monate, bevor ich wusste, zu was ich alles imstande war. Eines Tages – ich weiß nicht mehr, warum, aber vermutlich, weil ich wieder mal jemanden vorgelassen hatte, obwohl eigentlich ich an der Reihe gewesen wäre – sagte er zu mir:

»Tia, wenn du genauso erfolgreich wie die anderen sein willst, dann musst du etwas egoistischer werden.«

Vermutlich habe ich daraufhin ziemlich entgeistert dreingeblickt, denn er erklärte mir sofort genauer, was er damit meinte: »Es wird der Moment kommen, an dem du dich entscheiden musst, ob du deine Zeit und Energie für andere Menschen opfern oder sie lieber nutzen willst, um deine eigenen Fähigkeiten weiterzuentwickeln.«

Ich dachte eine Weile über diesen Rat nach. Eigentlich war ich immer der Auffassung, dass es keinen Grund gibt, gegenüber Menschen, die mir geholfen haben, respektlos oder egoistisch zu sein. Denn wären sie nicht gewesen, hätte ich es vermutlich nicht dorthin geschafft, wo ich heute bin. Ich hatte deshalb immer das Gefühl, mich erkenntlich zeigen zu müssen. Ich wollte, dass die anderen Menschen verstehen, wie viel mir ihr Einsatz und ihre Gesellschaft bedeuten. Aber je mehr ich über Miles' Worte nachdachte, umso mehr verstand ich, was er mir damit sagen wollte. Ich habe stets die Bedürfnisse anderer über meine gestellt. Heute weiß ich, dass ich mich als Mensch nicht ändern muss, um im Wettkampf unaufhaltsam zu sein. Wenn ich egoistisch bin, um meine Ziele zu erreichen, muss ich nicht zwangsläufig auch respektlos sein. Egoistisch sein bedeutet, dass ich im Wettkampf immer zuallererst an mich denke – denn nur so kann ich am Ende auch den ersten Platz auf dem Podium besteigen (nachdem ich meinen Konkurrentinnen gratuliert habe, natürlich).

Dieses Konzept entwickle ich ständig weiter. Nachdem Shane und ich 2020 die Onlineplattform PRVN Fitness gegründet hatten und diese rapide wuchs, begann er, neben mir auch andere Sportler zu trainieren. Ich betrachtete das als Chance, anderen dabei zu helfen, ähnlich erfolgreich zu werden wie ich. Ich teile meine Erfahrungen gerne mit anderen, die denselben Ehrgeiz und dieselbe Hingabe haben wie ich. Dabei fungiere ich eher als Mentorin denn als Trainerin (was ohnehin niemand anderes besser könnte als Shane).

Mir ist allerdings auch bewusst, dass dies mein eigenes Training stören könnte, ich muss deshalb aufpassen, wie viel meiner Zeit ich anderen widme. Die gesamte Saison 2021 über half ich beispielsweise der CrossFitterin Brooke Wells bei ihrer Entwicklung. Auch 2022 unterstützte ich sie weiter und nahm einen weiteren aufstrebenden CrossFitter unter meine Fittiche: Saxon Panchik. Es hat mir Spaß gemacht, anderen Sportlern zu helfen, doch ich verlor dabei meinen eigenen Fokus. Nicht falsch verstehen, ich bereue meine Entscheidung nicht. Aber häufig dachte ich mitten in meinem eigenen Workout plötzlich daran, was die anderen wohl gerade taten. Oft brach ich dann mein eigenes Training früher ab, um den anderen zu erklären, wie sie noch eine Sekunde bei ihren Workouts rausholen oder effizienter an der Langhantel arbeiten konnten. Ich bin stolz darauf, mein Wissen an andere weitergeben zu können, aber es lenkte mich von meiner eigenen Leistung ab. Das fiel mir allerdings erst bei den CrossFit Games 2022 auf, wo ich nicht so auftreten konnte, wie ich es gerne getan hätte. Lektion gelernt. Ich wollte weiterhin andere unterstützen, musste aber darauf achten, mich selbst zu meiner obersten Priorität zu machen. Ein egoistischer Umgang mit deiner Zeit ist wichtig, wenn du ein Champion werden willst.

Sei bescheiden

So, nun wird's knifflig: Um es an die Spitze zu schaffen, musst du egoistisch, aber gleichzeitig auch bescheiden und demütig sein. Viele unterschätzen, was für eine wichtige Rolle Demut im Wettkampfsport spielt. Sie betrachten bescheidene Menschen als Schwächlinge, die man herumkommandieren kann, so wie meine angeblichen Freundinnen das damals mit mir taten. Ganz ähnlich erging es mir, als ich zum ersten Mal die CrossFit Games gewann. Nachdem ich in den Vorjahren zweimal Zweite geworden war und es nun endlich auf den ersten Platz geschafft hatte, war das Interesse der Medien riesig. Alle wollten ein Interview mit mir, doch als Rookie hatte ich keinerlei Erfahrung vor der Kamera. Ich tat, was ich konnte, aufgrund meiner Unerfahrenheit wirkte ich allerdings schüchtern und ängstlich. Als ich mir eines dieser Interviews später ansah, war ich regelrecht beschämt, wie ich darin rüberkam, weil es überhaupt nicht meinem wahren Charakter entsprach. Ich war als junges Mädchen schon total selbstbewusst, vor allem wenn es um Sport ging, sonst wäre ich heute nicht dort, wo ich bin. Der Produzent wollte mich allerdings in einem anderen Licht darstellen. Diese alten Aufnahmen verfolgen mich bis heute, weil sie einfach nicht die Wahrheit abbilden. Ja, ich war ein Rookie, aber ich war auch etwas absolut Besonderes. Dass jemand sich für die CrossFit Games qualifiziert, der erst seit wenigen Monaten CrossFit trainiert – so etwas hatte es noch nie gegeben. Ich hatte nur einen winzigen lokalen Wettbewerb bestritten und dann direkt und vollkommen unerwartet erst den Sprung in die Regionals und dann zu den CrossFit Games geschafft. Dafür braucht es Selbstvertrauen. Es braucht Drive. Als ich mir dieses Interview ansah, erkannte ich mich kaum wieder. Man hatte meine Bescheidenheit fälschlicherweise für Schüchternheit gehalten.

Damals wollte ich nicht damit angeben, wer ich bin oder was ich tue. Ich wollte einfach da rausgehen und mich selbst testen. Irgendwann wurde mir aber bewusst, dass ich mich selbst ausbremse, wenn ich zu bescheiden bin. Es raubte mir Kraft. Also sagte ich mir eines Tages: »Zum Teufel damit! Ich werde nicht mehr darauf warten, dass sich mir Chancen bieten, ich werde sie mir einfach nehmen – und ich werde mich nicht dafür entschuldigen, dass ich da draußen mein Bestes gebe!« Seitdem achtete ich darauf, wie sich die anderen Sportler in meiner neuen Heimat verhielten, und wurde dadurch selbst amerikanischer und selbstbeherrschter.

An dieser Stelle möchte ich folgendes Zitat des Unternehmers und Autors Andy Frisella einschieben, der Bescheidenheit perfekt beschrieben hat, als ich in seinem Podcast *REAL AF* zu Gast war: »Sie kann dein bester Freund sein, aber auch dein Grab werden. Du musst genau wissen, wann du den Schalter von ›Ich bin hier, um zu lernen‹ umlegst auf ›Ich bin hier, um abzuliefern.‹ Das sind zwei völlig unterschiedliche Dinge. Wenn du in irgendetwas besser werden möchtest, musst du bereit sein, bescheiden zu sein und zu lernen. Aber wenn die Zeit gekommen ist abzuliefern, dann musst du auch liefern … Sei dir nur bewusst, dass viel Bescheidenheit und Demut nötig waren, um dorthin zu gelangen, wo du heute bist. Sehr viel! Ansonsten wärst du auf keinen Fall so gut geworden.«

Sei aggressiv

Ich habe schon mehrere CrossFitter sagen hören, dass sie bei Wettkämpfen nicht nur antreten, um mitzumachen, sondern um zu gewinnen. Als ich das zum ersten Mal hörte, fand ich es irgendwie traurig, weil es scheinbar implizierte, dass diese Athleten überhaupt keinen Spaß an ihrem Sport hatten. Doch seit ich keine Anfängerin mehr bin, sondern Weltmeisterin, hat sich auch mein Mindset gewandelt: von »Ich bin überglücklich, dabei sein zu dürfen« zu »Angreifen, angreifen, angreifen!«.

Ich liebe immer noch jede Minute, gehe inzwischen nur aggressiver zu Werke und weiß genau, was ich will. Wenn ich irgendwann nicht mehr in diesem Angriffsmodus bin, werde ich in eine Art Verteidigungsmodus verfallen. Und wenn dieser Tag gekommen ist, kann ich meine Turnschuhe an den Nagel hängen. Bis dahin werde ich aber weiterhin, vom ersten bis zum letzten Wettkampftag, in jedem einzelnen Moment angreifen. Denn das ist es, was Champions nun mal tun.

Sei freundlich

Im CrossFit gibt es einen Begriff für Menschen, die freundlich zu anderen sind. Man nennt sie *Firebreather* (deutsch: Feuerspucker). Es handelt sich dabei um Sportler, die hart arbeiten und vielleicht einen guten Platz belegen, aber anschließend trotzdem noch dableiben, um alle anderen anzufeuern. Das ist das Schöne an der CrossFit-Community.

Es ist okay, in der Hitze des Gefechts egoistisch zu sein, um ein Ziel zu erreichen. Du musst nicht mit allen gut befreundet sein. Im Wettkampf ist es ohnehin schwierig, jemanden kennenzulernen, weil alle hoch konzentriert und mit sich selbst beschäftigt sind. Niemand will seine Energie für etwas anderes aufwenden als die perfekte Ausführung des nächsten Workouts. Jetzt, wo ich erfahrener bin, versuche ich, meine Konkurrenten anzuspornen und trotzdem aggressiv meine Leistung zu bringen. Es gibt für alles den richtigen Zeitpunkt.

Ich würde behaupten, dass zwei verschiedene Tias existieren: die Tia, die die CrossFit Games dominiert, und die »normale« Tia, die an den übrigen 51 Wochen des Jahres zum Vorschein kommt. Während der Games bin ich im Wettkampfmodus, gehe körperlich an meine Grenzen und versuche absolut alles, um meine Leistung auf die Spitze zu treiben. Dann habe ich keine Zeit für Small Talk.

Ich möchte noch einmal kurz auf den Unterschied zwischen Sportlern aus den USA und Australien zurückkommen. Ich verallgemeinere jetzt ein wenig, aber die Einstellung in den USA lautet: Harte Arbeit zahlt sich aus. Das stimmt auch, nur wie genau diese harte Arbeit ausgestaltet ist, da unterscheiden sich Amerikaner von Australiern. Während Amerikaner eher Individualisten sind, arbeiten wir Australier lieber im Team. Wir haben einfach eine andere Einstellung zum Erfolg. Ja, du brauchst diesen Killer-Instinkt, aber nur im Wettkampf – ansonsten nicht. Niemals. Verkenne meine Freundlichkeit nur nicht als Schwäche.

Wenn es ums Ganze geht, bin ich knallhart, abseits der Wettkämpfe habe ich jedoch ein weiches Herz. Ich gebe zu, dass mein Ehrgeiz manchmal aggressiv wirken kann. Über die Jahre habe ich gelernt, darauf zu achten, wie ich bei anderen rüberkomme. Viele glauben, ich sei im Alltag genauso verbissen wie im Wettkampf. Als Champion und neuerdings auch als Frau in einer Führungsposition muss ich verstärkt darauf achten, wie ich auf andere Menschen wirke. Ich übernehme Verantwortung für mein Handeln und gehe mit gutem Beispiel voran. In all den Jahren als Profi hatte ich mir abgewöhnt, verletzlich zu wirken. Nun musste ich lernen, wieder mehr Nahbarkeit auszustrahlen, um anderen gegenüber empathischer sein zu können, ein immerwährender Balanceakt. Erfolg – und die damit einhergehende Verantwortung – war wie eine Lernkurve für mich, doch inzwischen habe ich herausgefunden, wie ich das richtige Maß finde, um unaufhaltsam zu sein.

Sei fair

Seit ich mit CrossFit begonnen habe, sind mir natürlich auch Menschen begegnet, die neidisch oder missgünstig waren oder sich durch meinen Erfolg bedroht gefühlt haben. Ich möchte hier gar nicht zu sehr ins Detail gehen, aber meist war es so, dass diese Menschen mit ihrer eigenen Leistung unzufrieden waren und deshalb gegen andere austeilten. Lasse dich auf ein solches Niveau nicht herab! Bleibe anständig, auch wenn du selbst das Ziel solcher Attacken bist. Mache dir bewusst, dass so etwas zum Wettkampfsport dazugehört, und ignoriere es, so gut du kannst. Sieh es so: Wenn jemand sich derart von dir bedroht fühlt, dass er gegen dich austeilt, dann musst du schon ziemlich gut sein, oder? Also nutze das für dich und zeige diesen Leuten, dass sie sich zu Recht von deinen Skills bedroht fühlen. Lasse statt Worten Taten sprechen.

Ich bin mit Fairness großgeworden. Als ich im Laufen immer besser und schneller wurde und den Sprung zur Bezirks-, Regional-, Bundesstaats- und schließlich Landesklasse schaffte, bekam ich in jeder neuen Leistungsklasse auch neue Konkurrentinnen, von denen später einige neben mir auf dem Podium standen.

Mein Dad sagte damals zu mir: »Tia, wenn andere Mädchen im Wettkampf besser sind als du, dann freue dich für sie. Du würdest schließlich wollen, dass sie sich auch für dich freuen. Wenn jemand dich besiegt, dann gratuliere ihr!« Deshalb wünschte ich meinen Gegnerinnen stets Glück und gratulierte der Siegerin.

Als ich 2004 die Meisterschaften meines Bundesstaats gewann und zum Podium rüberging, um mir meine Medaille abzuholen, schenkte ich der Zweitplatzierten ein Lächeln. Aber statt zurückzulächeln oder mir zu gratulieren, starrte sie regungslos nach vorn und würdigte mich keines Blickes. Ich verstehe ja, dass einem viele Emotionen durch den Kopf schießen, wenn man unzufrieden mit sich selbst ist. Aber es sieht nie gut aus, wenn man die Freude anderer nicht teilen kann. Meine Konkurrentin war in diesem Moment vermutlich extrem enttäuscht von ihrer Leistung, ich bin aber der Meinung, dass es wichtig ist, die Leistung anderer zu honorieren. Und sie war nicht die einzige unsportliche Konkurrentin, die mir begegnet ist. In meiner Schule gab es noch eine andere Läuferin, die immer gewann, dabei aber immer eine schlechte Gewinnerin war. Nicht, dass sie etwas Herablassendes gesagt hätte, es war eher ihr Verhalten, das sie so unsportlich wirken ließ. Sie ignorierte mich komplett. Klar war ich ihre Konkurrentin, dennoch freute ich mich damals in meiner Naivität darüber, dass es da ein anderes Mädchen gab, das sich ebenfalls fürs Laufen interessierte. Vielleicht hätten wir gemeinsam trainieren und uns gegenseitig motivieren können. Okay, sie wollte offensichtlich nicht mit mir befreundet sein, schön und gut. Ich verstand allerdings nicht, warum sie sich nicht für die Läuferinnen freuen konnte, die sie geschlagen hatten.

Als ich nach einem Wettkampf mit meinem Dad zum Auto ging, sagte er zu mir: »Tia, ein erster Platz oder ein Pokal sind nichts wert, wenn du dich unsportlich benimmst. Egal, wer du bist, was du erreicht oder wie weit du es gebracht hast: Sei immer fair und begegne anderen Sportlern mit Respekt, denn am Ende des Tages sind wir alle nur Menschen. Behandle andere stets so, wie du von ihnen behandelt werden möchtest.« (Oft holte er dann meine Schwestern hinzu und sagte: »Stelle dir vor, wie andere Menschen deine Schwestern behandeln sollen.«) Du solltest dich immer fair verhalten, wünsche allen anderen viel Glück und gratuliere dem Gewinner. Es ist wichtig, dich fair zu verhalten, denn das zeigt deinen wahren Charakter. Es geht im Wettkampfsport nicht darum, rücksichtslos über Leichen zu gehen. Wettkämpfe sind Entertainment, Athleten können dort ihr Talent zeigen und glänzen. Dabei sollte jedoch immer das sportliche Miteinander im Vordergrund stehen, einige vergessen das manchmal.

Als ich 2015 als Rookie bei den Games startete, hatte ich keine Ahnung, was mich erwarten würde. Es war das erste Mal, dass ich mit der CrossFit-Welt in Berührung kam – und das auch noch außerhalb Australiens. Der Veranstaltungsort, die schiere Größe des Stadions haben mich förmlich umgehauen. Für mich fühlte sich das wie der erste Tag in einer neuen Schule an. Ich war schüchtern und zurückhaltend und kannte keinen einzigen meiner australischen Landsleute. Entsprechend deplatziert fühlte ich mich, als ich die Arena betrat. In meinen Augen war ich nur eine Hobbysportlerin aus einer kleinen CrossFit-Box in einer winzigen australischen Kleinstadt, die plötzlich von Profis umgeben war, die es viel mehr verdient hatten, dort zu sein. Noah Olsen, einer der erfahreneren Athleten, war allerdings total hilfsbereit und hieß mich direkt freundlich willkommen. Weil er sich im CrossFit bereits einen Namen gemacht hatte, wusste ich gleich, wer er war. Er kam auf mich zu, stellte sich vor und erkundigte sich nach Shane, was mich verwunderte, weil ich eigentlich dachte, dass niemand dort wusste, wer wir waren. Er wird sich an diesen Moment vermutlich nicht mehr erinnern, aber ich werde ihn niemals vergessen. Noah ist es zu verdanken, dass ich mich in dieser neuen und fremden Umgebung etwas besser zurechtfand – und das in einer entscheidenden Phase meiner CrossFit-Karriere. Jemandem auf eine solche Weise das Gefühl zu geben, dazuzugehören, ist eine tolle Geste. Es sind diese Gesten – etwa, wenn du nach deinem Wettkampf noch dableibst, um andere Teilnehmer anzufeuern, oder einen Rookie willkommen heißt –, die einen wahren Champion ausmachen.

Man kann extrem ehrgeizig im Wettkampf sein, ohne Zeit und Energie für Nettigkeiten zu verschwenden, und gleichzeitig abseits des Wettkampfs freundlich, offen und fair. Roger Federer ist das perfekte Beispiel für einen fairen Sportsmann. In den mehr als 30 Jahren, die er Tennis spielte, hat er durchweg Spitzenleistungen gezeigt und sich dabei immer professionell und anständig verhalten.

Er ist seinem Trainerteam, den Schiedsrichtern, dem Verband, seinen Fans und nicht zuletzt auch seinen Gegnern stets mit Respekt begegnet. Er war so erfolgreich, dass niemand es ihm vorgeworfen hätte, wenn er sich wie eine Diva verhalten hätte. Aber das tat er nicht. Er hat ohne Mätzchen und Allüren einfach seinen Job erledigt. Selbst in Drucksituationen bewahrte er einen kühlen Kopf. Bei seinem letzten Turnier, dem Laver Cup im September 2022, hielt ein Fotograf eine berührende Szene fest: Federer und sein langjähriger Rivale Rafael Nadal (die beiden haben 40-mal gegeneinander gespielt) saßen nebeneinander, hielten sich an den Händen und weinten. Was für ein Bild! Dies ist der Inbegriff von Sportsgeist.

Einen weiteren prägenden Moment habe ich bei den CrossFit Games 2015 erlebt. Shane und ich waren schon einige Wochen vor den Games nach San Diego gereist, um uns ans Klima des kalifornischen Sommers zu gewöhnen. Dort suchten wir einen Koch, der meine Mahlzeiten vorbereiten konnte. Als wir einen gefunden hatten, stellte sich heraus, dass er der persönliche Koch des erfahrenen

CrossFit-Games-Athleten und früheren Navy SEALs Josh Bridges war. Bevor wir uns versahen, lud Josh uns zu sich nach Hause ein, wo wir gemeinsam trainierten und mit ihm und seinem Koch zu Abend essen sollten. Zunächst war ich unsicher, ob wir diese Einladung annehmen sollten. Ich wäre nie auf die Idee gekommen, einen der populärsten CrossFitter der Welt zu behelligen. Josh war einer meiner Lieblingssportler bei den Games, nicht aufgrund seiner sportlichen Dominanz, sondern weil er ein guter Mensch zu sein schien. Bei seinen Auftritten spürte man die Leidenschaft, die er für diesen Sport empfand und die sich auch auf das Publikum übertrug, das ihn frenetisch feierte.

Mir war also nicht ganz wohl dabei, gleichwohl wusste ich, dass ich von einem erfahrenen Sportler wie Josh eine Menge lernen konnte. Shane überzeugte mich schließlich, dass dies eine tolle Chance für uns war, also gingen wir hin. Aus dem gemeinsamen Abendessen wurde eine jahrelange Freundschaft. Bis heute macht es mich sprachlos, wie großzügig es von Josh war, uns an jenem Abend (und an vielen weiteren) zu sich nach Hause einzuladen. Als die Games näher rückten, lud er mich erneut zum gemeinsamen Training ein und erlaubte, dass ich ihn mit unzähligen Fragen löcherte. Einerseits wollte ich ihm nicht auf die Nerven gehen, andererseits saugte ich alles, was er sagte, auf wie ein Schwamm. Allein die Tatsache, dass ich Josh kannte, ließ mich in jenem Jahr mit viel mehr Selbstvertrauen bei den Games antreten. Ich kannte noch immer kaum jemanden in der Szene, aber Josh meldete sich dann und wann zwischen den Events bei mir, Noah ebenso, was sich für mich anfühlte, als hätte ich zwei große Brüder in dieser fremden neuen Welt. Als ich dann Zweite wurde, schrie er mir zu: »Was ist da gerade passiert?« Man konnte spüren, wie sehr er sich für mich freute.

Ich sagte: »Vielleicht hat mir das Training mit dir eine Woche vor den Games ja geholfen, aufs nächste Level zu kommen!«

»Okay, die Auszeichnung nehme ich gerne an«, witzelte er daraufhin, was einmal mehr zeigte, was für ein toller Sportsmann er ist.

EINE BOTSCHAFT FÜR JUNGE CROSSFITTER

Als ich mit CrossFit begann, war ich 20 Jahre alt. Heute sehe ich schon 12-, 13-Jährige im Gym, einige fangen sogar noch früher an! Wenn ich diese Kids so beobachte, fühle ich mich natürlich in erster Linie alt. Aber gleichzeitig hoffe ich, dass sich diese jungen Sportler darüber im Klaren sind, was für eine spannende Phase in ihrem Leben gerade beginnt. Sie entwickeln sich weiter und finden heraus, wer sie überhaupt sind und was sie einmal werden wollen. Falls auch du noch so jung bist, dann lasse dir sagen: Auch ich musste lange damit ringen, wie ich mich im Wettkampf präsentiere. Wenn man jung ist, mangelt es häufig an Selbstvertrauen und man weiß noch nicht genau, was man will. Deine Persönlichkeit entwickelt sich schließlich gerade erst. Wenn es dir geht wie mir damals, dann bist du anfangs vielleicht noch etwas schüchtern. Das ist okay! Aber wenn du auf Dauer ernst genommen werden willst, musst du aufgeschlossener und extrovertierter werden. Dich muss eine Aura umgeben, als wüsstest du genau, was du tust – selbst, wenn du dafür zunächst ein wenig schauspielern musst. Ich garantiere dir, mit der Zeit wird dir alles leichter von der Hand gehen. Wie heißt es so schön? *Fake it 'til you make it!*

Mir ist zum Beispiel oft passiert, dass ich sarkastisch oder selbstironisch aufgetreten bin und meine eigene Leistung kleingeredet habe. Wenn etwa jemand ein Foto von mir machen wollte, dann war ich erst mal perplex, dass ich auf der Straße erkannt wurde. Ich fand das total cool, habe die Situation aber aus Nervosität heruntergespielt und etwas Blödes gesagt wie: »Bist du sicher, dass du ein Foto mit mir möchtest?« Heute weiß ich, dass ich dadurch unsicher gewirkt habe. Ich begann irgendwann zu verstehen, dass ich anders auftreten musste, um von anderen Menschen als selbstbewusste, starke Persönlichkeit wahrgenommen zu werden. Also arbeitete ich daran, immer wenn ich in der Öffentlichkeit war, so als würde ich mir eine neue gute Gewohnheit aneignen. Ich gab mir Mühe, in meinen Gesprächen mit anderen entschlossener rüberzukommen. Wenn mich heute jemand um ein Foto mit mir bittet, dann sage ich Ja, lächle und danke der Person für ihre Unterstützung.

Ich war früher noch zu jung, um die Bedeutung des mentalen Aspekts von CrossFit zu verstehen. Ich habe alles Nötige getan, um körperlich Höchstleistungen zu erbringen, aber das Leben hat mir immer wieder gezeigt, dass mein inhärentes Selbstvertrauen sich auch in einer äußerlichen Selbstsicherheit manifestieren muss. Inzwischen gehe ich auf Menschen zu, auch wenn ich mich dabei noch immer nicht ganz wohlfühle. Ich habe aber verstanden, dass es wichtig ist, dies zu tun, also habe ich so lange an mir gearbeitet, bis es funktioniert hat.

Falls es dir genauso geht, glaub mir: Es wird einfacher, je mehr Erfahrung du sammelst. Mit Erfahrung kommt Selbstvertrauen. Du bist das, was du nach außen hin darstellst. Wenn du selbstsicher auftrittst, wirst du von anderen Menschen ernst genommen. Gute Gewohnheiten können dabei helfen, ein stärkeres, selbstbewussteres Image aufzubauen.

CrossFit ist eine Disziplin für faire Sportler

Als ich begann, dieses Kapitel zu schreiben, waren die CrossFit Games 2022 gerade vorüber und in der Szene wurde heftig darüber diskutiert, ob der Sport mehr Großmäuler braucht. Verglichen mit Fußball, Baseball oder Football ist CrossFit ein relativ junger Sport, der offenbar den Ruf hat, »zu nett« zu sein. Einige sind der Meinung, etwas Trash-Talk und Prahlerei würden für Spannung sorgen und mehr Fans anziehen. Das sehe ich ein – zumindest ein bisschen. Im CrossFit gab es bislang keinen Conor McGregor oder Mike Tyson, die geholfen hätten, den Sport in den Mainstream zu katapultieren. Wir leben in der Post-Reality-TV-Kardashian-Welt, in der Erfolg an Social-Media-Abrufen bemessen wird und das dreisteste Verhalten die besten Zahlen bringt. Doch ist das die Richtung, in die CrossFit sich entwickeln sollte? Sollen wir die größten Egomanen mitmachen lassen, nur weil sie unterhaltsam sind und vielleicht mehr Tickets verkaufen? Ist dieser wunderbare Sport selbst nicht genug? Ich verstehe den Unterhaltungswert von spannenden Storylines in Entertainment-lastigeren Shows wie UFC und WWE und die Anziehungskraft von aggressiven Raubeinen in konventionelleren Sportarten, wie Wayne Rooney im Fußball oder Dennis Rodman im Basketball, aber im CrossFit geht und ging es schon immer vor allem um den Community-Gedanken.

Das CrossFit-Business

Natürlich ist CrossFit auch ein Business und ein Business braucht Wachstum. Im Profisport geht es darum, dass verschiedene Charaktere gegeneinander antreten. Wenn diese Charaktere die Aufmerksamkeit der Medien auf sich ziehen, kann deren Berichterstattung das öffentliche Interesse steigern, wodurch wiederum größere Einnahmen durch Sponsoren und Werbeverträge generiert werden. Gerade bei jungen Sportarten wie CrossFit kann eine solche Awareness durch Medien und Öffentlichkeit deshalb maßgeblich über Erfolg und Misserfolg mitentscheiden. Beim ersten offiziellen Wettkampf 2007 traten 70 Teilnehmer an. 2022 waren bereits 294 980 Sportler für die Open gemeldet. Die Siegprämie 2007 betrug 500 Dollar, 2002 waren es 310 000 Dollar. Mir ist bewusst, dass ich ein Rädchen in dieser stetig wachsenden Maschinerie bin. Der Sport CrossFit und seine vielen Sponsoren halfen mir, meine Marke aufzubauen, genauso wie ich mitgeholfen habe, die Marke CrossFit groß zu machen. Shane und ich zogen 2018 von Australien in die USA, weil sich dort das Epizentrum der CrossFit-Szene befindet. Ich hoffe allerdings, dass der Sport in Zukunft auch global weiterwächst.

Die Athleten tragen einen großen Teil zu diesem Wachstum bei, unter anderem, indem sie auch außerhalb des Sports sichtbar sind und Verträge mit bekannten Sponsoren abschließen. Wir müssen also nicht nur in der Welt des Sports, sondern auch in der Geschäftswelt auf Zack sein, um nicht nur uns selbst als Sportler, sondern das gesamte CrossFit-Ökosystem voranzubringen. Wir alle haben die Pflicht, gemeinsam dazu beizutragen. Meiner Meinung nach schaffen CrossFit-Champions den Sprung vom lokalen Gym auf die Weltbühne, weil sie (meistens) ihr Ego zu Hause lassen, sodass es in den CrossFit-Boxen weltweit nur wenige Idioten gibt.

In der CrossFit-Szene glaubt man so fest an das Community-Konzept und die Bedeutung von Fairness und Sportsgeist, dass dies sogar im Regelwerk festgehalten wurde. Deshalb gilt CrossFit als eine der kollegialsten Sportarten überhaupt. Diese Kameradschaft und das Gefühl von Gemeinschaft und Zusammenhalt waren es auch, was mich in erster Linie angezogen hat, als ich mit dem Sport anfing. Ich könnte noch viele weitere Seiten über Fairness, Sportsgeist und Respekt schreiben, aber wenn du ein wahrer Champion werden willst, musst du die goldene Mitte finden. Du darfst nicht so bescheiden sein, dass du kleinlaut und unterwürfig bist, aber auch nicht so egoistisch, dass du die Gefühle anderer verletzt. Die UFC mag eine Ronda Rousey und einen Conor McGregor gebraucht haben, um den globalen Durchbruch zu schaffen. Wir im CrossFit vergessen aber hoffentlich nicht unsere ursprünglichen Werte – Freundlichkeit, Kameradschaft –, wenn uns dasselbe gelingt. Warum sollte es nicht genügen, dass jemand siebenmaliger Weltmeister ist, um den Sport weltweit populär zu machen? CrossFit hat sich entwickelt, weil Sportler auf der ganzen Welt gemeinsam Gesundheit und Fitness zelebrieren wollten und daraus etwas viel Größeres entstanden ist. Wenn der Sport seine ursprünglichen Werte bewahren soll, für die er bekannt geworden ist, dann sollten Maulhelden auch künftig besser wegbleiben.

VERHALTE DICH SPORTLICH

1. **Übe dich in Selbstbeherrschung.** Im Wettkampf kann es manchmal heiß hergehen. Versuch dennoch, deine Emotionen im Griff zu haben, und konzentriere dich auf den Sport. Ich habe null Verständnis für Leute, die rumbrüllen, Kurzhanteln hinwerfen oder wütend aus dem Raum stürmen – denn dann stecken sie andere nur mit ihrer negativen Energie an und das ist respektlos. Nimm Rücksicht auf die Menschen in deiner Umgebung.
2. **Sei kein schlechter Gewinner.** Du solltest nach einem Sieg nie prahlen oder andere Teilnehmer kleinreden. Bedanke dich stattdessen bei deinen Mitstreitern, dem Veranstalter, den freiwilligen Helfern und vor allem deinem Team. Auch wenn du an diesem Tag besser warst: Abseits des Sports sind wir alle nur Menschen.

3. **Halte dich an die Regeln.** Betrügen, abkürzen oder auf Kosten anderer gewinnen gehört sich nicht – weder im Sport noch im Alltag!

4. **Zeige Respekt.** Schüttele deinen Kontrahenten immer die Hände, egal, ob du gewonnen oder verloren hast. Es mag nur eine Geste sein, aber sie erinnert dich daran, dass dies nur ein Spiel ist und die anderen ebenso dafür geackert haben wie du. Sportliches Verhalten bedeutet auch, mit Enttäuschungen umzugehen. Okay, du hast nicht gewonnen – das bedeutet allerdings nicht, dass du auf dem Spielfeld völlig ausrasten darfst. Begegne deinen Konkurrenten mit Respekt, sie haben dich immerhin geschlagen und waren zumindest an diesem Tag besser als du. Ein wahrer Champion kann sich das eingestehen, den Sieger loben und sich mit Würde der nächsten Herausforderung zuwenden.

Es gab eine Zeit, in der man glaubte, dass niemand je die Zwei-Stunden-Marke im Marathon brechen würde. Und dann geschah es doch. Genauso war es mit der Four Minute Mile. Niemandem gelang es, die Meile in unter vier Minuten zu laufen, bis Roger Bannister es doch schaffte. Und plötzlich folgten andere Sportler, denen es ebenfalls gelang, diese magische Grenze zu durchbrechen, und die immer neue Rekorde aufstellten. Ich bin die Erste, die sechsmal in Folge die CrossFit Games gewinnen konnte, doch eines Tages wird auch diesen Rekord jemand brechen. Es wird immer Menschen geben, die die Grenzen des Machbaren verschieben, mein Leben ist der beste Beweis dafür. Gehe da raus und reiß die Hütte ab, aber verhalte dich dabei immer sportlich und fair – das macht einen unaufhaltsamen Champion aus!

KAPITEL 5

DU BIST DEIN SCHWÄCHSTES GLIED

STELLE EIN STARKES TEAM ZUSAMMEN, DAS MIT DIR AM SELBEN STRANG ZIEHT

Lustige Geschichte: Dass bei den CrossFit Games 2015 eigentlich Shane mein Coach war, wurde mir erst drei Jahre später bewusst. Als ich mit CrossFit begann, kannte ich nicht einmal den Unterschied zwischen Reißen und Stoßen und Shane hatte kaum Erfahrung als CrossFit-Trainer, unsere Lernkurve war also ziemlich steil. Als ich den Dreh langsam raushatte, änderten wir kurzfristig unsere Pläne und beschlossen mitten in den Open 2015, uns für die Games zu qualifizieren. Die Idee war, einen externen Trainer zu engagieren, der schon andere australische Sportler bei den Games gecoacht hatte. Wir fanden schließlich jemanden mit viel Erfahrung. Ich freute mich tierisch auf die Zusammenarbeit und auch Shane war froh, ein wenig Hilfe von einem Experten zu bekommen.

Nach einer gewissen Zeit wurde Shane mit der Arbeit dieses Trainers allerdings immer unzufriedener, denn er brachte uns deutlich weniger bei, als wir gehofft hatten. Das erzählte Shane mir aber nicht, sondern ließ mich im Glauben, ich würde nach wie vor das Programm des erfahreneren Coaches absolvieren, weil er wollte, dass ich dadurch Selbstvertrauen tankte. Tatsächlich stammte der Löwenanteil des Trainingsplans und Coachings aber von ihm selbst. Wenn Shane CrossFit-spezifische Dinge nicht wusste, dann recherchierte er sie kurzerhand. Er sah sich Videos von CrossFit-Profis auf Youtube und Instagram an und passte die Informationen daraus maßgeschneidert auf meine Bedürfnisse an. (Für Rope Climbs guckten wir zum Beispiel Videos von Jason Khalipa und für die richtige Technik beim Barbell Cycling welche von Rich Froning.)

Ich war also ziemlich überrascht, als ich Jahre später erfuhr, dass in Wahrheit Shane hinter meinem ganzen Training steckte. »Warum hast du mir das nicht erzählt?«, wollte ich wissen.

»Damit du mit ganzem Herzen an das Programm glaubst«, antwortete er.

»Was ist passiert? Was hat dich an seinem Training gestört? Und warum haben wir ihn dann überhaupt engagiert?«

»Er ist ein guter Typ mit den besten Absichten, aber er hat damals auch andere trainiert und sich deshalb etwas verzettelt. Ich wollte dich nicht beunruhigen.«

Ich hätte es wissen müssen. Mitten in den Games 2015 bemerkte ich bereits, dass ich für diesen Trainer nicht die höchste Priorität hatte. Als er mir am ersten Tag eigentlich beim Warm-up hätte helfen sollen, ließ er sich im Aufwärmbereich von einem Physio behandeln.

Ich habe mich seitdem öfter gefragt, ob mein Ergebnis anders ausgefallen wäre, wenn Shane während der damaligen Games das Band des Coaches getragen und damit zu mir in den Warm-up-Bereich gedurft hätte. Shane war brillant – und ist es bis heute – und er tat all das still und heimlich. Er hat mir nichts verraten, damit ich weiterhin glaubte, dass einer der besten Coaches Australiens mich trainierte. Shane wusste, dass ich nur so das nötige Selbstvertrauen für die Weltbühne mitbringen würde. Wenn man das mit dem anderen Trainer vergleicht, der nur an sich dachte …

Deshalb ist ein weiterer wichtiger Schlüssel zum Erfolg – egal, bei was –, Menschen zu finden, die selbstlos handeln und denen wirklich etwas an deinem Erfolg liegt. In meinen ganzen Jahren im CrossFit habe ich viele Menschen getroffen, die mich unterstützt haben, allerdings auch einige falsche Fünfziger, die vor allem aufgetaucht sind, seit ich mir einen Namen gemacht habe. Ich konnte solche Menschen aber stets meiden, indem ich mich mit einem loyalen Team umgebe, das mit mir durch dick und dünn geht. Ein Team, das sich für mich reinhängt und genau weiß, was nötig ist, um es bis ganz nach oben zu schaffen. Diesen Menschen ist bewusst, dass es viele gute, aber auch einige schlechte Tage gibt und dass man an den schlechten Tagen nicht in Selbstmitleid baden oder sich nur um sich kümmern kann, sondern das Ziel des Teams in den Vordergrund stellen muss. Sie akzeptieren die Herausforderung und gehen in die Vollen. Solche Menschen zu finden, ist nicht leicht, denn viele möchten für alles, was sie tun, Anerkennung oder Aufmerksamkeit. Die bekommt man manchmal aber eben erst, wenn man eine Sache erledigt hat. Ich weiß, dass ich meinen Erfolg dem Team um mich herum verdanke. Wenn du dir etwas aufbauen möchtest, brauchst auch du ein Team hinter dir, dem du vertraust und an das du glaubst, damit du auch an dich glauben kannst. Wenn du nicht auf dein Team vertraust, dann vertraust du auch deiner Vorbereitung nicht, was natürlich Auswirkungen auf den Wettkampf hat.

Wir halten zusammen und stärken uns gegenseitig. Wie heißt es so schön? »Eisen schärft Eisen.« Man kann ein Werkzeug nicht ohne ein zweites schärfen, allein würden beide mit der Zeit stumpf werden. Um erfolgreich zu sein, braucht es mehr als einen Menschen, es braucht ein Team aus guten Leuten. Wenn du die richtigen Leute in deiner Ecke hast, dann helfen sie dir und du ihnen – Eisen schärft Eisen.

Mit der klaren Unterstützung eines Teams wirst du nie Zweifel haben, was zu tun ist. Du kannst einfach rausgehen und abliefern, weil du weißt, dass die Leute bedingungslos hinter dir stehen.

Dieses Team wird dir offen und ehrlich sagen, was du hören musst, und dabei stets dein Bestes im Sinn haben. Es wird dir Selbstvertrauen und Bestätigung geben, damit du da draußen so richtig abräumst. Du weißt, dass du die richtigen Menschen um dich versammelt hast, wenn sie dich ständig fordern und dadurch besser machen, wenn sie dich motivieren, dich weiterzuentwickeln – und du das umgekehrt genauso bei ihnen tust. Es wird immer wieder Tage geben, an denen du am liebsten eine Pause einlegen würdest. In solchen Momenten brauchst du ein Team, das dir auf die Schulter klopft und dich daran erinnert, dass du dir keine Pausen erlauben kannst, wenn du ein Sieger sein willst. (Du musst nicht unbedingt Profisportler sein, um ein gutes Team um dich zu scharen. Dein Team kann auch aus Freunden aus deiner Laufgruppe oder Kommilitonen bestehen. Eine Gruppe von Vertrauenspersonen, die dich stärken und dir helfen, ist ein großes Plus, ob im Sport oder im Alltag.)

Aber wie gesagt: Solche Menschen sind nicht leicht zu finden. Ich hatte in der Vergangenheit Menschen um mich, die mich bedingungslos unterstützt haben, weil sie verstanden, wie mörderisch das Training und die Vorbereitung manchmal sein können. Einige interpretierten meine Verbissenheit allerdings auch als Anzeichen dafür, dass ich unglücklich oder nie zufrieden bin. Es ist faszinierend, dass manchmal dieselben Menschen, die deine Siege mit dir feiern, alles hinschmeißen, wenn es hart und ungemütlich wird. Die harte Wahrheit lautet aber, dass Training kein Nine-to-Five-Job ist, sondern ein 24/7-Lifestyle – und ein zermürbender noch dazu. Wenn du Teil meines Teams bist, dann ist das sicher manchmal ganz schön hart, aber ich garantiere dir, dass wir am Ende der Saison gemeinsam den Titel feiern werden. Du wirst dich an jedem einzelnen Tag, in jeder Stunde und jeder Minute aus deiner Komfortzone herauswagen und fordern müssen. Wochenenden gibt es nicht. Es gibt Rest Days, doch auch an denen tust du, was nötig ist, um dich zu erholen und mental auf eine weitere harte Trainingswoche vorzubereiten.

Erkenne dich selbst

Ich hatte das Glück, von klein auf in allem, was ich tat, unterstützt zu werden. Dadurch konnte ich alle möglichen Sportarten ausprobieren, sowohl Individual- als auch Teamsportarten. Ich versuchte es mit Schwimmen, Tennis, Laufen und Netball (eine Mischung aus Basketball und Handball, die in Australien und den Commonwealth-Ländern weit verbreitet ist). Weil ich zu nichts davon gedrängt wurde, konnte ich selbst herausfinden, was mir am besten lag. Als ich in der siebten Klasse beispielsweise mit Netball anfing, war ich schnell gefrustet. Ich war der Ansicht, dass einige der anderen Mädchen sich nicht in dem Maße anstrengten, wie es meiner Meinung nach nötig gewesen wäre, und hatte das Gefühl, ihre Fehler ausbügeln und deshalb auf dem Spielfeld überall gleichzeitig sein zu müssen. Einmal kam ich heim und beschwerte mich bei meiner Mutter, dass ich ständig den fehlenden Einsatz der anderen ausgleichen müsse. Darauf sagte sie: »Tia, in einem Teamsport geht es darum zu lernen, dich auf deine Mitspieler zu verlassen, den Ball abzugeben und darauf zu vertrauen, dass sie ihren Teil leisten … Du kannst das Spiel nicht allein gewinnen.« Ob es an meiner Ungeduld lag oder an meinen überhöhten Erwartungen, es fiel mir jedenfalls extrem schwer, mich auf die Hilfe anderer zu verlassen. Dafür fehlte mir schlicht die Geduld. Rückblickend muss ich sagen, dass ich damals eine ziemlich beängstigende Mitspielerin gewesen sein muss (und das mit gerade mal zwölf!). Ich hätte vielleicht lieber einen Gang zurückschalten und einfach Spaß am Spiel haben sollen.

Aber so hitzköpfig ich auch war, ich hatte die Botschaft meiner Mutter verstanden. Wenn ich etwas erreichen will, dann muss ich selbst hart dafür arbeiten – das bedeutet allerdings nicht, dass ich völlig auf mich allein gestellt bin. Ich habe tolle Menschen um mich, die mich auf meinem Weg unterstützt haben und einen immensen Einfluss auf meinen Erfolg hatten. Ohne sie und ihre Hilfe wäre ich heute nicht da, wo ich bin. Mit den Jahren ist mir aufgefallen, dass mein Werdegang dem von erfolgreichen Tennisprofis ähnelt: Wir CrossFitter streben zwar nach individuellem Erfolg und trainieren viele Stunden allein, haben aber immer unsere Coaches und ein eingeschworenes Team an unserer Seite. Ich habe also das Beste aus beiden Welten, aus Individual- und Teamsport.

WAS, ICH UND UNGEDULDIG?

Eines haben die meisten extrem ehrgeizigen Menschen nicht: Geduld – auch mir geht es so. Ich habe auf die harte Tour gelernt, meine Ungeduld zu kontrollieren. In einer Welt, in der augenblickliche Bestätigung zum Alltag gehört, ist Geduld eine Tugend. Hier sind ein paar Tipps, wie du geduldig bleibst, egal, ob du schon länger keine Fortschritte mehr bei Deadlifts gemacht hast oder einfach nur im Café in einer langen Schlange warten musst.

1. Notiere dir die unterschiedlichen Situationen, in denen du ungeduldig wirst, und überlege, warum das der Fall ist. Erkenntnis ist stets der erste Schritt zur Veränderung.

2. Konzentriere dich auf die Dinge, die du tatsächlich selbst beeinflussen kannst. Noch härter trainieren kannst du wahrscheinlich nicht, um deine Deadlifts zu verbessern. Oder doch?
3. Versuche, dich abzulenken. An der langen Schlange kannst du nichts ändern, aber du kannst multitasken. Schreibe beim Warten eine kurze Mail, in der du ein Meeting bestätigst, oder höre deinen Lieblingspodcast.

Natürlich benötigt ein Individualsportler einen ganz anderen emotionalen Support als ein Teamsportler. Ich habe den allergrößten Respekt vor Menschen, die in einer Mannschaft spielen, weil man dabei mit sehr vielen Dingen konfrontiert wird, die man nicht selbst beeinflussen kann. Du musst lernen, dich auf andere zu verlassen, ihnen zu vertrauen, und für dich einen Mittelweg zwischen Führungspersönlichkeit und Teamplayer finden. Ich war, wie gesagt, schon als Kind ziemlich ehrgeizig und habe Dinge lieber selbst in die Hand genommen (wie zu meinen Netball-Zeiten). Erst mit den Jahren habe ich die Vorteile eines Teams schätzen gelernt. Am CrossFit gefällt mir, dass es sich zwar um einen Individualsport handelt, die Wettbewerbe aber sehr Community-orientiert sind und letztlich viele Menschen den Sportler geformt haben, den du auf dem Feld siehst. Mein Team ist super eingespielt, deshalb kann ich mich im Wettkampf auf mich selbst konzentrieren. Aber all die Arbeit und Energie, die mein Team in meinen Erfolg steckt, gebe ich auch zurück. Sie geben alles für mich, deshalb verdienen sie es, dass ich auch alles für sie gebe. Ich stehe für sie ein und sie für mich – ganz einfach.

Wie das perfekte Team aussieht

Du brauchst einen guten Co-Piloten ...

Shane ist meine Geheimwaffe. Er ist nicht nur ein unfassbar guter Coach, sondern ich kann mich darauf verlassen, dass er mich aufbaut, wenn ich schlecht drauf bin, oder mich auf den Boden der Tatsachen zurückholt, wenn ich mal über die Stränge schlage. Er tut das nicht für Auszeichnungen, Geld oder Ruhm, sondern weil ihm mein Erfolg wichtig ist. Ich bin mir zu 1000 Prozent sicher, den richtigen Menschen in meiner Ecke zu haben. Ja, wir sind auch verheiratet, können aber unsere Ehe sehr klar von der Sportler-Trainer-Beziehung trennen. (Am schwierigsten ist es eigentlich, zu Hause nicht über die Arbeit zu sprechen!)

DEIN PERFEKTER CO-PILOT SOLLTE ...

- selbstlos und aufmunternd sein.
- dich stets an deine Pflichten und Ziele erinnern, auch wenn das schwer ist.
- immer ehrlich zu dir sein und sich nicht scheuen, dich auch auf Fehler hinzuweisen.
- nie zufrieden sein und dich immer anspornen, noch besser zu werden.
- keine Gegenleistung von dir erwarten (außer, dass du immer 110 Prozent gibst).
- sich nicht von seinem Ego leiten lassen.

Wenn man unter großem Druck steht, dann können die Emotionen schon mal hochkochen – und ich bin jemand, der sich nicht scheut, sie auch rauszulassen. Mit Shane an meiner Seite weiß ich, dass ich – wenn ich alles, was er mir sagt, bis ins kleinste Detail umsetze – am Ende des Tages auf dem Siegertreppchen stehe. (Shane war es auch, der nach meinem zweiten Platz bei den Games 2015 sofort beschloss, dass wir es im darauffolgenden Jahr noch einmal versuchen sollten. Ich war mit diesem einen Start 2015 eigentlich zufrieden gewesen, weil ich damals noch nicht erkannt hatte, dass ich im CrossFit tatsächlich Karriere machen konnte. Er war derjenige, der sich sicher war, dass wir die Games gewinnen konnten.)

Wer weiß, was du mit deinem Shane alles erreichen könntest?

... und eine gute Crew

Shane sagt gerne: »Wenn du dich mit fünf Millionären umgibst, dann bist du bald der sechste. Wenn du dich aber mit fünf Leuten umgibst, die pleite sind, wirst du es auch bald sein.« Das stimmt, und zwar nicht nur in Bezug auf Geld. Umgib dich mit Menschen, die eine ähnliche Einstellung und vergleichbare Ziele haben wie du. Suche dir einen Experten für jeden Aspekt, an dem du arbeiten willst. Jedes Mitglied deines Teams sollte einen bestimmten Job haben und in seinem Bereich der Beste sein. Umgib dich nicht mit Jasagern, sondern mit Leuten, die dir immer ganz deutlich ihre Meinung sagen, egal, wie berühmt du irgendwann sein magst. In meiner Karriere habe ich Menschen kommen und gehen sehen. Inzwischen weiß ich jedoch, dass ich in meinem Team keine Mitläufer toleriere. Potenziellen neuen Mitgliedern erkläre ich deshalb ganz transparent: »Ich bin hier, weil ich einen Job zu erledigen habe. Wenn du mit an Bord sein willst, super! Solange du alles gibst, genau wie wir, können wir gemeinsam die Welt erobern.«

Schaue dich genau um. Umgibst du dich mit Menschen, die konstant das Beste aus dir herausholen? Oder ziehen sie deine Leistungen und Ziele nur ins Lächerliche? Reden sie dir ein schlechtes Gewissen ein, weil du immer mehr willst und alles dafür tust? Verstehen sie, dass das nötig ist, um deine Ziele zu erreichen? Oder ziehen sie dich runter, während du gerade versuchst durchzustarten?

PASST DEIN TEAM ZU DIR?

1. Geben dir deine Teammitglieder positive Vibes? Halte dich von negativen Menschen fern. Um positiv zu sein, brauchst du Positivität um dich herum.
2. Sind sie genauso ehrgeizig wie du? Menschen mit derselben Arbeitsmoral wie du helfen dir, deine Ziele zu erreichen.
3. Holen sie dich (unter Berücksichtigung deiner Gesundheit) aus deiner Komfortzone raus? Du brauchst Menschen, die dich motivieren, besser, stärker und schneller zu werden – ohne aber deine körperliche und mentale Gesundheit zu gefährden.
4. Spornen sie dich zu Höchstleistungen an und bringen dich gleichzeitig auf den Boden der Tatsachen zurück, wenn nötig?
5. Fühlst du dich wohl in ihrer Gegenwart? Du brauchst keine Menschen, die nur Aufmerksamkeit wollen und dich runterziehen.

Gute Kommunikation

Shane und ich haben unserer Kommunikation schon immer eine hohe Bedeutung beigemessen und Kommunikation ist heute ein wesentliches Element innerhalb unseres ganzen Teams. Die Fähigkeit, einerseits konstruktives Feedback zu vermitteln und andererseits zuzuhören, ist ein wichtiges Asset. Kommunikation bedeutet aber auch, die Körpersprache eines anderen Menschen zu lesen und sein Verhalten zu interpretieren. Die Kommunikation innerhalb eines Teams ist vielschichtig und basiert auf Respekt. Sie motiviert und schafft eine Verbindung zwischen den einzelnen Mitgliedern – kurzum: Sie ist eine wichtige Zutat in jedem Erfolgsrezept. Wir sind innerhalb unseres Teams so sehr aufeinander angewiesen, dass ich das Team häufig mit einem Stuhl vergleiche: Wenn ein Bein wegbricht, kippt der gesamte Stuhl und ist damit nutzlos.

Shane hat zum Beispiel die positive Verstärkung sehr gut drauf. Er weiß, dass zumindest ich mit Zuckerbrot besser funktioniere als mit Peitsche. Er verpackt Korrekturen deshalb meist in Komplimente, etwa so: »Hey, deine Fußstellung ist super! Klasse, mache das ab jetzt immer so.« Auf solch positives Feedback reagiere ich viel besser, als wenn er nur irgendetwas kritisieren würde, was ihm gerade auffällt. Das spornt mich an, mich noch mehr anzustrengen, statt nur darüber nachzudenken, was ich falsch gemacht habe. Er coacht allerdings jeden anders, je nachdem wie der jeweilige Sportler auf seine Anweisungen reagiert. Er passt seine persönliche Ansprache den verschiedenen Charakteren an, sodass er aus jedem Athleten das Beste herausholen kann.

Shane ist ein Experte darin, mithilfe seiner positiven Einstellung das Beste aus anderen herauszuholen, selbst seine Körpersprache spiegelt das wider. Er strotzt nur so vor Selbstvertrauen – und das ist regelrecht ansteckend. Und er lernt stetig hinzu, ist immer offen für Neues. Oft berät er sich mit anderen Trainern und Experten und versucht bis heute, sich weiterzuentwickeln. Dabei schaut er auch über den Tellerrand hinaus. Strength-and-Conditioning-Programme gibt es schon seit vielen, vielen Jahren, CrossFit nicht. Es existieren also bereits zahlreiche Methoden und Trainingspläne da draußen, mit denen sich Kraft und Kondition von Sportlern verbessern lassen. Man muss sie nur finden und bestmöglich nutzen. Deshalb hat Shane eine ganze Bandbreite von Trainingsprogrammen studiert, zum Beispiel jene, die in der NBA, der NFL oder im Triathlon eingesetzt werden. Aufgrund dieses Networkings hatten wir die Möglichkeit, viele Spitzentrainer und -athleten aus unterschiedlichen Sportarten zu treffen und von ihnen zu lernen. Einen Teil ihrer Programme haben wir dann in unser eigenes Training integriert, es angepasst und mit unseren Methoden gemixt, um das Beste aus verschiedenen Welten für uns zu nutzen. Beispielsweise können Schwimmer ihren Atem minutenlang anhalten, Shane studierte deshalb ihr Training, um herauszufinden, wie sie eine so beeindruckende Lungenkapazität entwickeln. Turner verfügen über unglaubliche Balance und scheinen die Schwerkraft außer Kraft zu setzen, also studieren wir auch sie. Die Stärken aus mehreren Sportarten zu verbinden, ist im CrossFit besonders sinnvoll, weil du dort nie weißt, was dich im Wettkampf erwartet, und dementsprechend auf alles vorbereitet sein musst. Selbst der kleinste Trick kann helfen, im Wettkampf wertvolle Sekunden gutzumachen. Triathleten beispielsweise befestigen ihre Schuhe schon vor dem Rennen mit Gummibändern an den Pedalen des Fahrrads, sodass der Wechsel vom Wasser aufs Rad später schnell und reibungslos vonstattengeht.

Diese Typen willst du NICHT in deinem Team haben

Halbherzige Mitglieder

Sie sind nicht auf deinem Level und werden dir auch nicht helfen, dich zu steigern. Wenn jemand mit meiner Intensität nicht mithalten kann, fliegt er aus dem Team – so einfach ist das. Ich verfolge meine Ziele geradezu besessen und weiß, dass ich sie nicht allein erreichen kann. Ich bin auf mein Team angewiesen. Aber jeder, der dazugehört, muss auf derselben Wellenlänge wie ich sein. Ich finde es enttäuschend, wenn jemand in- und außerhalb des Gyms nicht mit mir mitzieht. Dass meinen grenzenlosen Enthusiasmus nicht jeder teilt, daran wurde ich auf die harte Tour erinnert, nachdem ich im Frühjahr 2021 eine E-Mail von der Pilotin des australischen Bob-Teams erhielt. (Ich weiß, Australien ist nicht gerade eine Bob-Nation, aber wir tun unser Bestes.) Sie bot mir an, dem Team beizutreten, um gemeinsam zu versuchen, die Qualifikation für die Olympischen Winterspiele 2022 in Peking zu meistern. Ich hielt das für eine Wahnsinnschance und eine tolle Herausforderung. Als Gewichtheberin war ich bereits bei den Olympischen Sommerspielen gewesen, warum sollte ich es also im Winter nicht noch einmal versuchen? Mit meiner Erfahrung als Läuferin hätte ich als Bremserin sicher viel zum Erfolg des Teams beitragen können. (Die Bremserin ist die Letzte im Bob und beeinflusst mit ihrer Power beim Anschieben das Tempo des Schlittens maßgeblich.) Ich musste nur die Grundlagen des Bobsports verinnerlichen. Dazu war allerdings nicht mehr viel Zeit – weniger als ein Jahr –, ich musste im Training also Gas geben.

Wenn ich etwas angehe, dann niemals halbherzig, sondern immer mit 1000 Prozent Einsatz. So sorgte ich auch in diesem Fall dafür, dass ich in bestmöglicher Form zum Bob-Team hinzustieß. Ich legte sogar zehn Kilo zu, damit wir schwerer waren und der Schlitten – theoretisch – schneller die Bahn runtersauste. Für das Training reisten Shane und ich nach Korea, Österreich, in die Schweiz und die USA, nach Deutschland, Lettland, Polen, Belgien und Italien und versuchten, es mit meinem CrossFit-Training unter einen Hut zu bekommen.

Mit mehr als 120 Kilometern pro Stunde die Bahn herunterzubrettern, war ein unglaubliches Gefühl. Es war wichtig, dass uns ein schneller Start gelang, deshalb bin ich vom Startblock aus, so schnell ich konnte, 15 bis 30 Meter weit losgesprintet, in den Schlitten gesprungen und habe meinen Kopf so lange eingezogen, bis wir im Ziel waren und ich die Bremse ziehen musste. Ich vertraute darauf, dass unsere Pilotin uns sicher und effizient runterbringt. Sehen konnte ich nichts, außer die vorbeifliegende Strecke durch ein kleines Loch, wo die Bremse war. Ich hatte keinerlei Kontrolle und musste mich darauf verlassen, dass die Pilotin uns heil ins Ziel bringt. Weil ich fürs Bremsen zuständig war, musste ich mir zudem den Verlauf der Strecke nach Gefühl einprägen.

Obwohl wir unser gemeinsames Ziel – die Qualifikation für die Olympischen Winterspiele 2022 – erreichten, durften wir trotzdem nicht hin. Unsere Startplätze wurden uns praktisch unter den Füßen weggezogen. Die Gründe dafür waren kompliziert, die Kurzfassung lautet: Das australische Auswahlkomitee entschied damals, nur ein Team (nicht unseres) zu den Spielen zu schicken.

Shane und ich hatten außerdem das Gefühl, dass der Rest des Teams nicht so ambitioniert war wie wir. Es kann immer mal Situationen geben, in denen Teammitglieder unterschiedlicher Meinung sind. Wenn es dabei um etwas so Wichtiges wie den nötigen Ehrgeiz geht, dann lösen sich die Probleme oftmals von ganz allein – wie auch in diesem Fall. Denn die eigentlich enttäuschende Erfahrung hatte am Ende doch noch etwas Gutes: Wären wir nach Peking gereist und bei den Spielen angetreten, wäre ich vielleicht nicht in der Lage gewesen, mich ausreichend zu erholen, um für die CrossFit Games später im Sommer hundertprozentig fit zu sein und meinen Titel erfolgreich zu verteidigen.

Dennoch beiße ich mir bis heute beinahe täglich in den Hintern, weil ich die Situation damals nicht klarer erkannt habe. Heute wünschte ich, ich wäre nicht so versessen darauf gewesen, das Unmögliche möglich zu machen. Zumindest konnte ich aber mit dem Gedanken abtreten, dass Australien es vermutlich nie mit einem Bob-Team zu den Spielen in Peking geschafft hätte, wenn Shane und ich während der Saison nicht dabei gewesen wären. Das tröstete uns. Und das Zeitfenster, um wieder in CrossFit-Form zu kommen, war auch so äußerst klein, ich musste schließlich wieder einige Pfunde verlieren. Ich hatte deshalb gar keine Zeit, lange enttäuscht zu sein. Auf alle Fälle hatte ich eine harte Lektion gelernt.

Parasiten

Du wirst in jedem Bereich deines Lebens auch Menschen begegnen, die nicht dein Bestes im Sinn haben. Menschen, die nur an sich selbst denken, immer nur nehmen und niemals etwas zurückgeben. Das können Trainer, Kollegen, sogenannte Freunde und selbst Familienmitglieder sein. Manche hängen an dir wie Kletten, weil sie etwas von deinem Geld, deiner Bekanntheit oder deinem Erfolg abhaben wollen. Andere sind wie Schlangen, sie wollen dich fallen sehen oder aus welchem Grund auch immer zum Scheitern bringen. Nur wenige Menschen sind so, du musst also nicht jeden pauschal verdächtigen. Lerne einfach, die Intentionen der Menschen in deinem Umfeld zu lesen.

Ich musste auf die harte Tour lernen, dass nicht jeder in mein Team passt, und habe daraufhin einige Leute entlassen. Ein solches Gespräch zu führen, ist manchmal nicht leicht, aber es muss sein. Du darfst nicht zulassen, dass solche Menschen dir und den anderen in deinem Team die Energie aussaugen. Ich musste deshalb solche harten Entscheidungen treffen, aber ich tat es im Wissen, dass es die richtige Entscheidung für mich und den Rest meines Teams war. Je erfahrener ich wurde, umso leichter fiel es mir, negatives Verhalten zu erkennen und die Beziehung zu diesen Menschen zu beenden.

Ignoriere die Hater

Eines Abends im Jahr 2014, nachdem ich meinen allerersten lokalen Wettbewerb gewonnen hatte, rief jemand nach mir, als Shane und ich gerade das Gym verließen. Es war der Trainer einer Konkurrentin. Ich dachte, dass er mir nur zu meinem Sieg gratulieren wollte.

»Gut gemacht, Tia. Wer hätte gedacht, dass du so gut abschneiden würdest?«, rief er uns zu.

»Wow«, dachte ich mir. »Wie herablassend. Was habe ich dem denn getan, dass er so mit mir redet?«

»Vergiss aber nicht, dass du bis jetzt noch nicht gegen die Besten in Australien angetreten bist. Bilde dir also nicht zu viel ein«, schob er noch hinterher, so als wäre sein erster Spruch nicht schon beleidigend genug gewesen. Ich wurde feuerrot vor Zorn und war kurz davor, etwas zu sagen, das ich hier nicht wiederholen möchte, als Shane meinen Arm berührte, um mir zu signalisieren, dass dieser Typ es nicht wert war.

Als wir außer Hörweite waren, sagte Shane: »Ich bin froh, dass du ihm nicht die Genugtuung gegeben hast zu zeigen, dass er dich verletzt hat, Tia. Der ist wahrscheinlich nur sauer, weil seine eigenen Sportler nicht so gut waren wie du.«

Ich hörte mir an, was Shane zu sagen hatte, und ging dann schweigend davon.

Für Hater habe ich keine Zeit. Beim CrossFit Invitational 2015 saß ich mit mehreren Teilnehmerinnen am Frühstückstisch, als eine von ihnen sagte: »Wisst ihr, diese ganzen Rookies haben doch einfach nur Anfängerglück. Von denen wird nichts erwartet, deshalb können sie ohne Druck in den Wettkampf gehen und Spaß haben.

Wir erfahrenen Athletinnen machen diesen Sport aber seit vielen Jahren. Die haben doch gar keine Vorstellung davon, was unsere Körper schon alles mitgemacht haben und mit welchen Widrigkeiten wir zurechtkommen müssen.«

Ich war die einzige Anfängerin am Tisch. Mit dieser Spitze war also ganz offensichtlich ich gemeint. Ich ignorierte sie, schwor mir gleichzeitig aber, selbst nie so verbittert und herablassend zu werden. Solche Negativität hat nirgends etwas verloren, weder auf dem Feld noch abseits davon, denn sie hängt wie eine dunkle Wolke über allem. Und das können wir nicht gebrauchen!

SO HOLST DU DAS BESTE AUS DEINEM TEAM

Stelle hohe Anforderungen. Wenn du die Messlatte anhebst, wird dein Team dir folgen und ebenfalls mehr leisten. Wenn alle in deinem Team dieselbe Arbeitsmoral haben und am selben Strang ziehen, werden auch alle Mitglieder über sich hinauswachsen.

Übernimm Verantwortung. Letztlich bin ich allein für meine Leistung verantwortlich und niemand sonst. Deshalb muss ich die Intensität auf einem hohen Niveau halten. Wenn ich einen Fehler mache, ist das meine Schuld, das gilt auch abseits des Sports. Es ist wichtig, für alles im Leben die Verantwortung zu übernehmen, auch im Arbeitsumfeld. Wenn bei PRVN zum Beispiel etwas nicht nach Plan verläuft oder jemand etwas falsch macht, dann muss ich das auf meine Kappe nehmen, weil ich vielleicht eine bestimmte Aufgabe nicht gut genug erläutert habe. Statt die Schuld auf meine Angestellten abzuwälzen, trete ich vor und übernehme die Verantwortung.

Vertraue deinem Umfeld. Ich umgebe mich ausschließlich mit Menschen, denen ich blind vertraue. Wenn du kein Vertrauen in dein Umfeld hast, dann wirst du auch nie auf eure gemeinsame Arbeit vertrauen und das wird sich später im Wettkampf bemerkbar machen. Als Olympia-Schwimmer Michael Phelps nach dem Verhältnis zu seinem Trainer Bob Bowman gefragt wurde, antwortete er: »Ich werde häufig nach meinem Schwimmstil gefragt. Aber dazu kann ich nicht viel sagen. Bob erklärt mir, was ich zu tun habe, und das tue ich dann.«

Lasse dein Ego zu Hause. In Kapitel 4 habe ich dir den Rat gegeben, beim Erreichen deiner Ziele egoistisch zu sein. Im Umgang mit deinem Team solltest du dein Ego jedoch ausblenden. Um deine Ziele zu erreichen, brauchst du dein Team – wenn sich aber immer nur alles um dich dreht, wirst du die guten Menschen in deinem Umfeld vergraulen.

Ein positives Umfeld fördert positive Verstärkung. Manchmal musst du deinen Teammitgliedern ein Feedback geben, das sie vielleicht nicht hören wollen, aber unbedingt hören müssen. (Das gilt umgekehrt übrigens genauso.) Wenn Kritik konstruktiv ist und im besten Interesse des Empfängers geäußert wird, dann ist sie letztlich eine Bestätigung und schafft das nötige Selbstvertrauen für maximale Erfolge.

Sei im Team von jemand anderem

Seit Shane und ich PRVN gegründet haben, wollen alle möglichen Sportler zu uns ins Gym kommen und mit uns trainieren. Dadurch werden wir Teil der Teams von anderen. Wir arbeiten gerne mit anderen Menschen zusammen, die unsere Werte teilen und wissen, wofür sie stehen. Dementsprechend freuen wir uns, dass wir nun etwas zurückgeben und andere bei ihrer CrossFit-Karriere unterstützen können.

In der Vergangenheit habe ich genau darauf geachtet, welche Trainingsprinzipien ich teile und mit wem. 2022 fühlte ich mich jedoch bereit, mich zu öffnen. Kurz vor Saisonstart sagte ich Brooke und den anderen Sportlern in unserem Gym, darunter auch Will Moorad und James Newbury: »Wenn wir das hier angehen, dann tun wir es gemeinsam. Ich möchte, dass ihr nach diesem Gespräch heimgeht und tief in euch hineinhört, ob ihr das hier wirklich wollt oder nicht. Ich kann euch garantieren, dass wir für den Rest der Saison eine Einheit sein werden, wenn jeder in diesem Team richtig mitzieht, und dass nichts und niemand uns brechen wird. Denn je mehr wir gemeinsam trainieren, umso mehr pushen wir uns und umso stärker und fitter werden wir sein.«

Noch wenige Jahre zuvor wäre ich nie auf die Idee gekommen, einer direkten Konkurrentin meine Trainingsgeheimnisse anzuvertrauen, weil ich so stark auf das fokussiert war, was ich selbst erreichen wollte. Ich wollte Shanes Aufmerksamkeit auch mit niemandem außer meiner Trainingspartnerin Brooke und Shanes männlichem Schützling Mat Fraser (dem fünffachen Fittest Man on Earth) teilen. Mit der Zeit reifte ich jedoch als Sportlerin und erkannte, wie wichtig ein ständiger Ansporn ist – und die gemeinsame Vorbereitung mit einem gleichgesinnten Athleten ist genau das. Seite an Seite mit Brooke zu trainieren, hat mich konstant daran erinnert, dass ich nicht die Einzige bin, die um den Spitzenplatz auf dem Podium kämpft. Je besser sie wurde, umso besser wurde auch ich. So pushten wir uns gegenseitig in einem Maße, das wir beide nicht für möglich gehalten hätten. Wenn du dich für die Idee öffnest, dein Team zu erweitern, entwickelst du dich auch selbst weiter und eröffnest dir neue, ungeahnte Möglichkeiten.

Die Entscheidung, mich zu öffnen, traf ich, nachdem ich meinen persönlichen Antrieb neu evaluiert hatte. Indem ich die nächste Generation von Wettkämpfern betreue, kann ich in eine Art Mentorenrolle hineinwachsen, während ich mich gleichzeitig auch als aktive Sportlerin noch weiterentwickle. Brooke und ich haben einen Weg gefunden, uns gegenseitig aufzubauen und als Team unsere individuellen Ziele zu erreichen.

Ich weiß nicht genau, was mich in Zukunft noch alles erwarten wird, aber ich weiß mit Sicherheit, dass ich weiterhin alles, was ich tue, unermüdlich und mit voller Hingabe tun werde. Wenn ich dabei ein Team um mich habe, das genauso unermüdlich mitzieht, können wir diese Zukunft – wie auch immer sie aussehen mag – gemeinsam meistern. Ich werde mich nicht dafür entschuldigen, dass ich hohe Anforderungen an mein Team stelle – sie werden es mir danken, wenn die Arbeit getan ist und wir die Ernte einfahren.

DIE 7 GYM-REGELN

Die neuseeländische Rugby-Nationalmannschaft, die »All Blacks«, ist eines der populärsten und erfolgreichsten Rugby-Teams der Welt. Sie wurden 1987, 2011 und 2015 Weltmeister. Die Truppe lebt nach einer Reihe von Prinzipien, die Shane und ich in leicht abgewandelter Form auch in unserem Gym nutzen. Sie basieren auf Werten, die jeder, der bei uns trainiert, teilen sollte. Ich finde es schön, wenn andere uns und unsere Arbeit als Fitnessunternehmen schätzen. Wenn jemand zu uns kommt, um hier zu trainieren, und uns mit Wertschätzung begegnet, dann werden wir diese Person mit derselben Wertschätzung aufnehmen und unterstützen.

1. **Halte das Gym sauber.**

Sei dir nicht zu fein, mit anzupacken.

Egal, wie gut du bist oder in welcher Position du dich befindest: Räume nach dem Training das Gym auf. Das gebietet der Anstand, einer der Grundwerte für Mitglieder unserer Trainingsgruppe. Wir sind der Auffassung, dass man unmöglich erfolgreich sein kann, wenn man nicht mit beiden Füßen fest auf dem Boden bleibt.

2. **Gib dich nie zufrieden.**

Sobald du dein Ziel erreicht hast, suche dir ein neues.

Strebe selbst auf dem Höhepunkt deines Erfolgs stets danach, noch besser zu werden.

3. **Trainiere zielgerichtet.**

Erkenne deinen persönlichen Antrieb oder finde ihn heraus, falls du ihn noch nicht kennst. Bitte um Hilfe, falls du welche benötigst.

Um dich weiterzuentwickeln und erfolgreich zu sein, musst du Fragen stellen. Dumme Fragen gibt es nicht – wer fragt, weiß am Ende des Tages mehr und ist dementsprechend besser vorbereitet.

4. **Übernimm Verantwortung.**

Anführer formen Anführer.

Wir sind davon überzeugt, dass die Ausbildung von Führungspersönlichkeiten und das Formen des Charakters jenseits der Wettkampfarena bessere Ergebnisse im Wettkampf nach sich ziehen. Geteilte Verantwortung führt zu mehr Wertschätzung und mehr Vertrauen.

5. **Nimm Herausforderungen an.**

   Setze deine persönliche Messlatte immer so hoch wie möglich an.

   Gib Vollgas! Betrachte Herausforderungen als persönliche Ziele. Sei dabei immer proaktiv. Risiken einzugehen und Verantwortung zu übernehmen, gehören zu den vielen Fähigkeiten, die dich der Sport lehrt.

6. **Genieß die Reise.**

   Sei immer authentisch.

   Bleibe während deiner gesamten Entwicklung bodenständig und vergiss niemals, wo du herkommst. Verliere gleichzeitig aber auch nicht das große Ganze aus dem Blick. Es geht hier nicht um Leben und Tod, also genieße den Prozess und verliere dich nicht darin. Bleibe dir stets selbst treu.

7. **Trainiere, als wäre es ein Wettkampf.**

   Trainiere unter Druck.

   Die Grundlage für Erfolge im Wettkampf legst du im Training. Dort werden Medaillen gewonnen. Wie du trainierst, bestimmt in der Regel also, welche Ergebnisse du im Wettbewerb einfährst. Trainiere deshalb so intensiv wie möglich und mache jedes Training zu deinem persönlichen Wettkampf. Intensives Training beschleunigt dein persönliches Wachstum.

KAPITEL 6

PERFEKTION IST UNMÖGLICH

VERGLEICHE DICH NICHT MIT ANDEREN UND LERNE, DEINE BESONDERHEITEN ZU SCHÄTZEN

Sosehr ich auch dazu rate, immer authentisch und bei sich zu bleiben, ist mir sehr wohl bewusst, wie schwierig das angesichts der Widrigkeiten des Alltags manchmal sein kann. Vor allem dann, wenn dich jemand tyrannisiert, weil du aus irgendeinem Grund vielleicht nicht den üblichen Vorstellungen von Normalität entsprichst. (Glücklicherweise ändert sich gerade, was wir als Gesellschaft unter »normal« verstehen.) Ich habe meine ersten Erfahrungen mit Mobbing im Alter von zwölf gemacht, als ich bereits als Läuferin an Wettkämpfen teilnahm. Durch den Sport bekam ich eine sehr schlanke Figur. Ich befand mich außerdem in diesem seltsamen Alter, in dem die Hormone beginnen, verrücktzuspielen, und Jungs Mädchen wegen allen möglichen Dingen aufziehen. In meinem Fall handelte es sich allerdings nicht um gewöhnliches Necken: Mir wurde immer wieder gesagt, ich sähe aus wie ein Junge. Das machte mich wütend, ich sagte aber nie etwas dazu. Stattdessen wartete ich, bis meine Mum mich nach der Schule abholte. Erst nachdem ich in den Wagen gestiegen war, ließ ich meinen Tränen freien Lauf. »Robbie hat mich wieder einen Jungen genannt, Mum …« Dieser Robbie war damals ziemlich klein und hatte ganz schiefe Hasenzähne, aber ich hätte nie etwas zu ihm gesagt, das seine Gefühle verletzen könnte.

Meine Mum sagte dann immer: »Höre nicht auf ihn, Tia. Wenn Jungs dich ärgern, dann weil sie dich insgeheim mögen.« Das habe ich allerdings nie verstanden, denn wie ein Kompliment klangen seine Sprüche nicht. Ich hielt weiter meinen Mund – bis ich es nicht länger aushielt.

Eines Tages kam ich in den Klassenraum und hörte, wie ein Junge rief: »Hey, Tia, gehst du in die Jungs- oder in die Mädchenumkleide?«

Mir ist grundsätzlich egal, welche Toilette jemand benutzt oder als wer oder was jemand sich identifiziert. In diesem Moment habe ich nur auf die Absicht dieses Jungen reagiert – und seine Absicht war eindeutig, mich zu verletzen. In meinem Kopf wurde plötzlich ein Schalter umgelegt. Ich ging zu dem Jungen rüber und schrie: »Lass mich in Ruhe!« Und schlug ihm ziemlich heftig gegen den Arm. Er war in diesem Moment offenbar so geschockt, dass ihm nichts anderes einfiel, als in Tränen auszubrechen. Die Lehrer wussten, dass der Junge schon länger auf mir herumhackte und seine Strafe verdient hatte. Sie ließen mir den Vorfall deshalb durchgehen, meine einzige Strafe war ein Anruf bei meinen Eltern und dass ich am nächsten Tag nachsitzen musste. Der Junge ließ mich von da an in Ruhe. (Ich möchte an dieser Stelle klar sagen, dass ich Gewalt – in welcher Form auch immer – ablehne. Dennoch ist es wichtig, in solchen Situationen für sich selbst einzustehen – auch zum Wohle der anderen, die vielleicht ebenfalls gemobbt werden.)

Verletzlichkeit

Normalerweise lasse ich mich nicht verletzen oder zeige meine Gefühle, wenn es doch mal passiert. An diesem Tag hatte ich aber einfach genug. Und es ist okay, verletzlich zu sein. Wir Frauen wurden schon immer an praktisch unerreichbaren Schönheitsidealen gemessen, während gleichzeitig unsere körperlichen Fähigkeiten unterschätzt werden. Dass wir über so etwas im 21. Jahrhundert noch nachdenken und diskutieren müssen, ist eigentlich traurig, aber so ist es offensichtlich. Strukturelle Diskriminierung gibt es noch immer: Sportlerinnen verdienen überwiegend weniger Geld als Sportler und bekommen geringer dotierte Sponsorenverträge, Frauensport erhält kaum Sendezeit im Fernsehen und wenig mediale Aufmerksamkeit. Das alles erweckt den Anschein, Frauen seien weniger gut – eine Wahrnehmung, die sich kaum überraschend als tief sitzendes Gefühl des »Schlechterseins als andere« auch in vielen Sportlerinnen manifestiert.

Während wir uns in der Welt des Wettkampfsports auf vielen verschiedenen Ebenen herabgesetzt fühlen, gibt es einen Bereich, in dem wir mehr Aufmerksamkeit als die Männer bekommen: wenn es darum geht, unsere Körper zu bewerten. Ob Turnerinnen, Eisschnellläuferinnen, Tennisspielerinnen oder Sportlerinnen aus anderen Disziplinen: Unsere Körper werden wie unter einem Brennglas studiert. Wer etwas anderes behauptet, lügt. Wir werden nicht nur nach unserer Kraft, Schnelligkeit oder Geschicklichkeit bewertet, sondern auch nach unserem Aussehen. Dabei sollte es doch eigentlich darum gehen, was unser Körper *leisten kann* und nicht wie er *aussieht*. Damit sollten wir uns als Athletinnen überhaupt nicht auseinandersetzen müssen und dennoch ist es so. Zu groß, zu klein, zu fett, zu dürr, zu muskulös (und wenn du als Frau zu muskulös aussiehst, dann bist du automatisch auch gedopt) … Irgendetwas gibt es an uns Frauen doch immer auszusetzen!

Wie wirkt sich das auf deine Chancen im Wettbewerb aus? Wenn du unzufrieden mit dir bist, werden Selbstzweifel aufkommen, und diese Zweifel werden sich im Wettkampf bemerkbar machen. Sie beeinflussen deine Motivation und die Hingabe, mit der du deinen Sport ausübst. Es ist schon schwer genug, morgens aus dem Bett zu kommen, wenn es draußen noch dunkel ist und Minusgrade herrschen. Wenn du dazu emotional noch schlecht drauf bist, macht es die Sache nicht gerade einfacher.

Ich werde mich in den folgenden Zeilen sehr, sehr verletzlich zeigen, was mir nicht leichtfällt, weil ich mir diese Verletzlichkeit so lange Zeit abtrainiert habe. Ich habe mich gegen gesellschaftliche und berufliche Stressfaktoren abgehärtet. Meine Erfahrungen waren im Vergleich zu denen anderer noch relativ harmlos. Ich habe persönlich nur wenig Druck, Diskriminierung oder echte Schikane erlebt, wofür ich der CrossFit-Community dankbar bin. Im CrossFit erhalten Frauen dieselbe Aufmerksamkeit, Berichterstattung und dieselben Preisgelder wie Männer. Das fühlt sich gut an und hilft uns Frauen ungemein.

In anderen Sportarten leiden Frauen aber noch immer unter den genannten Problemen, was ich an dieser Stelle noch einmal ganz klar betonen möchte.

Als ich noch jünger war, war auch ich manchmal mit meinem Körper unzufrieden, insbesondere nachdem ich vom Laufen zum Crossfit wechselte. Ich war eigentlich immer ziemlich selbstbewusst, aber als mein Körper begann sich zu verändern, änderte sich das. Nachdem ich jahrelang einen »Läuferkörper« hatte, begann nun alles zu wachsen – meine einstigen Zahnstocher-Ärmchen, meine Schultern und mein Nacken. Ich kam mir vor wie die Comicfigur Hulk, bei dem die Muskeln aus dem Shirt platzen. Anfangs gefiel mir das überhaupt nicht, zumal ich mir sicher war, dass auch anderen diese Veränderungen auffielen. Ich spürte, wie sie mich beim Einkaufen anstarrten, weil sie mich zu muskulös, zu aufgepumpt fanden, was schmerzhafte Erinnerungen an meine Schulzeit und den frechen Burschen Robbie wieder hochkommen ließ. Ich fühlte mich plötzlich gehemmt und fand mich nicht mehr schön, sondern zu männlich. Wie konnte Shane mich eigentlich noch attraktiv finden?

Inzwischen gehe ich selbstbewusst mit meinem Körper um und habe gelernt, ihn so zu akzeptieren, wie er ist – auch weil ich weiß, wie viel harte Arbeit hinter all den Muskeln steckt. Zudem trage ich Kleidung, die meiner neuen Figur schmeichelt. Statt einem Kleid mit Spaghettiträgern wähle ich beispielsweise eines mit breiteren Trägern, die besser zu meinen vollen Schultern passen. Wichtiger als die äußere Veränderung meines Outfits war aber die Veränderung meiner inneren Einstellung. Wenn ich meine Ziele erreichen wollte, musste ich aufhören, mich wegen meines Aussehens fertigzumachen oder mich darum zu scheren, was andere über mich dachten, und mich stattdessen auf meine Leistung konzentrieren. Inzwischen weiß ich, dass die meisten Menschen, die mich damals anstarrten, mich überhaupt nicht zu männlich oder zu muskulös fanden, sondern beeindruckt waren und mich für richtig stark hielten (womit sie recht hatten).

Ich weiß also, welchem Druck Frauen in anderen Sportarten wie Tennis oder Turnen ausgesetzt sind, in denen Sportlerinnen vermeintlich »grazilere« Bewegungen ausführen. Ein besonders prominentes Beispiel ist Tennis-GOAT Serena Williams, die zu Beginn ihrer Karriere für ihre Muskeln und ihre Power auf dem Court verspottet wurde, allem Hohn zum Trotz aber zu einer der erfolgreichsten Tennisspielerinnen aller Zeiten wurde. Turnen und Eisschnelllauf sind weitere Sportarten, in denen die weibliche Figur stark im Fokus steht. Solche hohen Standards lösen bei jungen Frauen ganz unweigerlich Verunsicherung aus. Olympiasiegerin Simone Biles hat sich sehr deutlich dazu positioniert und offen darüber gesprochen, wie sehr sie sich für ihre Muskeln geschämt hat. So sehr, dass sie mehrere Jacken übereinander trug, um ihre Figur zu verhüllen. 2021 sagte sie wegen psychischer Probleme – die entweder direkt oder indirekt durch den Druck ausgelöst wurden, eine bestimmte Leistung zu bringen, aber auch, einem gewissen Schönheitsideal zu entsprechen – sogar ihre Teilnehme an den Olympischen Spielen ab. Und sie ist nur eine von vielen. Ich wette, dass es eine ganze Reihe Sportlerinnen gibt, die wir niemals kennenlernen werden, weil sie aufgrund des massiven Drucks, der auf ihnen lastete, nie den großen Durchbruch geschafft haben. Die hingeworfen haben, weil sie sich nicht länger irgendwelchen kranken Standards beugen wollten. Laut einer Studie des US-Sportsenders ESPN fühlten sich 68 Prozent aller Sportlerinnen unter Druck gesetzt, gut auszusehen. 30 Prozent der Befragten gaben an, sich zu muskulös zu fühlen.[10] Das sind ziemlich viele Frauen, die mit Komplexen wegen ihres Äußeren herumlaufen, obwohl sie eigentlich stolz auf das sein sollten, was sie geleistet haben.

Konkurrieren, nicht vergleichen

Ich habe mich nie für den typischen Mädchenkram interessiert. Natürlich ist auch mir wichtig, wie ich aussehe, allerdings nicht so wichtig, dass ich ständig Make-up auftragen muss. Vielleicht liegt das an meiner Erziehung. Ich war ein Mädchen, das immer nur laufen und Sport treiben wollte, und meine Eltern liebten diese wilde Seite an mir. Meine Mum hat immer gesagt, dass ich kein Make-up brauche, weil ich natürlich schön sei. Im Gym ist es mir ohnehin nicht so wichtig, dass ich perfekt aussehe. Beim Training schwitze ich, Make-up würde da nur verlaufen und stören. Mir ist wichtig, hart zu trainieren. Wenn ich morgens aber eine halbe Stunde für meine Haare brauche, dann habe ich eine halbe Stunde weniger Zeit im Gym. Und in meinen Augen sind meine Haare weniger wichtig als mein Training. Lieber schlafe ich eine halbe Stunde länger, als früher aufzustehen und mich aufzubrezeln. Viele Frauen im Gym haben manikürte Nägel, die Haare liegen perfekt, das Gesicht ist voller Make-up, kurzum: Sie sehen einfach umwerfend aus! Der ganze Aufwand, den sie wegen ihres Äußeren betreiben, sorgt allerdings oft dafür, dass das Training zu kurz kommt. Diese Frauen gewinnen vielleicht deshalb keine Medaillen, weil ihnen all die Zeit, die sie vorm Spiegel verbringen, um sich die Haare zu machen, später fehlt, wenn sie Front Squats trainieren.

Ich bin der Meinung, dass viele Frauen sich deshalb so sehr mit ihrem Äußeren befassen, weil sie sich ständig mit anderen vergleichen. Dadurch steigt der Druck, immer perfekt auszusehen. Indem du dich ständig auf deine kleinen »Macken« konzentrierst, wendest du Energie für etwas Negatives auf, statt sie für etwas Positives zu nutzen. So arbeitest du immer mit einem Energiedefizit. Ich versuche deshalb, mich nicht mit anderen zu vergleichen. Und wenn ich mich doch mal dabei erwische, versuche ich, eventuelle Unterschiede ausschließlich positiv zu bewerten. Wenn ich etwa eine Sportlerin sehe, die muskulöser ist als ich, dann wird sie sicher besser mit schweren Gewichten umgehen können. Statt mich im Vergleich zu ihr schwach zu fühlen, überlege ich, wie ich dieses Defizit kompensieren kann, und betrachte das als Herausforderung. Statt mich schlecht zu fühlen, beginne ich, aktiv daran zu arbeiten, diese Unterschiede auszumerzen. Nur indem du solche Herausforderungen angehst, kannst du sie meistern und wirst dadurch stärker werden. Und du kannst mir glauben: Wenn du einen muskulöseren Sportler schlägst, der eigentlich mehr Gewicht stemmen kann als du, fühlt sich das absolut großartig an!

Dennoch versuche ich, wie gesagt, mich nicht mit anderen zu vergleichen. An manchen Tagen gelingt mir das besser als an anderen. Etwas gänzlich anderes ist es, zu anderen Frauen aufzuschauen, sich von ihnen inspirieren zu lassen oder selbst ein Vorbild für andere zu sein. Das zieht dich nämlich nicht runter, sondern wirkt sich positiv auf dich und dein Selbstbild aus. Wir alle haben unterschiedliche Biografien. Ich bin sicher ganz anders aufgewachsen als du, weshalb sich unsere Erfahrungen klar unterscheiden dürften. Diese Unterschiede sollten wir schätzen lernen, statt uns deswegen schlecht zu fühlen.

Social Media und Selbstbild

Instagram, Facebook, TikTok und andere Social-Media-Apps machen es uns nicht leicht. Auf diesen Plattformen überbieten Menschen sich gegenseitig, indem sie ein Bild von sich und ihrem Leben präsentieren, das oftmals nicht der Realität entspricht. Mit ihren Postings versuchen sie krampfhaft, Follower und Likes zu gewinnen, doch zu welchem Preis? Eine Sportlerin, der ich folge, hat neulich ein Foto von sich in aufreizendem Outfit gepostet. Sicher können wir alle in Unterwäsche gut aussehen, ich für meinen Teil bin allerdings nicht gewillt, solche Bilder von mir öffentlich zu posten. Sie wird damit bekommen haben, was sie wollte – jede Menge Aufmerksamkeit –, ich bin mir nur nicht sicher, ob dies die richtige Art von Aufmerksamkeit ist. Solche Posts werden außerdem zwangsläufig andere Frauen runterziehen, weil sie sich vielleicht nicht so wohl in ihrem Körper fühlen und ihr Selbstvertrauen bei der kleinsten Kritik bröckelt. Ich finde es toll, wenn Frauen stolz auf ihre Körper sind, wünschte aber, es würden nicht so viele für ein wenig Aufmerksamkeit in den sozialen Medien blankziehen. Es wäre schön, wenn die Menschen sie dafür liebten, wer sie sind, und nicht dafür, wie sie aussehen. Ich kenne einige Frauen persönlich, die aufreizende Fotos und Videos von sich posten und im echten Leben überhaupt nicht so sind. Vermutlich glauben sie, dass sie sich trotzdem so zeigen müssen, um Likes zu bekommen. Dabei sind sie starke, aufmunternde und freundliche Frauen, die so viel mehr zu bieten haben, und trotzdem verstecken sie ihr wahres Selbst hinter einer solchen hypersexualisierten Fassade. Sportlerinnen sind mehr als nur sexy Körper. Es ist doch viel schöner, wenn wir Frauen durch unsere allerbeste Leistung glänzen statt durch Fotos von unserem Hintern. Ich kenne natürlich auch einige Frauen, die wirklich gerne sexy Fotos von sich posten – und das sollen sie natürlich auch weiterhin tun. Ich für meinen Teil nutze meine Social-Media-Kanäle aber lieber, um meine Follower zu inspirieren, zu motivieren und mit ihnen in Kontakt zu treten.

Nicht dass man mich falsch versteht: Ich bin grundsätzlich ein Fan von Social Media. Ich tausche mich gerne mit Fans, Athleten, Supportern und Freunden aus der CrossFit-Szene aus. Und, keine Frage, die verschiedenen Plattformen eignen sich hervorragend, um meine Marke zu stärken und Sponsoren zu bewerben. Sie gehören außerdem inzwischen zu unserem täglichen Leben dazu. Es gibt in den sozialen Medien aber auch eine weitere große Schattenseite: Online-Trolle (alias »Keyboard-Warrior«), die sich in Kommentarspalten schleichen und dort ihr Gift verspritzen. In der Anonymität des Internets trauen sich diese Menschen, die unmöglichsten Dinge zu sagen. Sie kritisieren meine Karriere, meine letzte Saison oder meinen letzten Wettkampf. Einige regen sich nicht einmal über meine sportlichen Fähigkeiten auf, sondern über mein Outfit oder darüber, wie ich meine Haare frisiert (oder eben nicht frisiert) habe. Im Internet kann jeder ein Kritiker sein. Das ist manchmal schwer zu ertragen, ich versuche deshalb, mich auf die Kommentare von Menschen zu konzentrieren, die mich unterstützen wollen, und die zu ignorieren, die versuchen, mich runterzuziehen. Aber je erfolgreicher und bekannter ich wurde, umso mehr Leute schienen mich niedermachen zu wollen. Einer der hartnäckigsten (und verrücktesten) Vorwürfe lautete, ich hätte Steroide genommen. Einige Menschen empfinden es als unnatürlich, wenn eine Frau so stark ist wie ich, da müssen ja Steroide dahinterstecken. Als ich zum ersten Mal davon hörte, war ich ziemlich wütend – wie konnte mir jemand Betrug vorwerfen? Nach einigen Jahren der immer gleichen Leier habe ich mich inzwischen aber daran gewöhnt. Shane hat es sogar geschafft, etwas Positives daraus zu ziehen: Er riet mir, solche Vorwürfe als Kompliment zu verstehen. Wer glaubt, ich habe nur durch Doping einen solchen Körper, der muss mich schließlich für Superwoman halten!

Ein Wort zu sexueller Diskriminierung und Belästigung

Als kleines Mädchen hatte ich keinen sehnlicheren Wunsch, als Turnerin zu werden. Mit fünf meldete meine Mum mich bei einem Anfängerkurs an und ich war überglücklich. In der allersten Stunde bat mich der männliche Trainer, auf den Schwebebalken zu steigen, um dort etwas vorzuzeigen. Er bestand darauf, mich an die Hand zu nehmen, während wir an etwa zehn anderen Kindern vorbei gemeinsam zum Balken hinübergingen. Ich weiß nicht, warum, aber irgendwie erschien mir das komisch – und falsch. Wenn meine Eltern mich an der Hand nahmen, war das in Ordnung, bei einem Fremden fand ich das aber seltsam. Meine Mum war in dieser ersten Stunde nicht dabei, deshalb bat ich sie, zur zweiten dort zu bleiben und zuzuschauen. Und da passierte es wieder. Mir ist klar, dass ein Trainer seine Sportler manchmal berühren muss, um ihnen die korrekte Technik zu demonstrieren oder sie bei Drehungen oder Saltos anfangs zu stützen. Dieser Trainer aber nahm mich auf dem Weg zu jeder einzelnen Station an die Hand und demonstrierte neue Übungen grundsätzlich mit mir. Ich begann, mich unwohl zu fühlen, wenn er in meiner Nähe war. Ich konnte nicht genau sagen, warum, aber irgendetwas fühlte sich nicht richtig an. Ich war noch so jung und dachte ständig: »Was tust du hier?« Mir war nicht ganz klar, was da vor sich ging. Nach der dritten Stunde fasste ich den Mut, meiner Mum zu sagen, dass ich nicht wieder dort hingehen wollte. Mein Traum, eine Olympia-Turnerin zu werden, hielt gerade mal drei Trainingseinheiten lang an. Das war megaenttäuschend, weil der Sport mir echt Spaß gemacht hat und ich überzeugt war, dass ich mit dem richtigen Training ziemlich gut geworden wäre. Ich bat meine Mum zwar, einen anderen Verein zu suchen, sie meinte aber, ich müsse mich entweder für Turnen oder meine anderen Sportarten entscheiden. Wenn ich heute darüber nachdenke, glaube ich, dass sie das damals nur gesagt hat, damit ich nicht erneut in dieselbe Situation komme. Schon bald war ich mit meinen anderen Sportarten ausgelastet genug und dachte über die Entscheidung nicht länger nach.

Ich hatte Glück, dass ich als Frau nicht häufiger solche Situationen erlebt habe, vielleicht weil ich immer meine Familie und später dann Shane um mich hatte, die auf mich aufpassten. Oder weil ich in einer jungen, progressiven Sportart wie CrossFit aktiv war und nicht einer eher traditionelleren Disziplin mit älteren Strukturen. Mir ist bewusst, dass es andere gibt, die nicht so viel Glück hatten. Zum Glück ändert sich in dieser Hinsicht gerade einiges in der Sportwelt und darüber hinaus, spätestens seitdem der Skandal um Larry Nassar, den Arzt des US-Turnverbands, 2016 publik wurde. Viele Frauen der Turnnationalmannschaft gingen mutig damit an die Öffentlichkeit, dass sie von Nassar sexuell missbraucht worden waren. Ein so massives Problem und gefestigte Strukturen, die teils seit Jahrzehnten bestehen, verschwinden nicht so einfach über Nacht. Aber je prominenter sexuelle Belästigung in der Öffentlichkeit diskutiert wird, umso leichter fällt es uns, entsprechende Vorfälle zu erkennen und uns und andere zu schützen, die vielleicht nicht für sich selbst sprechen können.

Zwei Leben in meinem Körper

Kurz nach den CrossFit Games 2022 erfuhren Shane und ich, dass ich schwanger bin. Vor der Schwangerschaft hatte ich mir nie wirklich Gedanken darüber gemacht, wie sich mein Körper in dieser Zeit verändern würde und – viel wichtiger – dass er nie wieder so werden würde wie vorher. Wow, inzwischen ist mir das auf jeden Fall klar geworden! Ich hatte so hart daran gearbeitet, diese Maschine aufzubauen, dass ich meinem alten Körper nun regelrecht nachtrauerte, als sich plötzlich meine Hüfte weitete, der Bauch dicker wurde und die Füße anschwollen. Alles kam so plötzlich, dass ich gar keine Zeit hatte, mich von meinem alten Ich zu verabschieden! Andererseits bestaunte ich diese wundersame Verwandlung auch, die mich auf die Geburt meines Babys vorbereitete, das in meinem Bauch heranwuchs. Also akzeptierte ich die neu gewonnenen Kurven an meiner Hüfte, die Zellulite an meinen Schenkeln und die Dehnungsstreifen auf meinem Bauch. Denn alle eventuell negativen psychischen Folgen dieser physischen Veränderungen lösen sich in Luft auf, sobald man diesen wundervollen kleinen Menschen endlich im Arm halten kann.

Interessanterweise war das Gefühl, das während der Schwangerschaft in mir aufkam, jenem ganz ähnlich, das ich am Anfang meiner Profikarriere gespürt habe.

Das Gefühl von Angst. Angst, nicht ausreichend vorbereitet, nicht gut genug zu sein. Obwohl Shane und ich schon länger mit dem Gedanken gespielt hatten, eine Familie zu gründen, kam meine Schwangerschaft dennoch überraschend. Plötzlich begab ich mich auf völlig ungewohntes Terrain, wie zu Beginn meiner CrossFit-Karriere. Alles war neu für mich. Ich wollte nichts tun, was dem Baby, das in mir heranwuchs, schaden konnte, genauso wie ich damals Angst gehabt hatte, Fehler zu machen oder schlecht im Wettkampf abzuschneiden. Zum Glück waren die Games 2022 bereits vorüber, als ich erfuhr, dass ich schwanger war, sodass ich mein Training deutlich herunterfahren konnte. Ich ging weiter regelmäßig ins Gym, absolvierte aber nun keine gezielte Vorbereitung mehr, sondern trainierte gerade genug, um fit zu bleiben und später so leicht wie möglich wieder ins richtige Training einsteigen zu können. Obwohl meine Schwangerschaft völlig normal verlief, sorgte ich mich ständig um die Gesundheit des Babys. Ich war erleichtert, als ich herausfand, dass es nicht nur mir so ging: Wenn Frauen schwanger werden, wird ihr Körper mit einer Vielzahl von Hormonen geflutet, die helfen, eine enge Bindung zu ihrem Baby aufzubauen, die aber auch dafür sorgen, dass sie sich ständig darum sorgen und es beschützen wollen.[11] Ich wurde zu einer richtigen Löwenmama – und ich liebte es!

Ich las alle Schwangerschaftsbücher, die es gab, und holte unzählige Meinungen zu allen möglichen Themen ein, von pränatalen Vitaminpräparaten bis hin zur richtigen Erholung. Dabei habe ich immer versucht, die üblichen Besserwisser zu meiden. (Einer wollte mir sogar weismachen, ich würde mein Baby verletzen, wenn ich weiterhin Sport trieb.) Dennoch erhielten wir geradezu überwältigend viele Ratschläge von Freunden, Familie und selbst Fremden in den sozialen Medien, was nur noch mehr zu meiner Furcht beitrug. *Machte ich während der Schwangerschaft alles richtig? Aß ich ausreichend viel? Schlief ich genug? Oder war ich vielleicht zu gestresst und schadete dadurch dem Baby?* Mir schwirrte der Kopf und ich spürte, dass mir langsam alles etwas zu viel wurde. Deshalb beschloss ich, fortan weniger Ratschläge zu berücksichtigen, mich einfach an die Basics zu halten und auf meinen Körper zu hören. Ich war die Einzige, auf deren Rat ich hören musste (okay, vielleicht noch auf Shane und meinen Arzt), um sicherzugehen, dass ich es etwa beim Bankdrücken nicht übertrieb. Jeder Mensch ist anders, was für den einen funktioniert, kommt für den nächsten vielleicht nicht infrage. Vertraue deshalb auf *deine* natürlichen Instinkte.

Die Leidenschaft lodert weiter in mir. Ich habe immer geglaubt, dass mit einer Schwangerschaft ein neues Kapitel in meinem Leben beginnt und ich fortan nur noch Mutter sein werde. Aber das ist offenbar nicht der Fall. Ich bin selbst überrascht, dass der Drang, mich mit anderen zu messen, in mir stärker als je zuvor ist. Zunächst wollte ich das nicht wahrhaben, bis ich im Gym einem Sportler zusah, mit dem ich regelmäßig gemeinsam trainiert hatte. Er führte gerade Muscle-ups am Ring aus und ich spürte zum ersten Mal in meinem Leben so etwas wie Neid. »Wow«, dachte ich mir. »Als Kerl kann er einfach ohne Unterbrechung mit seiner Karriere weitermachen.« Er hatte selbst zwei Kinder, dennoch musste er keine Saison aussetzen, ich allerding schon, weil ich während meiner Schwangerschaft körperlich nicht dazu in der Lage war, Wettkämpfe zu bestreiten. Natürlich war mir klar, wie wichtig eine gesunde Schwangerschaft ist, aber dennoch bekam mein Ego einen Knacks. Doch dann sah ich, wie glücklich Shane war, und erinnerte mich plötzlich daran, warum wir damals überhaupt mit CrossFit begonnen hatten – nämlich, um unseren Kindern später einmal zu erzählen, was sie alles im Leben erreichen können. Mit der Geburt meiner Tochter Willow war dieser abstrakte persönliche Antrieb plötzlich greifbar geworden. Was wir uns für die Zukunft vorgenommen hatten, war auf einmal aktuell. Ich werde meinen Kindern nicht von meiner Karriere erzählen müssen, sie können sie live miterleben, denn ich werde so schnell wie möglich wieder ins Wettkampfgeschehen einsteigen. Allein der Gedanke daran entfachte in mir eine nie da gewesene Vorfreude, endlich wieder loszulegen.

Körperliche Veränderungen akzeptieren. Man hat mir meine Schwangerschaft lange Zeit nicht angesehen. Als mein Bauch irgendwann dicker und meine Brüste größer wurden, musste ich ein weiteres Mal lernen, mit einer tiefgreifenden körperlichen Veränderung umzugehen. Beim ersten Mal hatte mein Körper sich aufgrund meines Trainings verändert, dieses Mal, weil ein kleiner Mensch in ihm heranwuchs. Das war anfangs ein Schock. Ich hatte die letzten Jahre meines Lebens dafür aufgewendet, meinen Körper so zu formen, dass ich Spitzenleistungen damit erbringen konnte. Nun hatte ich zum ersten Mal in meinem Leben Übergewicht. Zwar hatte ich auch fürs Bobfahren und Gewichtheben zugelegt, allerdings hauptsächlich Muskulatur. Nun bestanden meine neuen Pfunde aus Fett – Zellulite und Dehnungsstreifen inklusive. Dies zu akzeptieren, hat einige Zeit gedauert, inzwischen betrachte ich es aber aus einer anderen Perspektive und staune darüber, zu was für erstaunlichen Dingen mein Körper fähig ist.

Ich weiß nicht, was die Zukunft für mich als Mutter bereithalten wird, aber ich weiß, dass ich versuchen werde, die beste Mutter der Welt zu sein. Eines ist sicher: Ich habe einen neuen Antrieb und bin bereit, absolut alles dafür zu tun.

Vergleiche dich nur mit dir selbst

Vom Aussehen einmal abgesehen, ist es wirklich schwer, sich nicht mit anderen zu vergleichen. Wenn ich merke, dass in bestimmten Situationen solche negativen Gedanken in mir aufsteigen, dann denke ich daran zurück, wie ich einmal begonnen habe. Wo stand ich vergangene Woche, wo letzten Monat? Ich mache mir bewusst, welche Fortschritte ich gemacht habe und wie viel Arbeit dafür nötig war. Ich vergleiche mich ausschließlich mit mir selbst. In der CrossFit-Saison 2021 trainierte Sydney Wells, die Schwester von Brooke Wells und selbst eine aufstrebende Athletin, unermüdlich mit Shane und dem PRVN-Fitness-Team und qualifizierte sich schließlich für das Halbfinale. Eine beeindruckende Leistung für eine so junge Sportlerin. In der Saison 2022 machte sie sich jedoch selbst zu viel Druck und verglich sich ständig mit ihren Konkurrentinnen.

In Wettkämpfen war sie deshalb viel zu angespannt. Ich versuchte ihr klarzumachen, dass sie viel zu hohe Erwartungen hatte.

»Sydney, erinnere dich, wo du letztes Jahr um diese Zeit warst. Da hast du gerade gelernt, wie man Ring-Muscle-ups macht! Inzwischen schaffst du drei und bindest sie in ein Workout ein. Das sind doch tolle Fortschritte! Sei nicht ungeduldig und beurteile realistisch, wo du heute stehst. Und vergleiche dich nicht mit der Konkurrenz.« Im Scherz fügte ich hinzu: »Sieh mich an, ich mache das hier schon seit acht Jahren – und du erst seit zwölf Monaten. Sei stolz auf deine Entwicklung und gib dir ein wenig Zeit.« Ich wollte ihr helfen, ihre Leistung aus einer anderen Perspektive zu betrachten. Als ich das so formulierte, mussten wir beide lachen, aber sie hatte verstanden, was ich ihr damit sagen wollte. Sie war nun in der Lage, zu reflektieren und ihre bisherige Entwicklung ehrlich zu bewerten, ohne sich selbst unnötigen Druck aufzuerlegen. In diese Falle tappen nämlich viele Sportler – vor allem jüngere, die gerade am Anfang ihrer Karriere stehen. Sie setzen sich selbst unter Druck, weil sie sich die Kommentare in der Presse, in den sozialen Medien und von Freunden und Familie zu sehr zu Herzen nehmen.

Ich persönlich nehme diesen Druck an und nutze ihn zu meinem Vorteil. Nicht jede Saison ist gleich, manche verlaufen besser als andere, aber selbst als Anfängerin war ich in der Lage, den ganzen externen Druck in Motivation umzuwandeln.

Lerne, Unterschiede zu schätzen

Das Schöne am CrossFit ist seine Vielseitigkeit, es umfasst viele verschiedene Aspekte von Fitness – zehn, um genau zu sein: Herz-/Lungenfunktion, Ausdauer, Kondition, Kraft, Beweglichkeit, Explosivität, Koordination, Flexibilität, Balance und Präzision. Da ich im Teilnehmerfeld immer zu den kleineren Athletinnen gehöre, habe ich mir vorgenommen, die Stärkste zu sein. Meine kleine Statur habe ich durch Power und Kraft ausgeglichen – und so viele größere Gegnerinnen geschlagen. Irgendwann begannen die schwereren Teilnehmerinnen, sich dann plötzlich zu beschweren, dass ich ihnen gegenüber bei den Bodyweight-Übungen einen Vorteil hätte, weil ich leichter war. Die kleineren Teilnehmerinnen sagen dagegen, dass ihnen die nötige Körpermasse fehlt, um so hohe Gewichte wie ihre schwereren Gegnerinnen zu stemmen. Du wirst immer in einem oder mehreren Aspekten Vor- und Nachteile haben. Bemitleide dich deshalb nicht selbst, sondern akzeptiere diese Unterschiede und lerne sie zu schätzen, indem du deine Stärken bestmöglich zu deinem Vorteil nutzt und eventuelle Schwächen damit ausgleichst. Ich weiß, ich bin nicht die Größte, daran kann ich nichts ändern. Ich benutze diese Tatsache aber nicht als Ausrede, es gar nicht erst zu versuchen, sondern als Motivation, in allen anderen Facetten des Sports die Beste zu sein. Aus diesem Blickwinkel erscheint mir meine Statur nicht mehr als Schwäche. Es wird immer Dinge geben, die ich noch verbessern muss. Ich betrachte diese Dinge aber nicht als Einschränkungen, denn dann würde ich mir einreden, nicht gut genug zu sein. Und eine solche pessimistische Einstellung bringt nichts. Du solltest im Gegenteil immer fest daran glauben, dass du in allem gut bist, was du tust.

Natürlich gibt es immer etwas zu verbessern, aber du musst aufpassen, dass du dich durch falsch verstandenen Perfektionismus nicht selbst blockierst. »Perfektion ist der Feind des Guten«, lautet ein altes – und wahres – Sprichwort. Du wirst niemals perfekt sein, aber du kannst jeden Tag dein Bestes geben. Ein gutes Beispiel: Zu Beginn des Sommers 2021 toppte ich in der Vorbereitung auf die Games täglich meine persönlichen Bestleistungen im Training. Ich konnte auf meiner Checkliste ein Ziel nach dem anderen abhaken und war dennoch unzufrieden. Als wir eines Abends nach dem Gym nach Hause fuhren, sagte ich zu Shane: »Ich habe irgendwie das Gefühl, dass ich noch besser sein könnte. Aber wie bekomme ich das hin?«

Shane hörte aus meinen Worten einen Anflug von Frustration heraus.

»Warum bist du unzufrieden?«, wollte er wissen.

»Weil ich weiß, dass ich mehr schaffen könnte. Ich will mehr!«

»Entspanne dich, Tia, und versuche, solche Momente zu genießen. Du kannst nicht immer noch einen draufsetzen, das ist einfach unrealistisch. Verstehe mich nicht falsch, du sollst ruhig weiter an dir arbeiten, aber du wirst es nicht schaffen, immer perfekt zu sein. Wo du Frustration empfindest, sehe ich Fortschritte.«

Er hatte recht. Es besteht ein schmaler Grat zwischen dem Streben nach Unaufhaltsamkeit und Perfektion. Wenn du immer perfekt sein willst, wirst du dich ständig selbst enttäuschen, denn Perfektion ist unmöglich. Dies einzusehen, fiel mir sehr schwer, weil ich selbst meine größte Kritikerin bin. Aber es war einer der besten Ratschläge, die ich je bekommen habe.

Etwas zum Nachdenken

Worauf ich hinausmöchte: Der Standard, an dem wir Frauen uns häufig messen lassen müssen – insbesondere im Sport –, ist unmöglich zu erreichen. Obwohl in den vergangenen Jahren etwas Bewegung in dieses Thema gekommen ist, haben Frauen auch heute noch ein problematisches Verhältnis zu ihrem Körper, teilweise über ihre gesamte Karriere hinweg, was teils gefährliche Auswüchse nach sich zieht. Ob selbst auferlegter Druck oder Druck von außen: Manche Frauen zerbrechen daran und leiden an einer Vielzahl psychischer Erkrankungen wie Essstörungen, die sie nicht selten ein Leben lang verfolgen. Solche Themen sind viel zu bedeutsam, als dass ich sie in diesem Buch vollumfänglich und adäquat behandeln könnte. Ich möchte sie dennoch kurz anschneiden, denn auch wenn ich selbst solche Probleme zum Glück nie hatte und auch die Menschen aus meinem näheren Umfeld nicht, so weiß ich doch, dass sie existieren und noch immer viele Frauen belasten. Diese Frauen unterwerfen sich unrealistischen Schönheitsidealen und senken massiv ihre Kalorienzufuhr, um nicht aufgedunsen auszusehen oder um ihr steinhartes Sixpack zu behalten. Auf Dauer können sich aus einer solchen Kalorienreduktion ernst zu nehmende Essstörungen wie Bulimie oder Magersucht entwickeln. Fühlen die Frauen sich dann noch durch Kommentare in den sozialen Medien bestätigt (»Wow, tolle Abs!« oder »Du siehst echt heiß aus …«), wird das Problem noch verstärkt. Sie betrachten diese unnormale Figur irgendwann als normal und versuchen um jeden Preis, sie zu halten – selbst wenn es auf Kosten ihrer Leistung und irgendwann auch ihrer Gesundheit geht.

Falls du unter Depressionen, Angst- oder Essstörungen leidest, dann suche dir unbedingt Hilfe! Es ist vollkommen okay, dich Menschen anzuvertrauen, die Erfahrung mit diesen Themen haben. Indem du darüber sprichst und verstehst, was gerade in dir vorgeht, wirst du das Problem leichter in den Griff bekommen und stärker daraus hervorgehen. Hilfe zu suchen, ist keine Schande. Es gibt viele Menschen mit exakt denselben Problemen – zu wissen, dass du mit deinen Sorgen nicht allein bist, ist häufig schon die halbe Miete.

Fazit

Falls du eine Sache aus diesem Kapitel mitnimmst, dann hoffentlich diese: Body Positivity ist wichtig. Lerne, deinen Körper zu lieben! Ich habe durch Body Positivity viel über Selbstachtung und Selbstvertrauen erfahren und wäre heute sicher nicht da, wo ich bin, wenn ich nicht gelernt hätte, meinen Körper zu akzeptieren, sowohl was seine Stärke als auch sein Aussehen angeht. Im Gespräch mit anderen bin ich heute viel souveräner, weil ich mich deutlich weniger darum schere, was sie von mir denken, als vor meiner CrossFit-Zeit. Wenn du gerade mit dem Sport beginnst, wirst du sicher bald hier und da neue Muskeln an Stellen entdecken, wo vorher keine waren. Bei mir nahm zuerst die Muskulatur im Nacken zu. Atme tief durch und lerne, die neu gewonnene Kraft zu schätzen, die du nun in deinem Körper entdecken wirst. Ich bin stolz darauf, wie mein Körper aussieht, weil ich weiß, wie viel Arbeit dahintersteckt. Und das lasse ich mir von keinem zu kurz geratenen Drittklässler schlechtreden!

KAPITEL 7

DON'T CALL IT A COMEBACK!

WIE DU MIT RÜCKSCHLÄGEN UMGEHST UND ZU ALTER FORM ZURÜCKFINDEST

Knack. »Mist, was war das?« Ich machte gerade richtig schwere Squats, als ich spürte, wie sich im unteren rechten Bereich meines Rückens etwas verschob. Ich richtete mich auf, in der Hoffnung, dass das, was dort plötzlich wehtat, genauso plötzlich wieder verschwinden würde, aber der Schmerz wurde nur noch schlimmer. Es fühlte sich an, als hätte mir jemand ein Messer in den Rücken gerammt.

Das Ganze passierte 2014, kurz vor meinem 21. Geburtstag. Ich hatte gerade mit dem Gewichtheben begonnen, in der Hoffnung, es zu den Olympischen Spielen zu schaffen (und um auch im CrossFit besser zu werden). Das Zeitfenster, um mich zu qualifizieren, war nur sehr klein, weshalb mein Training extrem intensiv war und häufig mit anderen Verpflichtungen kollidierte.

Heute kann ich sagen, dass es zu extrem war, weil ich von der Vorstellung besessen war, mein Land auf der Weltbühne zu vertreten. Als kleines Mädchen habe ich immer davon geträumt, bei den Olympischen Spielen anzutreten. Du kannst dir also vorstellen, mit welcher Entschlossenheit und Hingabe ich darauf hintrainierte. Ich hätte mich durch nichts davon abbringen lassen. Einfach war das allerdings nicht, denn Gewichtheben war eine völlig neue Welt für mich. Ich brauchte mehrere Monate, um die Grundlagen zu lernen, aber all das entfachte ein Feuer in mir. Ich wollte mich selbst fordern und herausfinden, wie schnell ich wie gut werden konnte. Für das, was nach dem Knacken in meinem Rücken passierte, trage deshalb ich ganz allein die Schuld. Statt auf meinen Körper zu hören und die Übung zu beenden, machte ich nämlich weiter und tat einfach so, als sei nichts geschehen. Mir stand schlicht mein Ego im Weg. Ich wollte meinen Traum von Olympia nicht leichtfertig aufgeben und biss die Zähne zusammen. Weil ich Angst hatte, mein Umfeld würde mich zum Aufhören zwingen, erzählte ich niemandem davon. Ich wollte nicht, dass andere mich davon abhielten, bei den Spielen anzutreten. Außerdem glaubte ich, mit mir sei alles in Ordnung und ich müsse lediglich genug schlafen, damit die Schmerzen von selbst wieder verschwänden.

Also legte ich einen einzigen Tag Pause ein und trainierte anschließend trotz Schmerzen weiter. Was ich damals nicht wusste: Einer meiner Wirbel war gequetscht und hatte einen Haarriss. Ich trat kurz darauf bei den CrossFit Regionals an und konnte nach einem Event mit Handstand, Push-ups, Burpees over the Bar und Front Squats kaum noch laufen. Angesichts der enormen Schmerzen hätte ich aufhören sollen, machte aber weiter. Damals hatte ich noch immer das Gefühl, etwas beweisen zu müssen. Die Schmerzen in meinem Rücken würden schon irgendwann wieder verschwinden – oder?

Denkste! Nach sieben Monaten Schmerzen hatte ich genug. Ich musste Shane davon erzählen. Ich war so stur gewesen, weil ich nicht als »schwach« gelten wollte, hatte aber schon gemerkt, dass auch ihm meine Beschwerden aufgefallen waren. Ich führte jede Bewegung ganz vorsichtig, fast wie in Zeitlupe aus und gewöhnte mir Kompensationsbewegungen an, um die Schmerzen zu umgehen. Als ich eines Tages aber nicht mal ein paar Socken aufheben konnte, ohne einen stechenden Schmerz im Rücken zu spüren, war das Maß voll. »Wie soll ich eine Langhantel stemmen, wenn ich nicht mal ein verfluchtes Paar Socken aufheben kann?«, dachte ich mir. Mir wurde plötzlich klar, dass all meine Träume und Ziele in immer weitere Ferne rücken würden, wenn ich diese Verletzung nicht endlich behandelte.

»Solche Schmerzen sind nicht normal, Tia, lasse das einen Arzt abchecken«, riet Shane, nachdem ich ihn eingeweiht hatte. Wir lebten damals in einer ziemlich ländlichen Gegend, sodass wir sechs Stunden bis zum nächsten Spezialisten fahren mussten.

»Wie lange haben Sie schon Schmerzen?«, fragte der Arzt, während er sich ein Röntgenbild meines Rückens ansah.

»Seit sieben Monaten.«

»Tja, tut mir leid, aber Sie haben einen Haarriss im Wirbel. Wären Sie unmittelbar nach dem Vorfall zu mir gekommen, wäre die Verletzung vermutlich nicht so schlimm gewesen. Es würde Ihnen heute wahrscheinlich schon viel besser gehen. Ich kann Ihnen garantieren, dass Sie heute nicht mit derart schlimmen Schmerzen hier sitzen würden.«

Stattdessen durfte ich nun sechs Monate lang *gar keinen* Sport treiben – autsch! Ich verlor über ein Jahr wegen eines Problems, das sich viel einfacher hätte lösen lassen. Das war ein ziemlicher Tiefschlag. Damit hatte ich mir, Shane, meinem Trainer, meinem Gym und meinen Trainingspartnern einen Bärendienst erwiesen. Schlimmer noch: Ich habe nicht nur mich selbst, sondern auch die Menschen belogen, die mir am wichtigsten waren. Während ich diese Zeilen schreibe, merke ich, was für eine unreife und dumme Entscheidung das war. Dass ich mich von meinem Ego leiten ließ, hat mich sechs Monate Training gekostet. Nun hieß es erst mal: kein Sport und meinen Rücken langsam – wirklich ganz langsam – wieder gesund werden lassen.

Die goldene Mitte bei Rückschlägen

Wir alle müssen Rückschläge verkraften, Hindernisse überwinden und Herausforderungen meistern, wenn wir Großes erreichen wollen. Wer damit nie konfrontiert wird, der hat nicht richtig gelebt. Ob es sich um eine Verletzung handelt, ein schlechtes Ergebnis in einem wichtigen Wettbewerb oder um ein persönliches Problem wie eine Scheidung oder den Verlust eines geliebten Menschen: Um so etwas bewältigen zu können, brauchst du die richtige Einstellung. Rückschläge passieren, wichtig ist aber, dass du dich von ihnen nur temporär aufhalten und nicht völlig aus der Bahn werfen lässt.

Meiner Meinung nach gibt es drei Wege, mit Rückschlägen umzugehen, aber nur einer davon ist der richtige. Der erste Weg besteht darin, sie zu ignorieren (so wie ich das getan habe). Keine gute Idee. Die zweite Möglichkeit ist, sich ewig mit dem Problem aufzuhalten, in Selbstmitleid zu baden oder sogar andere dafür verantwortlich zu machen. Auch keine gute Idee. Ich habe talentierte Sportler erlebt, die von einem Trainer zum nächsten gewechselt sind, weil sie das Gefühl hatten, in ihrer Karriere nicht voranzukommen – so als wäre dies die Lösung ihres Problems. (In der Regel ist es das nicht.) Andere nutzen eine Verletzung als Ausrede, um nicht wieder ins Training einzusteigen, obwohl sie längst wieder gesund sind.

Bei beiden Optionen wirst du einen hohen Preis bezahlen und den Rückschlag vielleicht nie ganz verwinden. Das gilt übrigens nicht nur für das Training oder den Wettkampf, sondern auch im Alltag. Den dritten Weg im Umgang mit Rückschlägen bezeichne ich als goldene Mitte. Um mit einem Rückschlag konstruktiv umzugehen, musst du ihn dir zunächst bewusst machen und ihn anschließend annehmen. Ansonsten wirst du vielleicht nie damit abschließen können und dich immer als Opfer fühlen. Nimm dir Zeit, dein Problem genau zu analysieren, und verhindere rechtzeitig, dass es eskaliert. Lerne daraus und unternimm die notwendigen Schritte, um es zu überwinden. Ignoriere es nicht und bemitleide dich vor allem nicht, sonst wirst du es nie bewältigen.

SO BLEIBST DU BEI RÜCKSCHLÄGEN AUF KURS

1. **Erkenne das Problem an.** Um meine Rückenschmerzen in den Griff zu bekommen, musste ich sie mir erst einmal bewusst machen. Bevor du ein Problem lösen kannst, musst du dir eingestehen, dass es einen negativen Einfluss auf dein Leben hat. Ob familiäre oder berufliche Probleme, finanzielle Sorgen oder Krankheiten und Verletzungen: Du musst akzeptieren, dass bei dir etwas nicht stimmt. Denn Probleme zu verstecken, funktioniert nicht. Wenn du Probleme verdrängst, werden sie in der Regel nur noch größer. Es war ein großer Fehler, mir nicht einzugestehen, dass ich eine Pause brauchte, als mein Rücken verletzt war. Durch Ignorieren des Problems löste ich einen regelrechten Dominoeffekt aus, der mich mehr Zeit gekostet und mehr Schmerzen verursacht hat, als nötig gewesen wäre – von der Zeit anderer Menschen ganz zu schweigen. Ich habe meine Gesundheit aufs Spiel gesetzt und meinem Körper nicht die Erholung gegönnt, die er gebraucht hätte. Wir alle haben schlechte Tage. Wenn das bei dir der Fall ist, musst du es akzeptieren und entsprechend handeln. Es zu ignorieren, wird letztlich nur dazu führen, dass du deine Ziele verfehlst. Indem du dir ein Problem eingestehst, erlaubst

du dir, eine Pause einzulegen, durchzuatmen und dich neu zu sammeln. Und denke immer daran: Rückschläge widerfahren dir nur, wenn du versuchst, im Leben voranzukommen. Stelle dir Pfeil und Bogen vor: Um den Pfeil abzuschießen, musst du ihn erst zurückziehen. Manchmal muss man einen Schritt zurückgehen, um Fortschritte zu machen. Aber das ist okay und in jedem Fall besser, als auf der Stelle zu treten.

2. **Lerne daraus und baue Resilienz auf.** Der Ultramarathonläufer Scott Jurek hat einmal gesagt: »Verletzungen sind der beste Lehrmeister.« Es braucht jedoch keine schwere Verletzung, um zu verstehen, dass wir im Leben unweigerlich auch mit Schmerz und Verlusten konfrontiert werden. Unser Umgang damit zeugt von unserem Charakter. Auch du wirst mit Widrigkeiten und Herausforderungen zurechtkommen müssen. Wenn du in solchen Situationen angemessen reagierst, wirst du daran wachsen – nicht nur als Sportler, sondern auch als Mensch. Du kannst die Vergangenheit nicht ändern, aber du kannst in der Gegenwart präsent sein, um deine Zukunft positiv zu beeinflussen. Ohne Widerstände keine Veränderung, du wächst an deinen Herausforderungen.

3. **Denke langfristig.** Es ist alles eine Frage der Perspektive. Egal, ob du abnehmen, Spitzensportlerin werden oder einen neuen Job ergattern willst: Es liegt allein in deiner Hand, all diese Dinge zu erreichen. Konzentriere dich nur auf die Dinge, die du kontrollieren kannst. Es mag eine gewisse Zeit dauern, aber wenn du konstant und bewusst auf dein Ziel hinarbeitest, werden Rückschläge dich nicht aus der Bahn werfen. Du darfst nie das Gefühl haben, dass die vor dir liegenden Herausforderungen zu groß sind, denn dann bist du

schnell überfordert. Plane stattdessen kleinschrittig, step by step, und du wirst irgendwann feststellen, dass du insgesamt große Fortschritte gemacht hast.

4. **Plane deine Rückkehr.** Wenn du ein angepeiltes Ziel nicht schaffst, dann akzeptiere, dass es dieses Mal einfach nicht gereicht hat. Das heißt aber nicht, dass du es nie erreichen wirst. Wenn mir eine Übung mal nicht gelingt, dann bin ich beim nächsten Mal umso entschlossener, sie zu meistern – und boom, schon klappt es. Ich weiß, dass ich eines Tages alles schaffen werde, ich darf nur nicht aufgeben. Mein Traum von Olympia im Bobschlitten lief beispielsweise nicht wie geplant, doch dieser Rückschlag definiert mich nicht als Sportlerin. Wenn ich überlege, welche Fortschritte ich damals vom Beginn bis zum Ende der Bobsaison machte, dann kann ich stolz darauf sein, wie sehr sich meine Technik, Kraft und Schnelligkeit verbesserten.

Zeit, wieder anzugreifen!

Wenn du eines deiner Ziele verfehlt hast oder einen Rückschlag hinnehmen musstest, kann es sein, dass du eine Auszeit brauchst, so wie ich damals. Wenn du dir diese Auszeit genommen und dich für ähnliche Situationen in der Zukunft gewappnet hast, muss es dein nächster Schritt sein, wieder anzugreifen. Das kann manchmal ähnlich beängstigend sein wie der Rückschlag selbst. Hier sind einige Tipps, wie du schnell wieder auf Kurs kommst.

Mache dir nicht zu viele Gedanken. Denke nicht darüber nach, was du alles tun musst, um wieder an den Start zu kommen, und welche Herausforderungen dabei auf dich warten. Gehe einfach einen Schritt nach dem anderen an. Wie ich weiter vorn in diesem Kapitel bereits geschrieben habe: Überfordere dich nicht mit vor dir liegenden Aufgaben oder Problemen aus der Vergangenheit, sondern sei im Hier und Jetzt präsent. Mache dir nicht zu viele Gedanken und lasse dich von deinem Unterbewusstsein leiten. In Kapitel 9 wirst du mehr zu diesem Thema erfahren. Ich praktiziere das inzwischen schon seit so vielen Jahren, dass ich richtig gut darin geworden bin, mein Gehirn auszuschalten und meinen Körper einfach machen zu lassen. Keine Sorge: Dein Körper wird sich erinnern, was er zu tun hat, denn er besitzt *Muscle Memory*, also ein Muskelgedächtnis. Wenn ich mal längere Zeit raus war, frage ich mich häufig, ob ich überhaupt noch weiß, wie Snatches gehen. Letztlich brauche ich aber immer nur ein bis zwei Wochen, um wieder auf meinem alten Stand zu sein. Das geht mir jedes Jahr so, aber ich brauche diese Auszeiten, damit mein Körper sich erholen und ich meine Akkus aufladen und wieder neu angreifen kann. Und dann starte ich wieder durch.

Wenn ich wieder ins Training einsteige, fällt mir das schon manchmal schwer. Das liegt daran, dass ich beim letzten Mal im Gym noch in Topform war und nach meiner Pause praktisch wieder bei null beginnen muss. Sich dieser Tatsache zu stellen, ist nicht leicht, denn der Weg zurück kann lang sein. Ich versuche deshalb immer, präsent zu sein und mich auf die Aufgabe zu konzentrieren, die vor mir liegt. Negative Gedanken und Zweifel wische ich beiseite, weil ich weiß, dass ich am Ende wieder zu alter Form zurückfinden werde. Auch wenn es nicht leicht wird, ich nehme die Herausforderung an. Sobald ich diesen Comeback-Blues überwunden habe, bekomme ich ein gutes Gefühl und habe Spaß an meiner Entwicklung. Dieses Mindset funktioniert für jeden und überall ganz hervorragend, nicht nur im Sport. *Trust the process* und du wirst bereit sein, wenn der richtige Zeitpunkt gekommen ist.

Beiße die Zähne zusammen und bringe die erste Woche (oder den ersten Tag oder die erste Stunde) hinter dich. Wenn ich längere Zeit nicht trainiert habe, dann weiß ich, dass ich vor allem den ersten Tag hinter mich bringen muss, um wieder reinzukommen. Nach der ersten Woche weiß ich dann, dass ich auf dem richtigen Weg bin. Und wenn ich die zweite Woche hinter mir habe, bin ich schon wieder in meinem gewohnten Rhythmus. Du musst also nur ein paar Tage lang die Zähne zusammenbeißen, um den anfänglichen Schweinehund zu überwinden – das ist der schwerste Abschnitt deines Wegs, weil du genau weißt, wie lang der Rest werden wird, der noch vor dir liegt.

Die Motivation dafür zu finden, ist nicht leicht, und sie kann kommen und gehen, aber wenn du konsequent auf deinem Weg bleibst und Schritt für Schritt weitermachst, dann wirst du irgendwann ans Ziel kommen. Eines Tages – meist, wenn du es am wenigsten erwartest – wirst du merken, dass du endlich wieder Fortschritte machst und besser wirst. Auch deshalb solltest du nie eine Trainingseinheit schwänzen. Ich spüre genau, wenn dieser Moment gekommen ist: Das Gewicht fühlt sich richtig gut in meinen Händen an, meine Bewegungen sind flüssig und effizient und meine Atmung ist schnell und rhythmisch.

Lasse dir Zeit. Ich habe die Angewohnheit, immer mehr, mehr, mehr zu wollen, doch das hat mir eher geschadet, wenn mein Körper sich nach einer Verletzung erholen musste. Es ist nicht sinnvoll, immer 100 Prozent zu geben, insbesondere nach Verletzungen.

Wenn du verletzt bist und trotzdem weitertrainierst, kannst du dabei nicht dein Bestes geben, weil die Verletzung dich behindert. Du trainierst dann vielleicht mit 60 bis 75 Prozent deiner Leistung, was sicherlich nicht viel bringt. Shane rät deshalb zu einer Woche Auszeit – ganz ohne Training. Nehmen wir an, deine Schulter ist verletzt, sodass du sie nur begrenzt nutzen kannst. Wenn du nun um diese Verletzung herumtrainierst, verlängerst du sie möglicherweise um eine oder zwei Wochen, vielleicht sogar noch länger. Gönne deiner Schulter lieber ein paar Tage Pause. So wirst du schneller wieder gesund und kannst früher wieder mit deiner normalen Intensität trainieren. Trainieren kannst du bei Verletzungen grundsätzlich natürlich schon, aber nur mit dem gesunden Teil deines Körpers. Wenn ich beispielsweise am Arm verletzt bin, dann trainiere ich ausschließlich den Unterkörper, habe ich eine Knieverletzung, ist nur der Oberkörper dran. Viele glauben, dass sie bei Verletzungen ganz normal weitertrainieren müssen, weil die Vorstellung, mehrere Tage Training zu verpassen, ätzend ist. Es ist aber viel besser, zwei Tage lang gar nicht zu trainieren und dann wieder 100 Prozent geben zu können, als zwei oder drei Wochen lang bei mittelmäßigen 60 bis 70 Prozent herumzudümpeln. (Falls deine Verletzung schwerer ist oder längere Zeit nicht heilt, solltest du selbstverständlich einen Arzt aufsuchen.)

Inzwischen kenne ich meinen Körper so gut, dass ich genau weiß, was ich für meinen unteren Rücken tun muss, um gar nicht erst wieder in eine solche Situation zu kommen. Hätte ich aus dieser Erfahrung nicht gelernt, würde ich vermutlich heute noch trotz Schmerzen weitertrainieren, weil ich noch immer der Meinung wäre, immer alles geben zu müssen. Es mag dich überraschen, aber inzwischen muss ich nicht mehr in jeder Einheit 100 Prozent geben. Ich habe lange gebraucht, das einzusehen, aber irgendwann fing ich an, mir ernsthafte Gedanken über meine Bewegungsmuster und meine Körperhaltung zu machen, statt meine Schmerzen einfach zu betäuben und stumpf weiter zu trainieren. Niemand hält es auf Dauer durch, jeden Tag 100 Prozent zu geben. Ich trainiere vielleicht mit 90 bis 95 Prozent meiner Wettkampfintensität. Es gibt Einheiten, in denen ich auch mal 100 oder gar 120 Prozent gebe, einfach um zu testen, ob ich im Wettkampf dazu in der Lage wäre, aber alles in allem ähnelt mein Training dem einer Marathonvorbereitung. Wenn du für einen Marathon trainierst, läufst du in keiner einzigen Einheit die vollen 42,195 Kilometer, sondern erst im Rennen selbst. Es gibt für alles die richtige Zeit und den richtigen Ort. Ich vertraue auf Shane, um mir zu sagen, wann ich Vollgas geben muss und wann ich lieber einen Gang zurückschalten sollte.

Ich gebe zu, dass ich manchmal recht ungeduldig bin. In der Saison 2022 hatte ich zum Beispiel das Gefühl, etwas aufholen zu müssen, nachdem ich für die Bob-Geschichte eine kleine Auszeit vom CrossFit genommen hatte. Und was soll ich sagen? Ich bin in die altbekannte Falle getappt und habe es im Training übertrieben. (Hätte ich mal lieber auf meine eigenen schlauen Ratschläge gehört!) Dadurch verletzte ich mich erneut am Rücken und befand mich plötzlich in der denkbar schlechtesten Situation für einen Sportler: Ich war auf dem Höhepunkt meiner Karriere, aber nicht in der Lage, an Wettkämpfen teilzunehmen. Ich wusste, dass ich deutlich besser als in der vorherigen Saison war, aber ich war auch ständig erschöpft, weil ich mich aufgrund der Extrabelastung, die ich mir selbst auferlegt hatte, nicht ausreichend erholen konnte. Ich hatte abseits des Gyms dermaßen viele Verpflichtungen, dass ich für Pausen und Regeneration schlicht keine Zeit mehr hatte. Da war es kein Wunder, dass meine Rückenschmerzen sich irgendwann zurückmeldeten. Doch ich kämpfte mich irgendwie durch und eroberte meinen Platz an der Spitze zurück.

Don't call it a comeback! Im August 2018, ein Jahr nach der Geburt ihrer Tochter, war Serena Williams in einem Werbespot der US-Bank Chase zu sehen, in dem sie die US-Open bewarb. Der Spot begann mit einem innigen Moment zwischen ihr und ihrem Baby. Anschließend machte sie sich ans Training und zitierte dabei eine Textzeile aus LL Cool Js Song »Mama Said Knock You Out«: »Don't call it a comeback. I've been here for years, I'm rocking my peers, puttin' suckers in fear.«[12] (Auf Deutsch etwa: »Dies ist kein Comeback. Ich bin seit Jahren am Start, begeistere meine Freunde und lehre Idioten das Fürchten.«) Im Instagram-Post zu dem Clip schrieb sie: »Viele Leute bezeichnen dies als mein ›Comeback‹. Aber ich muss vom Muttersein nicht zurückkommen, es ist ein Teil von mir. Mutter zu werden, war gleichzeitig unfassbar schön und unfassbar hart, aber es hat mich nur noch stärker gemacht.«

Was für eine großartige Einstellung! Die Werbung hat mich schon damals angesprochen, heute bedeutet sie mir sogar noch mehr, weil ich Serenas Aussagen nun besser nachempfinden kann – der Drang, mich zu messen, wurde in mir nur noch stärker, als ich schwanger war. Was auch immer in deinem Leben vorgeht, das dich zu einer Pause zwingt: Als wahrer Champion musst du anschließend kein Comeback hinlegen, weil dein Mindset dasselbe geblieben ist und du im Kopf nie wirklich weg warst.

Suche dir ein Vorbild. Der schottische Tennis-Star Andy Murray galt lange Zeit als Außenseiter. Seine gesamte Karriere über plagten ihn hartnäckige Hüftprobleme sowie zahlreiche weitere körperliche Beschwerden. Doch Murray gab nicht auf und kämpfte immer weiter. Schließlich wurde er zweifacher Wimbledon- und Olympiasieger und stand 41 Wochen lang an Position eins der Weltrangliste. Ich bewundere die Leidenschaft und Hartnäckigkeit, mit der er seine Karriere vorangetrieben hat, und frage mich manchmal, was es war, das ihn antrieb. Was entfachte dieses Feuer in ihm und hielt es trotz so vieler Rückschläge am Lodern? Murrays Biss und Widerstandskraft finde ich viel inspirierender als Sieger, die ihre Erfolge scheinbar mühelos erringen. Und wenn Andy das schaffen kann, dann kann ich das auch!

Die Spitzensurferin Bethany Hamilton ist noch so eine verbissene Kämpferin. Sie stand schon mit sieben Jahren auf dem Brett. 2003, mit 13, überlebte sie einen fürchterlichen Haiangriff, bei dem sie ihren linken Arm verlor. Obwohl viele glaubten, es sei unmöglich, stieg sie wieder aufs Surfboard – und das nur einen Monat nach dem Unfall. Das nenne ich Entschlossenheit! Heute gilt sie als eine der besten Surferinnen der Welt. Mein Rat lautet also: Finde ein Vorbild oder einen guten Freund, der dich inspiriert und motiviert, wieder in Topform zu kommen.

Ein guter Rat bei Minirückschlägen

Als ich mir kurz vor den Games 2022 erneut meinen Rücken verletzte, ging es mir so schlecht, dass Shane, meine Familie und ich selbst Sorge hatten, dass ich nicht würde antreten können. Ich war mir allerdings auch sicher, dass ich antreten *würde,* solange ich in der Lage war, mich irgendwie zu bewegen. Als der Zustand meines Rückens sich dann immer weiter verschlechterte, bekam ich langsam Panik. »Nicht schon wieder!«, dachte ich damals. Dieses Mal war ich allerdings reifer und erfahrener und wusste besser mit der Situation umzugehen. Mein Plan war, bis zu den Games durchzuhalten, um meinem Körper danach endlich die dringend benötigte Pause und Regeneration zu gönnen. Bis dahin waren es allerdings noch drei Wochen, ich konnte also noch nicht anfangen, mein Trainingspensum zurückzufahren. Am folgenden Sonntag kam ich nicht mehr ohne Schmerzen aus dem Bett und konnte vor unserer morgendlichen Einheit auf der Laufbahn nicht mal meine Knie anheben, um zum Aufwärmen eine lockere Runde zu joggen. Wortlos, aber mit Tränen in den Augen verließ ich die Bahn. Mein Dad lief mir sofort hinterher, weil er wusste, dass etwas nicht stimmte. Ich musste mir etwas einfallen lassen. Es war gut, dass meine Eltern in der Stadt waren, so konnte Shane sich um die anderen PRVN-Sportler kümmern. Wir entschieden, dass ich den nächsten Tag eine Trainingspause einlegen würde, was mich innerlich zerriss, aber ich musste meinem Rücken etwas Ruhe gönnen, statt ihn noch stärker zu belasten. Aus dem Tag wurde eine Woche – nur so konnte ich sichergehen, dass ich zum Start der Games einsatzbereit war. Ich hatte immer noch Schmerzen, konnte mich aber zumindest wieder effizient bewegen.

Nun fragst du dich vielleicht, warum ich mich damals nicht an meinen eigenen Ratschlag hielt und so lange Pause machte, bis ich wieder gesund war. Gute Frage! Weil ich all das schon einmal durchgemacht hatte, kannte ich die Grenzen meiner Schmerztoleranz. Die Entscheidung fiel mir nicht leicht, aber mein Bauchgefühl sagte mir, dass ich es zu den Games schaffen würde. Erholen konnte ich mich, sobald sie vorbei waren. Ich ergriff alle schmerzlindernden Maßnahmen, die mir zur Verfügung standen, um meine Probleme auf ein Minimum zu reduzieren. Meine Mum rührte ihre »Tinktur« an, wie Dad sie nannte. Sie bestand aus Kräutern und natürlichen Entzündungshemmern wie Kurkuma, Heidelbeeren, Knochenbrühe und allerlei anderen Dingen, von denen sie glaubte, dass sie mir helfen würden. Dad verpasste mir Massagen, um meine Hüfte zu lockern, in der Hoffnung, dass dies die Spannung im unteren Rücken etwas lösen würde. Wir besorgten uns in einem Sportgeschäft in der Stadt sogar eine Inversionsbank, um damit meinen Rücken zu bearbeiten. (In verzweifelten Situationen greift man eben zu verzweifelten Maßnahmen, genützt hat es trotzdem nichts.) Und ich unterzog mich einer Vielzahl von Regenerationsmaßnahmen wie Kryotherapie, lokaler Kryotherapie, Sauna und Eisbäder im Wechsel, Massagen und Akupunktur, dazu Normatec-Produkte und natürlich Stretching. Die wahre Rettung war aber Devon, ein Body Coach von TB12, der Firma von Footballstar Tom Brady und dessen langjährigem Personal Trainer Alex. Er unterzog mich täglich zahlreichen Behandlungen, sodass meine letzten Wochen vor den CrossFit Games in jenem Jahr ganz anders abliefen als meine sonstigen Wettkampfvorbereitungen. (Statt zu trainieren, lag ich im Bett, wo Devon mich auf schmerzhafte Weise extrem tief massierte.) Während der Games behandelte Devon mich weiter und lockerte täglich meine Hüfte und meinen unteren Rücken, damit ich mich wieder bewegen konnte. Ich hatte immer noch Schmerzen – dass ich in der Lage war, mich zu bewegen, war aber alles, was zählte, um bei den Games anzutreten. Devons Trick: Er aktivierte die Muskelgruppen in meinem Rücken und löste die Spannung in Sehnen und Muskeln, die überanstrengt waren und nicht mitarbeiteten. Die Behandlungen am Abend waren besonders schmerzhaft, Devon gelang es damit aber relativ gut, meinen Rücken zu entlasten und wieder einsatzbereit zu machen. Diese aggressive Behandlungsmethode ist nicht unumstritten, aber ich war fest entschlossen, bei den Games anzutreten und zu gewinnen – nichts und niemand konnte mich davon abhalten.

Diese Geschichte ist ein gutes Beispiel für ein Phänomen, das ich als Minirückschläge bezeichne. Sie passieren entweder kurz vor einem Wettbewerb oder mittendrin. So oder so musst du schnell handeln, weil du sonst Zeit verlierst oder Fehler machst. Du bist in solchen Situationen leicht überfordert und verlierst die Kontrolle. Wenn das geschieht, musst du dir die Zeit nehmen, dich zu sammeln, denn je überforderter du bist, umso tiefer wird das Loch, in das du möglicherweise stürzt, wenn du dich nicht rechtzeitig wieder fängst.

Obwohl ich in der Lage war, bei den Games 2022 anzutreten, fiel ich dort in mein ganz persönliches Loch. Die Games begannen gut für mich, wenn auch nicht so gut, wie ich gehofft hatte: Ich wurde am ersten Tag Zweite beim Bike-Event. Das war okay, aber es wäre mehr drin gewesen. Nach einer Unterbrechung wegen Regens stand das nächste Workout an, das ich prompt – und auf für mich völlig unübliche Weise – vergeigte. Das Event begann mit Seilspringen, ungewohntes Terrain für mich, denn die Übung erforderte es, 75 einfache Umdrehungen unbroken – also am Stück – zu meistern, bevor ich mit der nächsten Übung weitermachen durfte. Wenn ich also 74 Stück schaffte und bei der letzten einen Fehler machte, musste ich von vorn beginnen. Ich schaffte 40 und blieb hängen. Ich dachte: »Vermassle es nicht nochmal, vermassle es bloß nicht nochmal!« Eigentlich war ich mit breiter Brust in dieses Workout gegangen, weil Seilspringen ein fester Bestandteil meines Trainings ist, sodass mir 75 Wiederholungen am Stück leichtfallen mussten. Doch da hatte ich mich getäuscht. Ich habe die Übung zu leichtgenommen, bin daher nicht mit dem nötigen Respekt herangegangen und war in Gedanken schon woanders. Ein Fehler, der mich teuer zu stehen kam. Ich hatte allerdings keine Zeit, mich darüber zu ärgern, sondern musste versuchen, so viel Zeit wie möglich wieder gutzumachen, um es in den nächsten Durchgang zu schaffen. Ich sagte mir: »Komm schon, Tia. Du kannst das doch! Entspanne dich, konzentriere dich und hole die verlorene Zeit mit flüssigen und schnellen Wiederholungen wieder auf.« Ich durfte die Bewegungen nicht überstürzen, weil ich sonst noch mehr Fehler gemacht hätte, musste aber zu den anderen Teilnehmerinnen in meinem Durchgang aufschließen und hoffen, dass das ausreichte, um es in den nächsten Teil des Workouts zu schaffen. Ich überquerte die Ziellinie und wusste, dass ich es verbockt hatte. Nun konnte ich nur noch hoffen, dass ich genügend Zeit aufgeholt hatte.

Wegen meiner Fehler hatte ich statt 75 Seilsprüngen 125 gebraucht, um die Übung zu schaffen. Durch den Rest des Workouts bin ich regelrecht durchgerast, aber es half nichts. Ich war nicht schnell genug. Gemessen an meinen Erwartungen, schnitt ich fürchterlich ab: Ich belegte nur den 23. Platz und war damit vom Event eliminiert (man musste unter den besten 20 sein, um weiterzukommen). In den Jahren zuvor hatte ich in einem Workout nie schlechter abgeschnitten als Platz sechs. Nicht in die nächste Runde zu kommen und nicht einmal das Workout zu beenden, war angesichts der hohen Erwartungen, die ich an mich selbst hatte, daher absolut inakzeptabel. Mir kam der Gedanke, dass die Sorgen um meinen Rücken mich vielleicht davon abgehalten hatten, wirklich Vollgas zu geben. Es fiel mir schwer, mir darüber nicht zu sehr den

Kopf zu zerbrechen, während ich von der Seitenlinie aus zusehen musste, wie meine Konkurrentinnen ihr Workout beendeten – aber so ist eben der Wettkampfsport. Es kann nicht immer gut laufen. Und ich glaube, dass dieser Rückschlag mir nicht ohne Grund passiert ist, denn nun war ich noch motivierter, mein Talent und meine Hartnäckigkeit unter Beweis zu stellen und trotz des groben Schnitzers zu zeigen, dass niemand mich schlagen konnte.

Auch ich habe natürlich Tage, an denen mir nicht alles gelingt. Dennoch versuche ich immer, jede Übung bestmöglich auszuführen. Bei diesem Workout war das allerdings nicht so. Ich habe einen großen Fehler gemacht, als ich das Seilspringen auf die leichte Schulter nahm, was sonst definitiv nicht meine Art ist. Solche Fehler mache ich eigentlich nie. Ich hatte plötzlich das Gefühl, die Kontrolle zu verlieren, und habe mich nur noch auf meine Fehltritte konzentriert statt auf die vor mir liegende Aufgabe. Wegen der schlechten Platzierung musste ich mir keine allzu großen Sorgen machen, weil dies erst das zweite Workout des Wochenendes war und ich im besten Fall noch zehn weitere Workouts hatte, um meinen Fehler wieder auszubügeln – jede Menge Zeit also, um aufzuholen. Was mir aber Sorgen machte, war die Tatsache, dass ich sonst immer gut abschneide und dieser Rückschlag nicht normal war. Alle dachten, ich sei erledigt. Ich sah die Schlagzeilen schon vor mir: »CrossFit macht sich bereit für eine neue Generation an Champions.« Ich nutzte das als Motivation und dachte: »Kommt mir nicht in die Quere, Leute, denn ich renne euch über den Haufen!« Ich war noch lange nicht erledigt, sondern fing gerade erst an! Ich schwor mir, alle anderen Teilnehmerinnen daran zu erinnern, dass für sie maximal der zweite Platz infrage kam – denn der erste gehörte mir!

Ich war fest entschlossen, das Ruder wieder herumzureißen. Als am selben Tag das dritte Event anstand (mit Dips!), wollte ich unbedingt wieder die Kontrolle übernehmen und all dem Gerede, andere könnten mich dieses Mal vielleicht schlagen, ein Ende bereiten. Ich zwang meinen Körper an seine Grenzen, schnitt jedoch erneut nicht besonders gut ab, sondern landete nur auf dem neunten Platz. Was passierte hier? Dieser zweite Rückschlag entfachte immerhin endlich ein Feuer in mir, das zu Beginn des Wettbewerbs noch gefehlt hatte. Ich respektiere jede meiner Konkurrentinnen, aber der Titel ist mir enorm wichtig. Und wenn ich das Gefühl habe, dass jemand auch nur die kleinste Chance hat, ihn mir zu entreißen, dann schalte ich in den Angriffsmodus um. Dann mache ich allen klar, wie weit der Weg noch für diejenigen ist, die auch nur annähernd in meine Nähe kommen wollen. Es passt mir außerdem nicht, wenn die Kommentatoren künstlich eine Kontroverse darüber konstruieren, wer mir vielleicht den Titel abnehmen könnte. Das sollte überhaupt kein Thema sein.

Und nach meinem vierten Event – Shoulder to Overhead und Shuttle Runs – war es auch keines mehr.

KAPITEL 8

SELBSTZUFRIEDENHEIT IST EIN KARRIEREKILLER

LERNE, DIE SCHMERZEN ZU LIEBEN, UND SEI NIEMALS ZUFRIEDEN

CrossFit bedeutet zu einem großen Teil, sich auf eine unbekannte Herausforderung vorzubereiten – das ist das Schöne an diesem Sport. Er unterscheidet sich dadurch von traditionellen Sportarten, bei denen die Athleten genau wissen, was sie im Wettbewerb erwartet. Ein Skifahrer bereitet sich etwa auf ein Abfahrts- oder Slalomrennen vor und ein Läufer auf einen Marathon oder einen 400-Meter-Sprint. Im CrossFit werden die Events aber meist erst wenige Tage oder gar Stunden vor dem Wettbewerb bekannt gegeben. Es können – müssen aber nicht – verschiedene Disziplinen, wie Schwimmen, Laufen, Radfahren, Stand-up-Paddling und Elemente aus dem Gewichtheben, Kraftdreikampf und Turnen, dabei sein. Es kann durchaus passieren, dass du das ganze Jahr über fleißig Rope Climbs oder Dumbbell Snatches trainiert hast, diese Übungen in der Games Week aber gar nicht drankommen. Die Idee dahinter ist, dass die fittesten Athleten der Welt in der Lage sein sollten, jede denkbare sportliche Herausforderung zu meistern. Weil alle Games unterschiedlich sind, musst du auf ausnahmslos alles vorbereitet sein. Willkommen beim CrossFit!

Da es im CrossFit keine echte Konstante gibt, musst *du* diese Konstante sein. Konzentriere dich nur auf die vor dir liegende Aufgabe. So kannst du wirklich frei und in deinem eigenen Tempo agieren, weil du dir keine Gedanken darüber machen musst, was andere tun (was ohnehin nur unnötig Energie kosten würde). Wenn du deinen Fokus auf das legst, was du – und nur du – kontrollieren kannst, dann bist du im Moment präsent und erlaubst externen Faktoren nicht, dein Urteilsvermögen oder deine Leistungsfähigkeit zu beeinträchtigen. Dieses Prinzip gilt umso mehr im Alltag, denn auch dort weißt du schließlich nie, was dich in Zukunft erwartet. Niemand ist vor den Sorgen des täglichen Lebens gefeit, du musst dich deshalb ständig weiterentwickeln und anpassen. Auch hier ist es wichtig, dich auf dich selbst zu konzentrieren, dich mit dem Unbekannten zu arrangieren und vor allem: nie zufrieden zu sein.

Verwandle Unangenehmes in Angenehmes

Es liegt in der menschlichen Natur, dass wir uns lieber Dingen zuwenden, die innerhalb unserer Komfortzone liegen, statt uns in unangenehmen Situationen durchzubeißen. Das bringt uns aber nichts, denn so kommen wir im Leben nicht weiter. Beim CrossFit geht es darum, unangenehme Situationen zu meistern und so das Unmögliche möglich zu machen. Du weißt nie, was dich erwartet, und musst dich bei jeder Übung, bei jedem Muscle-up und bei jedem Squat, weiter, härter und tiefer pushen. Früher wurde mir immer gesagt, dass der Sport einem leichter fällt, je besser man wird.

Nach etwa drei Jahren CrossFit habe ich aber festgestellt, dass das absolut nicht der Fall ist. Im Gegenteil:

Es ist und bleibt verdammt hart!

Aber der Sport ist gleichzeitig auch extrem befriedigend. Wenn ich zurückblicke, sehe ich, wie weit ich gekommen bin und wie sehr ich mich als Sportlerin weiterentwickelt habe. Würde ich heute ein Workout mit dem Schwierigkeitsgrad aus meiner Anfangszeit absolvieren, wäre das easy für mich, weil ich mich so sehr verbessert und meine körperlichen Grenzen immer weiter verschoben habe. Das geht jedem Athleten in jeder Sportart so. Wenn du besser wirst, musst du natürlich auch darauf achten, deine Anforderungen zu steigern, damit das Training anspruchsvoll bleibt. Nehmen wir als Beispiel das Workout Fran, das aus Thrustern und Pull-ups besteht. Du absolvierst 21 Wiederholungen von beiden Übungen, dann 15 und schließlich 9 – auf Zeit, also so schnell du kannst. Als ich mit CrossFit anfing, brauchte ich für dieses Workout vier Minuten, inzwischen schaffe ich es in unter zwei Minuten. Weil ich fitter geworden bin, wurde ich auch effizienter in meiner Ausführung. Nachdem ich die Grenzen des Machbaren immer wieder verschoben und so viele Schwierigkeiten gemeistert habe, weiß ich heute, zu was ich wirklich fähig bin. Was einst völlig unmöglich war, wurde schließlich möglich. Bei Deadlifts war das ähnlich: Anfangs hatte ich Probleme, 90 Kilo zu heben, heute hebe ich das Doppelte! Das ist allerdings das Ergebnis einer zehnjährigen kontinuierlichen Entwicklung. Und nur, weil ich heute 180 Kilo hebe oder Fran in unter zwei Minuten schaffe, heißt das nicht, dass ich mich mit diesen Werten zufriedengebe. Ich pushe mich weiter und versuche täglich, meine Bestleistung in allem zu verbessern.

Solche Fortschritte finden natürlich nicht über Nacht statt, aber mit der Zeit wirst du dich verbessern und staunen, wie sehr sich dein Körper verändern kann. Doch dafür musst du dich in unangenehmen Situationen durchbeißen und deinen Körper zwingen, Dinge zu tun, die er eigentlich nicht tun möchte. Immer, wenn ich etwas Unangenehmes tun muss, bediene ich mich eines Tricks: Ich verändere das Narrativ und beschließe einfach, Dinge, die ich eigentlich ungerne tue, ab sofort gerne zu tun. Wenn mir eine bestimmte Übung besonders schwerfällt, dann meide ich sie nicht, sondern konzentriere mich extra darauf. Dadurch wird sie zu meiner persönlichen Challenge, was mir hilft, sie zu meistern. Denn ich weiß: Je schwerer die Übung mir fällt, umso besser, stärker und schneller wird sie mich am Tagesende machen. Ich werde häufig gefragt, ob ich eine bestimmte Übung besonders gerne oder ungerne mache. Dann sage ich immer, dass ich alle Übungen gleichermaßen mag, so wie eine Mutter alle ihre Kinder auf die gleiche Weise liebt. Jede Übung ist anders und einige sind schwieriger als andere – aber ich liebe sie alle!

Warum ich das tue? Nehmen wir an, ich würde Squats hassen und ständig darüber nachdenken, wie schlimm diese Übung für mich ist. Dann würde ich mich vor jeder Einheit Squats mental total fertigmachen und mein Scheitern wäre vorprogrammiert. Wenn du etwas kategorisch nicht magst, wirst du nie in der Lage sein, es zu genießen. Verstehe mich nicht falsch: Ich bin auch nur ein Mensch, natürlich fallen mir bestimmte Elemente in einigen Workouts schwerer als andere. Aber wenn dir vor einer Sache schon graut, bevor du überhaupt damit begonnen hast, baust du eine innere Blockade dagegen auf, die sich nur schwer überwinden lässt. Ich motiviere mich stattdessen selbst, indem ich mir vorstelle, wie gut ich mich nach den Squats fühlen werde, wohl wissend, dass ich mich durchgekämpft habe. Wenn du immer wieder auf diese Weise an eine unangenehme Sache herangehst, wird sich deine Einstellung zu dieser Sache verändern und sie wird sich irgendwann weniger unangenehm anfühlen.

Es gibt einige Übungen, dir mir aufgrund meiner individuellen Körpermechanik schwerer fallen als andere. Auf dem Rogue Echo Bike tue ich mich etwa schwerer als Brooke Wells, die viel größer als ich ist und echt starke Beine hat, weil Sportler mit langen Beinen in der Regel deutlich schneller und effizienter auf diesem Gerät unterwegs sind als Athleten mit kurzen Beinen. Dennoch lasse ich meinen Körperbau nicht als Ausrede gelten. Größere Sportler mögen einen Vorteil auf dem Bike haben, dafür fallen mir Air Squats leichter, weil ich kompakter gebaut bin und mein Bewegungsumfang deshalb deutlich geringer ist. Ich schaffe also in kürzerer Zeit mehr Wiederholungen und kann größere Konkurrentinnen so ausstechen. Dasselbe gilt für das Thema Körpergewicht: Im CrossFit gibt es keine Gewichtsklassen. Einige mögen das unfair finden, letztlich gleicht sich aber alles aus. Leichtere Athleten werden in der Regel besser in Turn- und Bodyweight-Übungen abschneiden, während die schwereren Athleten bei Gewichthebeübungen besser dastehen.

Die Menschen in deinem Umfeld sollten diese Mentalität teilen. Für Shane ist es als Coach von großer Bedeutung, wie er manche Dinge formuliert. Würde er etwa sagen: »Mit der nächsten Übung wirst du Probleme haben, Tia«, könnte das meine Leistung schmälern. Erinnern wir uns nochmal an die Pegboard-Übung 2015: Ich hatte diese Übung noch nie in meinem Leben gemacht, doch Shane gab mir das nötige Selbstvertrauen, indem er meinen Blickwinkel auf die Übung neu ausrichtete. Als ich das Pegboard schließlich hochgeklettert war, rief er mir kein destruktives »NICHT loslassen!« zu, sondern motivierte mich, indem er sagte: »Gut so, halte dich fest!« Beide Sätze haben dieselbe Bedeutung, einer ist aber positiver formuliert als der andere und unser Gehirn reagiert viel besser auf positive Ansprachen, so subtil sie auch sein mögen.

Akzeptiere die Schmerzen

Ich muss zugeben, dass Training mir keinen Spaß macht. Es tut weh und ist unglaublich anstrengend. Aber es ist eben auch ein wichtiger Teil meiner Vorbereitung, ohne den ich bei keinem Wettkampf antreten könnte. Also akzeptiere ich es in dem Wissen, dass ich dabei Tag für Tag besser werde. Muscle-ups fielen mir beispielsweise immer schwer, durch beständiges Training, eine grundlegende Analyse der Bewegung und zahlreiche Weighted Muscle-ups, Strict Muscle-ups, Double Dip Muscle-ups, Tempo Muscle-ups und zig verschiedene Mixed Workouts, die Muscle-ups enthielten, bin ich inzwischen aber sehr gut darin geworden. Um besser zu werden, musst du den Schmerz und die Anstrengung akzeptieren, die dafür nötig sind. Ich freue mich letztlich über jeden Tropfen Blut oder Schweiß und jede Träne, die ich vergossen habe. Das Training wird immer wehtun, aber solange du weißt, wofür du es tust, werden die Schmerzen zu verkraften sein.

Jedes Workout birgt eine gewisse Herausforderung und du wirst immer mit der Frage konfrontiert sein, ob du weitermachst und deine persönlichen Grenzen überwindest oder ob du ein Päuschen einlegst und aufgibst. Kommst du mit den Schmerzen zurecht, die jedes Workout verursacht? Mein Rat: Mache weiter, selbst wenn dein Körper um Gnade winselt. Wenn ich nach meinem Beruf gefragt werde und antworte: »Ich bin Profisportlerin«, dann höre ich häufig: »Na, du hast ein Glück, kannst den ganzen Tag im Gym verbringen und trainieren!« Wenn diese Leute nur wüssten, wie schwer es ist, wirklich den ganzen Tag lang zu trainieren … Es ist definitiv ein Unterschied, ob man Sport nur zum Spaß treibt oder hauptberuflich macht.

Lebenslektionen

Im Alltag wirst du häufig Situationen erleben, die Frustration, Leid oder Kopfschmerzen verursachen und in denen du dich fragen musst: »Akzeptiere ich das und beiße mich durch oder meide ich die Situation und mache einen Rückzieher?« Falls du dich für den Rückzieher entscheidest, umgehst du das Problem, statt es zu lösen. Wann immer ich in eine solche Situation gerate, versuche ich, die Erfahrungen aus meinem Training anzuwenden und den Schmerz zu akzeptieren und mich durchzubeißen – so lange, bis das Problem gelöst ist.

Ich war schon immer der Meinung, dass derjenige, der einmal aufgibt, es immer wieder tun wird, weil es von Mal zu Mal leichter fällt, Problemen einfach aus dem Weg zu gehen. Solche Menschen erfinden dann Ausreden, warum sie ein Ziel nicht erreicht haben oder zu viel Angst hatten, es überhaupt zu versuchen. Sie übernehmen keine Verantwortung für das eigene Scheitern und belügen sich selbst. Sie verkennen das wahre Problem, das ihren Misserfolgen zugrunde liegt, und gerieren sich als Opfer. Es wird immer wieder Momente in deinem Leben geben, in denen Herausforderungen oder schmerzhafte Erlebnisse drohen dich aus der Bahn zu werfen. Aber du darfst das auf keinen Fall zulassen.

Wenn die Schmerzen mich zu übermannen drohen, frage ich mich, wie sehr ich mein Ziel erreichen will. »Mehr als alles auf der Welt«, lautet dann die Antwort und ich mache weiter. Von Josh Bridges habe ich gelernt, meine Schmerzgrenze maximal zu verschieben. Als ich ihn vor den Games 2015 kennenlernte und mit ihm trainierte, war ich von seiner Intensität und Ausdauer beeindruckt. »Wenn ich nur einen Bruchteil davon hätte, wäre ich in Topform für jeden Wettbewerb«, dachte ich damals. In unserer letzten gemeinsamen Einheit erzählte Josh mir eine Geschichte, die ich nie vergessen werde:

In meiner Zeit als Navy SEAL hat unser Kommandeur während des Trainings immer gefragt: »Und, tut's weh?«

Und wir alle antworteten: »Ja, Sir!«

Darauf erwiderte er: »GUT! Ist es hart?«

»Ja, Sir!«, lautete erneut unsere Antwort und er sagte nur:

»GUT!«

Auch Josh hat diese Geschichte nie vergessen. Das Wort GUT stand in großen Lettern an der Wand seiner Garage, in der er täglich trainierte. Sobald sich der kleinste Zweifel bei ihm einzuschleichen drohte, schaute er an diese Wand und rief sich in Erinnerung: »Dieser Schmerz ist GUT. Er macht mich stärker, fitter, schneller. Ich brauche ihn, um besser zu werden. Wenn andere ihn aushalten, dann kann ich das auch.«

Diese Methode habe ich mir abgeschaut und sie half mir während meiner Workouts schon in so mancher schwierigen Phase. Immer, wenn das Training wehtat, habe ich mir gesagt, dass dieser Schmerz GUT ist. Denn so werden Champions geformt. Wie Josh lernte ich, den Schmerz zu schätzen, weil ich mich verbessern und herausfinden will, wie gut ich werden kann. Deshalb pushe ich mich JEDEN TAG bis an meine Grenzen.

Auf diese Mentalität muss ich mich täglich aufs Neue einschwören, muss mich ständig daran erinnern, wie sehr ich mein Ziel wirklich erreichen will. Im Laufe der vielen Jahre, in denen ich diesen Sport schon betreibe, habe ich erkannt, dass der Umgang mit Schmerzen darüber entscheidet, ob man Hindernisse überwindet und Fortschritte macht oder nicht. Ich habe im Gym nicht weniger Schmerzen als du. Aufgrund meiner Entschlossenheit und meines Antriebs kann ich nur mehr als die meisten aushalten. Wenn Menschen eine schwere Zeit durchmachen, etwa, weil sie gerade ihren Job verloren haben, dann leiden sie natürlich ganz massiv darunter und stellen sich unweigerlich Fragen wie: »Was habe ich falsch gemacht, dass ich an diesem Punkt angelangt bin? Womit habe ich das verdient? Warum ich?« Du solltest allerdings nicht darüber nachgrübeln, warum etwas schiefgegangen ist oder warum eine bestimmte

Situation eingetreten ist, sondern die Situation stattdessen akzeptieren und nach vorn blicken. Was kannst du aus der Situation lernen? Wie kannst du daran wachsen? Und was musst du tun, um darüber hinwegzukommen?

Es gibt nicht nur körperliche Schmerzen

2021 stellte Shane in unserer Firma PRVN einige neue Mitarbeiter ein, die mit den anderen Coaches zusammenarbeiten und perspektivisch auch selbst coachen sollten, damit wir mehr Sportler trainieren konnten. Shane hatte damals einfach zu viele Aufgaben in der Firma, zudem forderte ich konstant seine Aufmerksamkeit ein. (So bin ich eben. Und ich bin ja auch seine Frau, das ist also schließlich mein Job, oder?) Kurzum: Er stand unter jeder Menge Druck und brauchte Unterstützung.

Rückblickend kann ich den Druck, unter dem er damals stand, und die Unsicherheit, die sich in ihm breitgemacht haben muss, nur erahnen. Shane hält sich mit kleinen Problemchen nicht lange auf und ist in der Lage, sich emotional zu distanzieren, aber das war sicher keine leichte Zeit für ihn. (Keine Ahnung, ob das so ein Männerding ist, aber ich habe die Erfahrung gemacht, dass die meisten Männer, mit denen ich zu tun hatte, ziemlich gut darin waren, ihre Emotionen in jeder Situation auszublenden.) Shane hat nie etwas gesagt, aber als seine Frau bekam ich mit, wie sehr er darunter litt, ständig alle möglichen Dinge unter einen Hut kriegen zu müssen. Ich konnte ihm dabei nicht wirklich helfen und fühlte mich deshalb hilflos und frustriert.

Es handelte sich um Wachstumsschmerzen, wie sie bei den meisten Start-ups aufkommen, die schnell expandieren. Das war keine einfache Zeit, Wachstumsschmerzen tragen ihren Namen schließlich nicht, weil sie besonders angenehm sind – doch auch diese

Schmerzen muss man akzeptieren und annehmen. Und auch du wirst vergleichbare Sorgen beinahe täglich in deinem Alltag außerhalb des Gyms erleben, egal, wer du bist oder was du tust. Jeder Mensch ist mit Problemen konfrontiert und muss mit Rückschlägen umgehen. Um zu wachsen, musst du diese Herausforderungen meistern. Eigne dir deshalb praktikable Methoden für den Umgang mit solchen Herausforderungen an, die du dann in allen Bereichen deines Alltags anwenden kannst, um Hindernisse aus dem Weg zu räumen. Denn dein Schicksal wird dadurch bestimmt, wie du mit Herausforderungen umgehst.

Erfolg ist ein vielschichtiger Begriff, der für dich vermutlich eine andere Bedeutung hat als für mich. Das zu verstehen, ist wirklich wichtig. Viele Menschen definieren ihren Erfolg über die Geldsumme, die sie auf der Bank haben, oder die Anzahl ihrer Investments. Ich definiere meinen Erfolg über Dinge, die ich erreicht habe, weil sie mir Bestätigung geben. In all den Jahren, in denen ich auf diese Erfolge hingearbeitet habe, bin ich zu einem selbstbewussteren, offeneren und stärkeren Menschen geworden. Ich habe mein Ziel erreicht, bei den Olympischen Spielen anzutreten, und bin bei meinen ersten CrossFit Games direkt Zweite geworden, weil ich wusste, dass alles möglich ist, und dieses Wissen mir Kraft verlieh. All die Schmerzen sind es wert, ertragen zu werden, wenn sie deinem persönlichen Antrieb dienen.

Sei niemals zufrieden

Viele Menschen, insbesondere solche, die sich in einem leistungsorientierten Umfeld bewegen, streben konstant nach Verbesserung und wollen sich ihren Vorsprung bewahren. Das alte Sprichwort stimmt: »Es an die Spitze zu schaffen, ist schwer – dort zu bleiben, noch viel mehr.« Um es nach ganz oben zu schaffen und dort auch zu bleiben, solltest du dich unbedingt an folgenden Rat halten: SEI NIEMALS ZUFRIEDEN!

Ich will die unbestritten Beste der Welt sein. Mir ist bewusst, dass das ein ziemlich gewagtes Statement ist. Allein beim Schreiben dieser Worte spüre ich ein flaues Gefühl im Magen, weil mich sicher alle, die das jetzt lesen, für arrogant halten werden. Es ist aber egal, was andere Leute denken. Es zählt nur, was ich denke. Und wenn ich die unbestritten Beste werden will, dann kann ich mit dem Status quo nicht zufrieden sein.

Im Laufe meiner Karriere musste ich vieles unter einen Hut kriegen und immer darauf achten, die richtigen Prioritäten zu setzen. Deshalb habe ich mich bei jeder Gelegenheit gefragt: »Gibst du gerade wirklich dein BESTES?« Ich wollte sichergehen, dass ich keine meiner Entscheidungen aus Selbstzufriedenheit heraus traf. Zwischen 2015 und 2017 betrieben wir in Australien unsere eigene CrossFit-Filiale. Es war nicht einfach, das Studio zu leiten und gleichzeitig meine sportlichen Ziele weiterzuverfolgen. Selbst während der Games musste ich mich um geschäftliche Belange und Fragen der Gym-Mitglieder kümmern, ohne dass der ganze Stress meine Leistung beeinflusste. Man könnte jetzt denken, dieser Druck wäre zu viel gewesen, doch tatsächlich war diese Zeit für mich besonders motivierend. Ich musste mich zwar noch beweisen, hatte die Weltspitze aber schon im Blick. Außerdem repräsentierte ich im Wettkampf nicht nur mich selbst, sondern auch mein Gym. Schnitt ich gut ab, war das gleichzeitig auch gut fürs Geschäft, denn das Gym eines CrossFit-Champions ist natürlich gefragter als andere. Diese drei Jahre haben mir gezeigt, dass ich den nötigen Hunger besaß, um es bei den CrossFit Games bis nach ganz oben aufs Siegertreppchen zu schaffen.

Damals haben wir zu Beginn jeder Saison etwas verändert oder neu implementiert, um immer besser zu werden. Zu diesen Veränderungen zählte auch der Umzug in die Vereinigten Staaten und ein offenerer Umgang mit Sponsoren, wodurch wir unser Einkommen steigern und finanziell unabhängiger werden konnten. Wir arbeiteten mit neuen Trainingspartnern zusammen und öffneten unseren kleinen, eingeschworenen Kreis, damit ich beim Training zusätzliche Unterstützung und Gesellschaft hatte. Wir knüpften viele neue Beziehungen und beendeten dafür einige alte. All diese Entscheidungen waren von der simplen Frage getrieben, ob sie mir dabei helfen würden, den Spitzenplatz zu erobern. Und sie sorgten dafür, dass ich gar nicht erst in Versuchung kam, selbstzufrieden zu sein.

Denn eins kannst du mir glauben: Selbstzufriedenheit ist ein Karrierekiller.

Ich habe viele Geschäftsleute und Sportler erlebt, die selbstzufrieden geworden sind und ihren Vorsprung dadurch verloren haben. Deshalb gebe ich extrem darauf acht, dass mir das nicht passiert. Ich bin sicherlich nicht perfekt und war selbst oft genug nahe dran an der Selbstzufriedenheit, als mit den Jahren alles zur Routine wurde. Ehe man sich's versieht, wird man bequem. Wie verhindert man das also? Indem man sich jene Momente, in denen man bequem zu werden droht, bewusst macht. Shane hinterfragt ständig, ob wir schon genug tun, um unsere Ziele zu erreichen. Nicht nur beim Training im Gym, sondern auch im Alltag und geschäftlich im Hinblick auf Investitionen in unsere Zukunft. Dieses Hinterfragen führte dazu, dass wir irgendwann bereit waren, unser Gym auch für andere Wettkampfsportler zu öffnen und gemeinsam mit ihnen zu trainieren. Das gemeinsame Training und die Interaktion mit anderen halfen mir, besser zu werden, weil ich nun auch mir selbst mehr abverlangte. Und dies wiederum verhinderte, dass ich mit meiner Performance so zufrieden wurde, dass ich mich auf dem Erreichten ausruhte.

Ruhe dich nicht auf deinen Lorbeeren aus

Nehmen wir an, du bist endlich so erfolgreich, wie du immer wolltest. Du hast den Spitzenplatz auf dem Siegertreppchen erobert und all die Auszeichnungen erhalten, die damit einhergehen. Du bist an der Weltspitze angekommen – Zeit, dich zurückzulehnen und deinen Erfolg zu genießen, oder? Es ist nicht leicht, motiviert zu bleiben, wenn man das Gefühl hat, alles erreicht zu haben. Man neigt dann dazu, den Fuß etwas vom Gas zu nehmen, aber tue das nicht! Gerade auf der Höhe des Erfolgs solltest du das Gaspedal vielmehr richtig durchtreten! Sei niemals zufrieden, sondern nutze das Momentum für deine nächsten Schritte.

Bill Parcells, der legendäre ehemalige Coach der Football-Mannschaft Dallas Cowboys, hat immer gesagt »Don't eat the cheese«, wenn sein Team ein wichtiges Spiel gewann. Er hatte nichts gegen Käse, der Spruch bedeutet so viel wie: Ruhe dich nicht auf deinen Lorbeeren aus. Genieße deinen Erfolg, aber betrachte ihn nicht als selbstverständlich. Und glaube nie deinen eigenen Hype, auch wenn dir alle um dich herum auf die Schulter klopfen. Mit anderen Worten: Sei nicht die Maus, die den Käse in der Falle frisst.

Wie verhinderst du das? Erstens, indem du dich stets hinterfragst. Wirst du langsam bequem (was häufig mit Selbstzufriedenheit einhergeht)? Zweitens, indem du höhere Standards setzt – egal, auf welchem Niveau du dich bewegst –, damit Selbstzufriedenheit gar nicht erst aufkommen kann. Eine einfache Methode, auf dem Boden der Tatsachen zu bleiben, ist das Erledigen alltäglicher Hausarbeiten wie Staubsaugen und Aufräumen. Solche banalen, aber notwendigen Tätigkeiten sorgen bei mir dafür, dass ich die Bodenhaftung nicht verliere. Wenn du unaufhaltsam sein willst, musst du mit jedem Sieg nur noch hungriger werden. Du musst dir klarmachen, dass ein Erfolg für dich nur eine Chance ist, noch mehr zu erreichen.

Definiere deinen persönlichen Antrieb immer wieder neu, damit du stets auf ein neues Ziel hinarbeitest, sobald du ein altes erreicht hast.

Lasse dich nicht verweichlichen

Was Selbstzufriedenheit angeht, sind wir selbst unser größter Feind, aber auch unser Umfeld kann dazu beitragen, dass wir bequem werden. Ich habe dieses Thema hier bereits angeschnitten: Der Spruch »Du bist, mit wem du dich umgibst« ist wahr. Wenn du dich mit Menschen umgibst, die mit sich selbst zufrieden sind und sorglos in den Tag hineinleben, dann wirst du es ihnen mit hoher Wahrscheinlichkeit gleichtun. (Und das ist in Ordnung, wenn du dein Leben so gestalten möchtest. Da du aber dieses Buch liest, gehe ich davon aus, dass du dich motivieren, dein Mindset verändern und dein volles Potenzial entfalten willst.) Wenn du dich andererseits mit Leistungsträgern umgibst, die ganz hoch hinauswollen, wird deren Vision dich anstecken und auch du wirst zwangsläufig ähnlich ambitioniert nach Erfolg streben.

Als ich mein Bob-Abenteuer begann, betrat ich für mich ungewohntes Terrain. Shane und ich sind stolz auf unsere hohen Standards in Sachen Training, plötzlich trainierten wir aber mit Leuten, die diese Champion-Mentalität nicht teilten. Da erkannte ich zum ersten Mal, wie wichtig es ist, sich mit Gleichgesinnten zu umgeben. Ich war enttäuscht, habe aber verstanden, dass einige Menschen eben noch herausfinden müssen, was sie wirklich wollen – das konnte ich ihnen nicht abnehmen. Ich war dort, um zu gewinnen.

Wir haben beharrlich versucht, dem Team einzuschärfen, dass wir nicht zu den Olympischen Spielen fahren wollten, um nur dabei zu sein, sondern um zu gewinnen. Es heißt, dabei zu sein sei alles – für einige mag die Teilnahme an den Spielen bereits ein Erfolg sein, aber für mich ist das eine selbstzufriedene Einstellung. Dabeisein ist nur ein Teil des Ganzen, 110 Prozent zu geben, bedeutet zu gewinnen. Wenn mehr Menschen diese Einstellung teilen würden, wären viele vermutlich erstaunt, um wie viel besser sie abschneiden könnten.

Ich muss mir aber auch immer ins Gedächtnis rufen, dass Gewinnen nur das Ergebnis meiner Leistung im Wettkampf und all der harten Arbeit ist, die ich ins Training gesteckt habe. Das tue ich immer dann, wenn ich ganz oben auf dem Siegertreppchen stehe oder während der Saison nach meinem persönlichen Antrieb suche, der mich an einem besonders harten Trainingstag motiviert. Ich sage mir dann: »Ich muss jetzt ranklotzen. Und darf mich nicht ablenken lassen. Oder selbstzufrieden werden. Oder bequem.«

WIE DU SELBSTZUFRIEDENHEIT IM KEIM ERSTICKST

1. **Erinnere dich an deinen persönlichen Antrieb.** Der ist, wie du weißt, nicht in Stein gemeißelt, sondern kann sich immer wieder ändern und hängt von deiner aktuellen Lebenssituation ab. Dich stets selbst zu fragen, warum du ein bestimmtes Ziel verfolgst, kann dir deshalb helfen, auf Kurs zu bleiben und nicht bequem zu werden.
2. **Wahre die Balance.** Ja, es ist wichtig, dass du auf Autopilot funktionierst, wenn du »im Tunnel« bist. Aber du musst dich auch bewusst so stark wie möglich pushen, ohne dich dabei zu übernehmen. Hinterfrage dich deshalb täglich selbst.
3. **Bleibe fokussiert und im Flow.** Indem du dir deinen persönlichen Antrieb immer wieder bewusst machst, behältst du dein Momentum.

Um erfolgreich zu sein, musst du mehr geben, als du dir zutraust, denn wenn du hoch hinauswillst, darfst du dich nicht zurücklehnen, sondern musst dich immer wieder auf eine Weise pushen, wie andere es entweder nicht können oder nicht wollen. An der Spitze darfst du nie mit dir selbst zufrieden sein. Du musst weitermachen und das Gaspedal durchtreten. Um es mit dem großen Kobe Bryant zu sagen: »Ausruhen kannst du dich am Ende, aber nicht mittendrin.«

KAPITEL 9

SCHÄRFE DEINE KLINGE

MACHE DIR NICHT ZU VIELE GEDANKEN – SCHON GAR KEINE NEGATIVEN

Es passiert fast jedes Mal, kurz bevor ich die Wettkampffläche betrete: Vor Aufregung habe ich Tränen in den Augen, während ich mich innerlich bereit mache, die Hütte abzureißen. Dies ist die natürliche Reaktion meines Körpers, der weiß, zu was ich imstande bin und was gleich passieren wird. Ich bin im Tunnel und kurz davor, die Bestie in mir zu entfesseln. Ich habe hart auf diesen Moment hingearbeitet und bin bereit, alles zu geben.

Wenn es darauf ankommt, kann ich alle Störgeräusche komplett ausblenden – die Zuschauer, die Kommentatoren, die nervöse Stimme in meinem Hinterkopf – und völlig präsent sein. Ich vertraue dann auf mein Training und meine Vorbereitung und lasse den Autopiloten übernehmen.

Dieses sogenannte Flow-Gefühl mag sich für jeden ein wenig anders anfühlen. Ich fühle mich entspannt und fokussiert. Mein Geist ist vollkommen frei und ich spüre keinerlei Schmerzen oder

Emotionen. Ich überlasse meinem Unterbewusstsein buchstäblich die Kontrolle. Trotzdem bin ich fokussiert, aber jeder Teil meines Körpers handelt nun selbstbestimmt. Obwohl ich körperliche Höchstleistungen vollbringe und Unmengen Energie verbrauche, bin ich total relaxt und habe alles unter Kontrolle. Ich erreiche diesen Flow-Zustand nicht immer, aber je häufiger es mir gelingt, umso tiefer tauche ich in diese magische Zone ein. Je mehr Wettkämpfe ich bestreite, umso häufiger spüre ich dieses Gefühl und irgendwann geht es mir in Fleisch und Blut über. Du wirst staunen, wie sehr dieser Zustand deine Leistung verbessern kann. Er treibt mich immer und immer wieder zu Höchstleistungen an.

Du willst diesen Zustand auch erreichen? Deine Leistung steigern und einen Platz auf dem Siegertreppchen erobern, statt anderen nur dabei zuzuschauen? In den Flow findet jeder Mensch anders. Ich habe mir antrainiert, in den »Tunnel« zu kommen.

Das Wichtigste ist, wie immer, harte Arbeit. Wenn du regelmäßig intensiv trainierst, konditionierst du deinen Körper darauf, das Gelernte automatisch abzurufen. Durch mein Training habe ich so viel Selbstvertrauen, dass ich meistens schon gewonnen habe, bevor der Wettkampf überhaupt begonnen hat. Und bei dir kann das genauso funktionieren. Wenn du eine Übung ausreichend oft wiederholt hast, wird sich im Wettkampf dein Muskelgedächtnis einschalten, sodass du deinen Verstand ausschalten und dein Unterbewusstsein für dich arbeiten lassen kannst. Wenn du diesen Zustand erreicht hast und ganz präsent im Moment bist, dann bist du unantastbar – und es gibt kein schöneres Gefühl als das.

Schalte dein Bewusstsein aus und dein Unterbewusstsein ein

Ein Wettkampf ist der falsche Zeitpunkt, um zu viel über etwas nachzudenken. Was auch immer dich vor einem Spiel oder Turnier beschäftigt hat, ist, sobald es losgeht, nicht mehr von Bedeutung. Lege einen Schalter in deinem Kopf um und lasse den Autopiloten steuern, um dir selbst bei deinem Erfolg nicht im Weg zu stehen. Wenn du gestresst oder nervös bist, dann schleichen sich Zweifel ein und verderben dir alles. Dann kommst du niemals in den Flow.

Wenn ich die Wettkampffläche betrete, tue ich einfach dasselbe wie im Training: Ich konzentriere mich darauf, eine Wiederholung nach der anderen auszuführen, und achte auf jede kleinste Bewegung. Bei einer Kurzhantelübung denke ich mir beispielsweise: »Meine rechte Hand hält die Kurzhantel und bewegt sich erst über meinen Kopf, danach senke ich sie in Richtung Schulter ab. Ganz einfach. Wenn ich die Hantel nach oben ausstoße, mache ich mit dem linken Fuß einen Schritt nach vorn. Anschließend setze ich ihn wieder neben den anderen zurück. Dann stemme ich die andere Hantel mit meinem linken Arm und führe sie zu meiner linken Schulter hinab. Während mein Arm sich nach oben bewegt, setze ich den rechten Fuß nach vorn und dann wieder zurück. Und so mache ich immer weiter.« Und das ist alles, an was ich denke: die eine bestimmte Bewegung, die in diesem einen bestimmten Moment erforderlich ist. Ich denke nicht darüber nach, was mich später noch erwartet, ich denke nicht an die Wertungsrichter, ich höre nicht einmal die Zuschauer. Ich bleibe in meiner Spur und mache weiter: »Noch eine Wiederholung, dann muss ich die Hanteln ablegen. Danach laufe ich vorwärts, dann wieder zurück und gehe anschließend direkt rüber ans Pegboard.« Ich konzentriere mich die gesamte Zeit über nur auf jede einzelne Bewegung und vertraue darauf, dass mein Körper weiß, was zu tun ist. Ich weiß, dass ich genug trainiert habe und fit bin. Ich kenne alle Bewegungen und kein Gedanke oder Gefühl lenkt mich von der vor mir liegenden Aufgabe ab. Und erst wenn ich mit lautem Brüllen die Ziellinie überquert habe, bemerke ich, wie sehr ich im Tunnel war.

Im Laufe des Events finde ich so meinen Flow, während alle anderen nach und nach immer weiter hinter mir zurückfallen. Einige haben ihr Pulver zu früh verschossen, andere sich nicht an ihren Gameplan gehalten. Ich dagegen bleibe einzig auf die vor mir liegende Aufgabe konzentriert. Das geht so weit, dass Shane mir irgendwann nicht mehr sagen muss, was ich zu tun habe, weil er mich zuvor schon so gut trainiert hat. Ich habe die Kontrolle und fühle mich gleichzeitig völlig frei.

Behalte die Kontrolle

Während des Wettkampfs denke ich nicht darüber nach, wie ich am Ende abschneiden werde oder wer gerade führt. Ich versuche, gar nicht auf das Leaderboard zu schauen. Es spielt ohnehin keine Rolle, was dort steht, denn wenn du gewinnen willst, wirst du in jedem Fall auf deine stärksten Konkurrenten treffen und sie schlagen müssen. Wenn du beginnst, dich um Dinge zu sorgen, die außerhalb deiner Kontrolle liegen, dann wirst du die Kontrolle verlieren.

Und wenn du doch mal einen Fehler machst, denke immer an Ted Lassos Spruch: »Sei ein Goldfisch.« Laut dem liebenswerten Football-Coach aus der gleichnamigen TV-Serie haben Goldfische nur eine zehnsekündige Gedächtnisspanne (auch wenn ich durch etwas Googeln herausgefunden habe, dass sie wohl eher bei einem Monat liegt). Hake Vergangenes ab, streiche den Fehler aus deinem Gedächtnis und mache weiter. Definiere dich nicht über eine schlechte Performance. Du kannst die Vergangenheit nicht verändern, die Zukunft aber sehr wohl.

Nicht nachdenken

Konzentriere dich nur auf den aktuellen Moment und lasse nicht zu, dass andere Gedanken in deinem Kopf herumspuken. Die körperliche Anstrengung sollte im Wettkampf ohnehin so groß sein, dass du gar keine Zeit hast, über irgendetwas nachzudenken. Jetzt zählt nichts außer deiner aktuellen Aufgabe und du musst nichts tun, außer diese Aufgabe zu bewältigen – alles andere kann warten, bis das Schlusssignal ertönt. Selbst der kleinste Anflug eines negativen Gedankens kann dich aus dem Flow bringen. Und dann wirst du nicht wieder hineinfinden. Beim Tennis kann man das häufig beobachten: Spieler kommen mit freiem Kopf in ein Match, brechen dann aber doch unter dem Druck zusammen. Erst verlieren sie hier und da einen Punkt, dann einen ganzen Satz. Irgendwann verlieren sie ihr Mojo und schließlich das ganze Spiel. Ich weiß: Wenn meine Gedanken während eines Wettbewerbs die Oberhand gewinnen, dann beginne ich, Fehler zu machen. Und ich hasse es, Fehler zu machen.

Die Fähigkeit, die eigenen Gedanken auszublenden, kam mir bei den CrossFit Games 2020 zugute, die in der Hochphase der Corona-Pandemie stattfanden. Lange Zeit war nicht klar, ob sie in diesem Jahr überhaupt stattfinden würden, schließlich fanden die Organisatoren aber eine Lösung. Die Qualifikationsphase wurde aus der Entfernung (in den jeweiligen Heimatländern der Athleten) durchgeführt, weil die meisten Präsenz-Veranstaltungen abgesagt werden mussten. Die ersten Wettbewerbe der Games fanden online statt, bevor in den Finals dann die Top Fünf (Männer und Frauen) in einem Präsenz-Wettkampf auf einer privaten Ranch im kalifornischen Aromas gegeneinander antraten. Ich hatte das gesamte Jahr über intensiv trainiert, auch als andere ihr Training runterfuhren, weil sie glaubten, die Games würden in diesem Jahr ausfallen. Ich war auf Kurs geblieben. Dennoch muss ich zugeben, dass dies die bisher schwierigste

Saison für mich war, weil ich mir zu keiner Zeit sicher sein konnte, dass all die harte Arbeit, all die Quälerei nicht umsonst waren. Die Games hätten jederzeit abgesagt werden können, dennoch ackerte ich sicherheitshalber weiter. Am Ende fanden sie statt, es gab aber strikte Vorschriften, Coaches durften die Wettkampffläche zum Beispiel nur einige wenige Male betreten. Shane konnte mir nicht einmal beim Aufwärmen helfen, so wie er es normalerweise tut. Sonst ist er immer an meiner Seite. Ich war traurig, ihn nicht bei mir zu haben und mich nicht über die Workouts mit ihm austauschen zu können, vor allem in dieser wichtigen Phase des Wettbewerbs. Er hatte mich allerdings so gut vorbereitet, dass ich genau wusste, was zu tun war, auch ohne mit ihm zu sprechen. So schaffte ich es selbstbewusst und entschlossen durch die einzelnen Events. In dieser Situation hätten sich leicht Zweifel in mir breitmachen können, weil ich aber so gut vorbereitet war und auf mein Können vertraute, hatten die Zweifel keine Chance. Das war unglaublich befreiend und ich war mächtig stolz, weil meine harte Arbeit nun Früchte trug.

Gut Ding will Weile haben

Deine Gedanken auszublenden und in den Flow zu finden, ist eine Fähigkeit, die du – wenn du sie einmal beherrschst – praktisch auf Knopfdruck immer wieder abrufen kannst. Es dauert Jahre, sie zu erlernen, aber glaube mir: Das ist es wert, denn sie unterscheidet ambitionierte Wettkämpfer von Gewinnern. Denke an die Fabel von der Schildkröte und dem Hasen: Der Hase war viel schneller, am Ende gewann aber trotzdem die Schildkröte. Es braucht Zeit, aber sobald du das Gefühl zum ersten Mal gespürt hast, wird es dich antreiben weiterzumachen und dir werden Dinge gelingen, von denen du zuvor nie zu träumen gewagt hättest. Und je häufiger du diesen Flow erlebst, umso mehr wirst du davon profitieren.

Dir dieses Ziel täglich ins Gedächtnis zu rufen, ist der Schlüssel zum Erfolg. Ich habe das schon mehrfach erklärt, kann es aber nicht oft genug sagen: Selbst wenn bei mir kein Wettkampf ansteht, trainiere ich, als wäre es so. Ich rufe mir mindestens 20-mal am Tag meine Ziele ins Gedächtnis. Sie stehen in den Notizen in meinem Handy und flimmern als Bildschirmschoner über meinen Laptop. Ich schreibe sie auf kleine Post-its, die ich dann überall im Haus verteile. Sogar auf meinem Badezimmerspiegel stehen sie, mit Lippenstift geschrieben. Als Beispiel hier ein Post-it mit einigen aktuellen Trainingszielen:

- Einen Snatch mit 100 Kilo schaffen.
- Eine Overhead Squat mit 127 Kilo schaffen.
- 75 Pull-ups schaffen – unbroken :-)
- Einen Handstand länger als 90 Sekunden halten.
- Die Meile in unter 5:15 Minuten laufen und in derselben Woche Deadlifts mit 200 Kilo schaffen.
- DIE GAMES GEWINNEN!

Diese Ziele lese ich nicht nur, ich spreche sie laut und stolz aus. Es ist wichtig, sie ständig zu wiederholen. Das ist wie beim Fahrradfahren. Ich sage mir diese Ziele immer wieder vor, sodass ich sie irgendwann fast automatisch umsetze, ohne darüber nachzudenken. So erreiche ich meine Ziele: Ich spreche sie voller Überzeugung aus, bis sie eines Tages wahr werden.

Verschieße dein Pulver nicht

Im Flow zu sein, kostet jede Menge Energie, die – wie bei einem Akku – auch irgendwann aufgebraucht ist. Begib dich also nur in den Tunnel, wenn du es auch wirklich musst. Danach musst du deinen Akku wieder aufladen, denn der Flow-Zustand hält nicht ewig an. Finde heraus, wie du ihn nutzen kannst, und nutze ihn sparsam. Wie überall im Leben ist zu viel des Guten irgendwann schlecht. Ich habe während meiner gesamten Karriere bewusst darauf geachtet, nicht auszubrennen. Dabei habe ich definitiv meine Grenzen ausgelotet, etwa als ich 2016 gleichzeitig für die CrossFit Games und die Olympischen Sommerspiele trainierte, 2018 für die CrossFit und die Commonwealth Games oder in der CrossFit-Saison 2021/2022 für das Rogue Invitational und die Olympischen Winterspiele. Mit Shanes Hilfe war ich allerdings in der Lage, meine Prioritäten in diesen Zeiten korrekt einzuschätzen und dementsprechend zu handeln. Ich fand Erfüllung darin, gleichzeitig für mehrere dieser großen Wettbewerbe zu trainieren, und vermied einen Burn-out, indem ich zur rechten Zeit immer abgeschaltet oder runtergefahren und meine Akkus aufgeladen habe. Je häufiger du den Flow erlebst, umso leichter kannst du ihn an- und abschalten und umso besser wirst du mit deiner Energie haushalten können, weil du weißt, wann du abschalten und pausieren und wann du aufdrehen und Vollgas geben musst.

Finde deine Motivation – wo immer du kannst!

Viele Sportler und Performer hören gerne bestimmte Musikstücke, bevor sie raus ins Rampenlicht gehen und ihre Konkurrenten auseinandernehmen. Serena Williams beispielsweise war bekannt dafür, mit Kopfhörern den Court zu betreten, und von Michael Phelps weiß man, dass er sich mit Eminem für seine Rennen in Stimmung brachte. Was immer für dich funktioniert, tue es! Ich selbst höre beim Aufwärmen keine Musik, weil ich ziemlich minimalistisch bin, was meine Pre-Game-Routine angeht. Ich mag es lieber ruhig und einfach, außerdem will ich mich nicht von irgendetwas abhängig machen, und sei es auch nur die Musik-Funktion meines Smartphones. Im Training gebe ich mir über die Gym-Lautsprecher allerdings die volle Dröhnung. Am liebsten mag ich dann den Sound meiner australischen Landsleute AC/DC: »TNT«, »Stiff Up a Lip« oder »Thunderstruck« kommen nie aus der Mode. Und wenn Shane im Training »Back in Black« auflegt, weiß ich, dass er etwas Besonderes von mir sehen möchte.

Einige Sportler übertreiben es allerdings mit ihren Pre-Game-Ritualen, weil sie glauben, ohne diese nicht auskommen zu können. Einige tragen ihre »Glückssocken«, andere bekreuzigen sich kurz vor dem Start noch einmal. Ich versuche, so gut es geht, ohne solche Rituale auszukommen, weil ich glaube, dass sie mich nur ablenken würden. Warum sollte ich mir Gedanken darüber machen, ob ich die richtigen Socken trage oder den richtigen Song gehört habe? Ich richte meinen Fokus lieber auf das Event, das vor mir liegt.

LIES DICH STARK

Jeden Morgen, bevor ich in meinen Tag starte, lese ich bei einer Tasse Kaffee ein paar Zeilen. Manchmal nur aus Spaß oder um mich abzulenken, oft lese ich aber auch Bücher von Trainern, Sportpsychologen oder sogar Unternehmern, um auch mental stärker zu werden und meine Persönlichkeit weiterzuentwickeln. Die Verbindung zwischen Körper und Geist ist extrem eng und ich möchte gerne mehr darüber erfahren. Für mich ist das ein essenzieller Bestandteil meines Trainings, der genauso wichtig ist wie zum Beispiel eine Ausdauereinheit. Denn indem ich lerne, wie mein Verstand funktioniert, erfahre ich gleichzeitig, wie ich ihn besser zu meinem Vorteil nutzen kann, etwa wie ich mich besser konzentriere, negative Gedanken ausblende oder Schmerzen aushalte. Nicht alles, was ich lese, ist komplett neu für mich. Aber manchmal hilft es schon, Dingen, die ich instinktiv bereits wusste, einen theoretischen Unterbau zu geben, denn dann kann ich gezielt daran arbeiten und sie verbessern. In *Die 1%-Methode* beschreibt James Clear zum Beispiel, wie wir Menschen wirklich auf Routinen reagieren.[13] Das fand ich faszinierend, weil ich mein gesamtes Leben lang immer schon trainiert habe. Schon als junges Mädchen stand ich jeden Morgen viel zu früh auf, um mit dem Training zu beginnen, und absolvierte am späten Nachmittag, nach der Schule, noch eine weitere Einheit. Inzwischen ist diese Routine ein Teil meiner Identität geworden und mithilfe dieser Disziplin habe ich meinen Geist und meinen Körper darauf konditionieren können, alles zu erreichen, was ich mir vornehme. Obwohl ich Training nicht mag, macht es mir doch Spaß, mich zu pushen, und es war cool zu lesen, dass die Wirksamkeit dieser Disziplin tatsächlich wissenschaftlich belegt ist.

Ein weiteres tolles Buch über die Verbindung zwischen Körper und Geist ist *Selbstbild* von Carol Dweck. Die Autorin beschreibt darin, wie sehr unser Leben davon bestimmt wird, wie wir über unsere Talente und Fähigkeiten denken.[14] Menschen mit einem starren Selbstbild haben im Leben geringere Erfolgschancen als solche, die glauben, dass sich ihr Talent fördern und entwickeln lässt (das sogenannte Wachstumsdenken). Ich bin fest davon überzeugt, dass eine solche Einstellung für Erfolg ebenso wichtig ist wie körperliches Training. Egal, wie viel du trainierst: Ohne das richtige Mindset kannst du deine Fußballschuhe,

Schwimmbrille oder Boxhandschuhe auch gleich an den Nagel hängen, denn du wirst nicht vorankommen. Übrigens: Ein Tagebuch zu führen ist gut, um den Kopf freizubekommen und sich besser zu fühlen. Ich schreibe in meins nicht so oft, wie ich gerne würde, aber wenn mein Verstand rast, dann gelingt es mir mit einem Tagebucheintrag am besten, meine Gedanken zu sammeln und nicht zu viel zu grübeln. Meine Gedanken zu Papier zu bringen, hilft mir zu verstehen, was diese Gedanken und die damit verbundenen Emotionen ausgelöst hat.

Konzentriere dich auf deine Atmung

Die Gedanken auszublenden, ist leichter gesagt als getan. Wenn du nervös bist, wird deine Atmung oft flach, weshalb du weniger Luft (und damit Sauerstoff) einatmest, als du bräuchtest. Laut einem 2013 von der National Library of Medicine veröffentlichten Fachartikel führt dies zu einem Sauerstoffdefizit im Gehirn, das deine Konzentration stören und Nervosität verstärken kann.[15] Zum Glück gibt es ein simples Gegenmittel: Hole einfach viermal tief Luft. Und zwar so: Zähle in Gedanken bis vier und atme tief durch die Nase in den Bauch ein. Zähle anschließend erneut bis vier und atme langsam durch den Mund wieder aus. Wiederhole das Ganze drei- bis viermal. Das beruhigt deine Nerven und entspannt dich. Dieselbe Methode wende ich an, wenn es mir schwerfällt, mich zu konzentrieren, und meine Gedanken ständig abschweifen. Probiere diese Atemtechnik aus, wenn dich das nächste Mal eine Situation zu überfordern droht.

Achtsamkeit und Meditation

Ich bin zwar kein religiöser, wohl aber ein spiritueller Mensch und glaube an eine höhere Gewalt oder universelle Macht, die über uns wacht. Nenne es Karma, wenn du magst, aber ich bin davon überzeugt, dass positive Energie, die man ins Universum aussendet, irgendwann auch wieder zurückkommt. Wenn es dir schlecht geht und du nichts dagegen unternimmst, kannst du dich nicht entfalten. Wenn ich mich schlecht fühle, hilft mir Meditation, meinen Kopf freizubekommen und mich besser zu konzentrieren. Selbst Atmung – eine einfache Form der Meditation – hilft. Auch wenn du alternativen Methoden bisher wenig abgewinnen konntest: Wenn du deinen Körper entschleunigen und deinen Kopf zur Ruhe kommen lassen möchtest, solltest du dich vielleicht mit dem Thema Achtsamkeit beschäftigen.

Meditation muss kein formaler Vorgang sein. Suche dir einfach einen geeigneten Ort, an dem du entspannt sitzen und in Ruhe die Gedanken aus deinem Kopf strömen lassen kannst. Ich finde, selbst Lesen und Stretching sind Formen von Meditation – wie im Grunde alles, was deinen Verstand ein wenig runterkommen lässt. Achte auf eine bewusste Atmung, wähle ein simples Mantra und lasse dich darauf ein, damit dein Geist zur Ruhe kommt. Bringe deinem Verstand bei, Gedanken loszulassen, damit du sie ausblenden kannst, wenn es drauf ankommt: im Wettkampf.

Indem du meditierst oder dir einfach Zeit nimmst, bestimmte Dinge zu reflektieren, kannst du Phasen der Stagnation in deiner Entwicklung vermeiden, davon bin ich fest überzeugt. Ich muss in dieser Hinsicht ehrlich gesagt selbst noch eine Menge lernen, denn ich führe ein äußerst stressiges Leben und habe vermutlich viel zu viele Verpflichtungen. Ich bin außerdem eine äußerst sensible Person und habe mir, wie bereits geschildert, meine Verletzlichkeit nur abtrainiert. Meditieren hilft mir, diese harte Schale wieder ein wenig weicher zu machen, denn es lässt mich tief in mich hineinhorchen. So kann ich besser verstehen, was ich wirklich will und wo ich als Nächstes hinmöchte, sodass ich mir neue Ziele stecken und Erwartungen an mich selbst stellen kann. Für mich ist Stretching eine Form der Meditation – dabei konzentriere ich mich auf meine Atmung, kriege den Kopf frei und entschleunige, während ich gleichzeitig etwas für meine körperliche Regeneration tue. Eine echte Win-Win-Situation!

TÄGLICHE STRETCHING-ROUTINE

Ich bin ein großer Anhänger von Stretching- und Mobility-Übungen am Morgen. Dehnen tut nicht nur meinem Körper gut, ich kann mich dabei auch entspannen und auf den vor mir liegenden Tag vorbereiten. Wenn ich nicht genug geschlafen habe, bin ich morgens manchmal noch etwas steif und habe Muskelkater vom Training am Tag zuvor. Indem ich mir 15 bis 20 Minuten lang Zeit für mich nehme, um mich zu dehnen, wecke ich meinen Körper und bereite ihn auf den bevorstehenden Trainingstag vor. Gleichzeitig bringe ich mich mental in die richtige Stimmung, um den Tag motiviert zu beginnen.

Es gibt zwei Arten von Stretching: dynamisches und statisches. Dynamisches Stretching besteht aus aktiven Bewegungen und Wiederholungen. Du führst es am besten vor dem Training aus, um deine Gelenke aufzuwärmen, Stoßverletzungen zu reduzieren und deine Übungsausführung zu verbessern. Beim statischen Stretching hältst du eine bestimmte Position dagegen 15 bis 30 Sekunden lang. Du kannst es in den Pausen während eines Workouts oder im Cool-down danach ausführen, um Muskelkater und Gelenkschmerzen zu minimieren. Ich bin außerdem ein großer Fan von Schaumstoffrollen, mit denen du dich selbst massieren und dein Gewebe lockern kannst, wodurch du nach dem Training Giftstoffe wie Laktat oder Kohlendioxid aus dem Körper löst. Ausdauersportler profitieren besonders davon. Ich persönlich nutze Schaumstoffrollen, um morgens meine Beine wach zu machen.

Falls es dein Budget erlaubt, lass dich hin und wieder von einem Physiotherapeuten massieren. Massagen sind teuer, aber aus gutem Grund: Eine Sportmassage von einem gut ausgebildeten und erfahrenen Physio kann Muskelschmerzen lindern, Verspannungen lösen und viele Dinge wieder in Ordnung bringen, die nach jahrelangem Training vielleicht im Argen liegen. (Ich lasse mich in der Off-Season alle zwei Wochen behandeln und während der Wettkampfphase einmal pro Woche.)

Solche Regenerationsmaßnahmen werden nicht über Nacht einen Spitzensportler aus dir machen oder Fehler in deinem Trainingsansatz ausbügeln können. Aber sie sind Werkzeuge, die dir zur Verfügung stehen, um das Beste aus dir herauszuholen oder nach einer längeren Pause stark wieder zurückzukommen. Wenn du einige davon für dich nutzt, wirst du einen echten Unterschied in deiner Leistung und deinem Befinden spüren.

Im Folgenden beschreibe ich einige Dehnübungen für den ganzen Körper, die ich jeden Morgen vor dem Training und an Ruhetagen ausführe, um locker, beweglich und verletzungsfrei zu bleiben. Sie kurbeln außerdem meine Durchblutung an und lassen mich dadurch leichter in den Tag starten. Falls du mehr zum Thema Stretching erfahren möchtest, dann besuche meinen Youtube-Kanal.

UNTERKÖRPER

Seated Straddle: Der klassische Spreizsitz. Setze dich auf eine Matte und spreize die gestreckten Beine, soweit du kannst, zur Seite ab. Stütze deine Handflächen vor dir auf den Boden und wandere damit nach vorn, bis du auf deinen Unterarmen ruhst. Wenn es geht, kannst du die Beine nun noch weiter spreizen. Atme und halte die Position zwei bis drei Minuten lang. Wenn ich Probleme mit dem unteren Rücken habe, kann ich ihn mit dieser Übung gut entlasten.

Single-leg Forward Stretch: Diese Übung ist gut für die Beinbeuger. Sind die verspannt, schadet das der Gesäßmuskulatur, was wiederum dem unteren Rücken schadet. Wenn du im hinteren Bereich deiner Oberschenkel Verspannungen spürst, ist dies also die richtige Übung für dich. Winkle in der Seated-Straddle-Position einfach ein Bein an und lehne deinen Oberkörper nach vorn über das gestreckte Bein. Halte die Position zwei bis drei Minuten pro Seite. Atme in die Dehnung hinein und erzwinge keine Position – dehne nur so lange und so tief, wie dein Körper es erlaubt.

Fußgelenk-/Beindehnung: Knie dich auf eine Yogamatte und stelle deinen rechten Fuß vor dir auf wie bei einem Ausfallschritt, das linke Knie und Fußgelenk verbleiben auf der Matte. Schiebe nun das rechte Knie nach vorn, bis es über die Zehen hinausragt. Halte diese Position zwischen 30 Sekunden und zwei Minuten (je nachdem, wie viel Zeit du hast), wechsele dann die Seiten und wiederhole das Ganze mit dem linken Bein. Du wirst die Dehnung in der Leiste und im Fußgelenk spüren. Achte darauf, dass die Ferse des aufgestellten Fußes die ganze Zeit auf dem

Boden bleibt. Falls du die Intensität etwas erhöhen möchtest, beuge deinen Oberkörper nach vorn in Richtung Schenkel und drücke dein Knie stärker gegen die Matte. Falls bei dir eine Seite verspannter als die andere ist, dehne diese Seite etwas länger – dehne aber grundsätzlich immer beide Seiten! Wenn du nur eine Seite dehnst und die andere vernachlässigst, können Verletzungen die Folge sein.

Hüftdehnung: Beginne im Ausfallschritt und positioniere das vordere Knie direkt über deinem Fußgelenk. Dein anderes Knie schiebst du möglichst weit nach hinten. Richte deinen Oberkörper gerade auf. Lasse deine rechte Hüfte so weit wie möglich in Richtung Matte absinken, sodass du die Dehnung in Hüfte und Leiste spürst. Diese Übung ist gut für die Hüftbeuger. Ich spüre sie außerdem auch in den Beinbeugern. Wenn du die Position etwas länger hältst, kannst du dein vorderes Knie vorsichtig etwas nach vorn schieben und so die Innenseite deines Oberschenkels dehnen. Du kannst dich außerdem auf den Ellenbogen abstützen, wenn du die Dehnung noch intensivieren möchtest – ob das gelingt, hängt von deiner Beweglichkeit ab. Achte darauf, das Knie nicht über die Zehen hinauszuschieben wie in der vorherigen Dehnung. Du kannst bei dieser Übung gleichzeitig deine Brustregion dehnen, was gerade für Menschen wichtig ist, die viel am Schreibtisch arbeiten. Wenn wir vor dem Computer sitzen, dann häufig mit einer gekrümmten Haltung, die Verspannungen in der Brust auslöst. Die Schultern rollen dabei nach vorn und werden ebenfalls verspannt. Mit dieser Übung kannst du den Brustbereich optimal lockern, um im Alltag wieder eine bessere Sitzhaltung einzunehmen. Dehne auch bei dieser Übung beide Seiten und halte die Dehnung auf jeder Seite für eine bis zwei Minuten.

OBERKÖRPER

Schulterdehnung: Lege dich auf den Bauch, die Beine sind ausgestreckt. Lege den linken Arm seitlich ab und platziere deine rechte Hand unter deiner rechten Schulter. Drücke dich damit vom Boden ab und rolle dich auf deine linke Seite, in die Dehnung der linken Schulter hinein. Wenn du magst, kannst du dein rechtes Bein beugen und hinter dir auf der Matte absetzen, um deine Wirbelsäule etwas einzudrehen. Die Intensität dieser Dehnung kannst du nach Belieben steigern, indem du dich vorsichtig weiter nach links einrollst. Übertreibe es aber nicht! Diese Übung ist toll für die Schultern und den oberen Rücken. Halte die Dehnung 30 Sekunden lang und vergiss nicht, die Seiten zu wechseln.

Hündchen-Pose: Knie dich auf die Matte, platziere beide Hände vor dir auf dem Boden und senke deine Brust so weit ab wie möglich. Strecke dein Gesäß in die Luft und drücke gleichzeitig die Brust nach unten. Du solltest nun eine Dehnung im Bereich deiner Lats spüren, was hilft, die Brust zu weiten. Um die Dehnung zu intensivieren, stütze deine Hände nicht auf den Boden, sondern auf einen Block, sodass du die Brust noch weiter absenken kannst. Verspannte Lat-Muskeln können Probleme im oberen Rücken und Nacken verursachen, deinen oberen Rücken zu dehnen, ist daher enorm wichtig.

Frosch-Pose: In dieser Position könnte ich den ganzen Tag sitzen. Knie dich auf den Boden und senke den Po bis zu deinen Fußgelenken ab. Dann lehne dich nach vorn und strecke die Arme aus, sodass du die Dehnung in den Lats spürst. Drücke deine Brust in Richtung Boden, soweit du ohne Schmerzen kannst, um deine Lats noch stärker zu dehnen.

Ich kann gar nicht oft genug betonen, wie wichtig es ist, dass du beim Dehnen nichts forcierst, weil du sonst deinen Körper belastest. Atme während der Dehnungen langsam und erzwinge nichts; dehne nur dann tiefer, wenn es sich wirklich gut für dich anfühlt. Wichtig ist außerdem, nicht durch deine Stretching-Routine durchzuhetzen, sondern jede Position zwischen 30 Sekunden und zwei Minuten zu halten.

Tapering nach der heißen Phase

Ähnlich wie Marathonläufer, die ihr Training in der Woche vor dem Rennen deutlich zurückfahren, um noch einmal Kraft zu tanken und den Körper zu schonen, baue auch ich in den Tagen vor den CrossFit Games oder anderen großen Wettbewerben eine solche sogenannte Tapering-Phase ein. In der Vorbereitung habe ich meinen Körper monatelang an seine Grenzen gebracht, nach der heißen Phase gönne ich ihm deshalb eine wohlverdiente Pause. Ich fahre mein Training dann komplett zurück. Shane sagt immer, ich würde in dieser Zeit »mein Schwert schärfen«, denn nun habe ich Gelegenheit, durchzuatmen und meine Akkus aufzuladen, sodass ich im Wettkampf topfit und voll motiviert an den Start gehe.

Shane denkt im Hinblick aufs Training gern in mechanischen Kategorien und vergleicht unsere Art zu trainieren oft mit dem Schmieden eines Schwerts. Der erste Schritt bei der Herstellung eines Schwerts ist das Zusammentragen der Rohstoffe und Werkzeuge. Übertragen auf unsere Vorbereitung entspräche das dem Erstellen eines Trainingsplans und dem Zusammentrommeln des gesamten PRVN-Teams.

Als Nächstes wird der formlose Stahlblock ins Feuer gesteckt. Dies ist unsere erste Phase der Vorbereitung, in der wir mit drei Stunden Training am Tag beginnen. Sobald der Stahl erhitzt und bereit ist, geformt zu werden, wird er mit dem Hammer bearbeitet, bis er ganz flach ist. Anschließend wird er erneut erhitzt und geschliffen. Auch unsere Athleten werden in den Hochleistungsphasen schrittweise getrimmt, bis sie ihre Wettkampfform erreicht haben. Wir trainieren dann sechs bis acht Stunden täglich. Sobald wir in Topform sind, bereiten wir uns gezielt auf den Wettkampf vor. Dies ist die letzte Phase des Schmiedens, in der das Schwert geschärft wird. 12 bis 13 Stunden benötigen wir täglich für den Feinschliff und das Polieren unserer Skills, bis wir das Training in der letzten Woche schließlich zurückfahren. Am Ende dieses langen Prozesses ist eine wunderschöne, aber gleichzeitig tödliche Waffe entstanden, die bereit ist, jederzeit zuzuschlagen.

Du brauchst einen Rettungsanker

Weil ich monatelang extrem intensiv trainiere, bin ich vor großen Wettkämpfen manchmal so erschöpft, dass ich emotional einbreche. Meine Gedanken kreisen dann um alle möglichen Themen, Zweifel steigen in mir auf und ich beginne mir Fragen zu stellen, die nicht gut für mich sind, wie: »Tue ich genug? Gebe ich wirklich alles? Schaffe ich es, dieses Jahr wieder zu gewinnen?« Ich stelle mir solche Fragen, obwohl ich genau weiß, dass ich erneut gewinnen kann. Das ist nichts anderes als Selbstsabotage. In solchen Momenten hole ich mir Bestätigung von meinem Team, insbesondere von Shane und meinem Dad. Beide schenken mir dann kein blindes Lob, sondern stellen die entscheidenden Fragen, die ich voller Zuversicht beantworten sollte.

2017 hatte ich nur ein einziges Ziel: die CrossFit Games gewinnen. Einige Wochen, bevor Shane und ich in die USA aufbrachen, brauchte ich unbedingt ein Telefonat mit meinem Dad. Aufgrund meiner enormen körperlichen Erschöpfung hatte ich zugelassen, dass sich negative Gedanken in meinem Kopf einnisteten, und ich wurde immer nervöser. Ich brauchte ein wenig Bestätigung von jemandem, der kein Blatt vor den Mund nehmen würde. Dabei wollte ich weder gelobt noch bewertet werden. Mein Dad erinnerte mich daran, wo ich im Training gerade stand. »Du bist sicher erschöpft und dir tut alles weh, schließlich befindest du dich in der heißen Phase der Vorbereitung. Da ist es doch klar, dass du dich nicht so fühlst, als ob du gewinnen könntest. Du hast kaum noch Energie und das bisschen, das du hast, steckst du in dein Training.« Seine Worte halfen mir, meine Gedanken neu zu ordnen. Sie vereinfachten einige Dinge für mich und sorgten dafür, dass dieses latente Gefühl der Überforderung verschwand. Nun konnte ich mich wieder aufs Gewinnen konzentrieren.

Was als Notruf bei meinem Dad begann, ist inzwischen zu einer festen Gewohnheit geworden. Ich habe begriffen, dass dies meine Art ist, mir selbst zu bestätigen, dass ich genug für den Sieg getan habe und mich nicht auf meinen Lorbeeren ausruhe. Die Telefonate mit meinem Dad helfen mir, mich mental auf einen Wettkampf einzustellen, sie sind deshalb zu einem festen Bestandteil meiner Vorbereitung auf die Games geworden. Hier einige meiner Lieblingszitate von ihm:

> *»In einem Kampf ist nicht die Größe des Kämpfers entscheidend, sondern die Größe seines Kampfgeists«, sagte mein Dad immer. Und fügte dann hinzu, dass ich ans Gewinnen keinen Gedanken verschwenden solle. »Das kannst du sowieso nicht kontrollieren. Mache dir keine Gedanken über Dinge, die du nicht kontrollieren kannst. Niemand weiß, wie das Programm*

in diesem Jahr aussehen wird. Gib jetzt einfach dein absolut Bestes und ich garantiere dir, dass du für alles bereit sein wirst, was dich im Wettkampf erwartet. Ich bin stolz auf dich, aber nicht, weil du gewinnst, sondern weil du immer verdammt hart dafür arbeitest.«

»Tia, das Leaderboard steht nach dem Wettkampf wieder auf null. Also gib alles und denke immer daran, dass die anderen Frauen genauso hart um den Sieg kämpfen werden wie du.«

»Zeige mir, wie groß dein Herz ist, Tia. Alle da draußen sind fit und können hier mithalten, wer gewinnen will, braucht aber das größte Herz. Wer will es am meisten? Gehe da raus und zeige mir, wie groß dein Herz ist, denn ich weiß genau, zu was du fähig bist!«

»Wenn du dich abends schlafen legst, dann stelle dir selbst die Frage: ›Habe ich heute wirklich mein Allerbestes gegeben?‹«

Das letzte Zitat ist mein absoluter Favorit. Wenn ich diese Frage mit Ja beantworten kann, weiß ich, dass ich auf dem richtigen Weg bin. Es ist einige Male vorgekommen, dass ich ihn angerufen habe, um zu sagen: »Dad, heute habe ich nicht mein Bestes gegeben. Es ging einfach nicht …« Seine Antwort lautete dann: »Das ist in Ordnung. Denn weißt du was? Morgen wirst du besser sein als heute und das dann einfach ausbügeln.«

Jeder Mensch hat Zweifel, durch die er sich einfach durcharbeiten muss. Umso besser, wenn man jemanden hat, der einen dabei unterstützt. Auf diese Weise gelingt es mir, alle Zweifel beiseite zu wischen, sodass ich im Wettkampf keine mehr habe – und einfach rausgehen und in den Tunnel finden kann.

Visualisierung

Je häufiger ich Wettkämpfe bestritt, umso häufiger gelangte ich in den Flow-Zustand, da dieser sich von Mal zu Mal leichter herbeiführen ließ. Und durch die immer häufigeren Flow-Zustände nahm ich mich zusehends anders wahr. Ich begann zu visualisieren und mich als Champion zu sehen. Das ist der Unterschied zwischen der Anfängerin Tia, die ihr wahres Potenzial noch nicht erkannt hatte, und der Tia von heute, die mehrere Jahre in Folge Weltmeisterin und damit die dominanteste CrossFitterin aller Zeiten geworden ist.

Visualisierung kann in der Vorbereitung auf ein wichtiges Spiel oder einen Wettbewerb sehr nützlich sein. Ich visualisiere jede Bewegung, jedes Detail. Ich sehe mich auf der Wettkampffläche stehen, wie ich darauf warte, dass der Boz (der Hauptkampfrichter) mir das Startsignal gibt und ich ruhig und doch voller Adrenalin beginne, meine Position für Cleans einzunehmen. Dann beobachte ich mich dabei, wie ich die Hantelstange greife, die sich direkt oberhalb meiner Schnürsenkel befindet, wie ich sie erst mit meiner rechten, dann mit meiner linken Hand etwas neben meinen Beinen greife und meinen Hintern rausstrecke, um die Beinbeuger zu aktivieren. Dann gehe ich tief in die Kniebeuge, wie eine gespannte Feder, die gleich nach oben schnellt. Wenn ich mich bereit fühle, initiiere ich den Zug, indem ich meine Füße fest gegen den Boden drücke. Ich richte mich auf und ziehe dabei die Hantel vom Boden; sie schwebt kurz in der Luft, während ich meinen Körper absenke und unter die Hantel bringe, bereit, sie zu fangen, wenn die Schwerkraft sie mir entgegentreibt. Ich nehme das Gewicht mit dem vorderen Teil meiner Schultern und meinem Schlüsselbein auf und lasse es Stück für Stück absinken, bevor ich meine Füße erneut in den Boden stemme, um das Gewicht noch einmal hochzuwuchten.

Mit dieser bildlichen Vorstellung konditioniere ich mein Gehirn, sodass die tatsächliche Übungsausführung im Wettkampf für mich dann keine neue Erfahrung mehr ist. Im Training habe ich außerdem schon so viele Cleans absolviert, dass meine Muscle Memory exakt weiß, was zu tun ist. Auch wenn ich mich wiederhole: Deshalb sind Training und das ständige Wiederholen von Bewegungen so extrem wichtig für deinen Erfolg. Du stellst damit eine unterbewusste Verbindung zwischen Körper und Geist her, mit deren Hilfe du ungeahnte Leistungen vollbringen kannst.

Es ist übrigens etwas völlig anderes, ob du dich im Training oder im Wettkampf als Champion visualisierst. Im Wettkampf denke ich nie ans Gewinnen, weil mich das viel zu sehr unter Druck setzen würde. Bleibe im Wettkampf stets im Hier und Jetzt präsent, denke nicht an die Zukunft und auch nicht an die Vergangenheit. Mache langsam, arbeite die bekannten Abläufe kontrolliert nacheinander ab und sei für alles bereit, was dich erwarten könnte – aber visualisiere nicht den Moment, in dem du gewinnst. Am Wettkampftag geht es nur darum, das auszuführen, was du monatelang trainiert hast. Der Sieg ist dann nur noch Nebensache.

Bitte lächeln!

Ein letzter Tipp von mir, um im Flow zu bleiben: Lächle! Nicht für andere, sondern für dich selbst. Das hebt die Stimmung, hilft beim Abbau des Stresshormons Cortisol, setzt gleichzeitig Endorphine – also Glückshormone – frei und verbessert deine Ausdauer. Es ist wichtig, dass du alles, was du tust, genießt und glücklich dabei bist – selbst, wenn es wehtut.

KAPITEL 10

MACHE MAL PAUSE

ERHOLUNG IST EXTREM WICHTIG FÜR KÖRPER UND GEIST

In all der Zeit, die ich in Amerika verbracht habe, ist mir ein weiterer gravierender Unterschied zwischen Amis und Aussies aufgefallen: Amerikaner leben, um zu arbeiten, während Australier arbeiten, um zu leben. Das gilt für alle Aspekte des Lebens, besonders auffällig ist es aber in den CrossFit-Gyms überall in den USA. Manche Menschen verbeißen sich so sehr in ihr Ziel, dass sie dabei ganz vergessen, den Weg dorthin zu genießen. (Ich spreche aus Erfahrung – und du weißt inzwischen ja, wie sehr ich meinen Weg eigentlich genieße.) Schlimmer noch: Sie vergessen auch, auf diesem Weg ab und an mal eine Pause einzulegen. Ich kann das verstehen. Auch ich verfalle leicht in eine »Nonstop alles geben«-Mentalität, weiß aber auch, dass eine solche Herangehensweise nur im Desaster enden kann. Ich habe in meiner Karriere viele Sportler kennengelernt, die sich beim Streben nach ihrem Ziel sowohl im Gym als auch außerhalb davon viel zu viel Druck auferlegt haben. Das kann sowohl für die seelische Verfassung als auch für die sportliche Leistungsfähigkeit nachteilig sein. Verstehe mich nicht falsch: Es ist kein Fehler, deine Ziele ambitioniert zu verfolgen. Du musst nur aufpassen, dass du dich dabei nicht überforderst und dich ausreichend erholst, um deine Akkus wieder aufzuladen. Ich weiß aus eigener Erfahrung, dass die eigentlichen Trainingsfortschritte in den Ruhephasen geschehen.

Auch dein Kopf braucht mal Pause

Ich war schon immer davon überzeugt, dass die richtige Balance zwischen anstrengenden Trainingseinheiten und Pausen für die Regeneration wichtig ist. In diesen Pausen erholt sich dein Körper und du kannst auch mental neue Kraft tanken. Shane und ich achten deshalb darauf, dass wir uns in unseren Pausen auch wirklich eine Auszeit vom Job – also dem Training – nehmen, so wie ganz normale Paare das auch tun. Wir hängen unsere Coach- und Sportler-Hüte dann für kurze Zeit an den Haken – und wenn wir können, auch unsere Business-Hüte – und sind nur noch die Eheleute Shane und Tia. Meist sind es die Abende, an denen wir unsere Arbeit ausblenden, auch wenn das nicht immer einfach ist, vor allem, wenn ein wichtiger Wettkampf ansteht. Dann gibt es zwischen uns immer viel zu bereden, zu analysieren und taktieren – aber nicht, wenn wir gerade auf der Couch liegen, einen Film schauen und relaxen. Dann habe ich keine Lust, über das Training zu reden, das morgen ansteht. Manchmal würde ich gerne über das Training des zurückliegenden Tages sprechen, aber dann halte ich mich zurück, weil dies einfach nicht der richtige Zeitpunkt ist, sich darüber Gedanken zu machen.

Neben den freien Abenden habe ich immer einen Rest Day pro Woche, meist der Montag. Das hat einen Grund: Wir simulieren damit grob die CrossFit-Games-Woche, die üblicherweise an einem Dienstag oder Mittwoch beginnt und bis Sonntag andauert. Kleinere Wettbewerbe dauern in der Regel von Freitag bis Sonntag. Deshalb belohnen Shane und ich uns nach einer langen Trainingswoche an Sonntagabenden mit einem Kinobesuch und Snacks (ich liebe m&ms, er Soft Lollies, eine australische Süßigkeit) oder gehen in einem schicken Restaurant essen. Auf diese gemeinsame Auszeit arbeiten wir die gesamte Woche über hin, während wir uns im Gym quälen. An solchen Abenden gönnen wir uns auch völlig ohne schlechtes Gewissen ein paar Cheat Meals. Schließlich haben wir uns die nach einer Woche cleaner und gesunder Ernährung verdient.

Ich brauche dieses allwöchentliche Entspannungsritual, auf das ich mich freuen kann, weil mir das ganze Training sonst irgendwann zu viel werden würde – gerade, wenn Einheiten besonders monoton sind und ich weiß, dass noch viele Monate Vorbereitung vor mir liegen. In solchen Momenten kann eine Pause, ein wenig Abstand von all der Belastung, für dein Wohlbefinden Wunder bewirken. Auszeiten ermöglichen dir einen objektiven Blick, den du wahrscheinlich nicht hast, wenn du konstant unter Stress stehst. Sie lassen dich durchatmen und für einen kurzen Augenblick alles beiseiteschieben, über das du dir sonst den Kopf zerbrichst. Ich lade in diesen Momenten auch meine emotionalen und mentalen Energiespeicher auf. Versuche also immer, deine intensiven Workouts durch ausreichend Pausen und Erholung auszugleichen. Du wirst dann zu deiner nächsten Einheit wieder fit und frisch motiviert antreten.

Meine Laufbahn als Profisportlerin hat nur eine geringe Halbwertszeit, das Fenster, in dem ich von meiner Marke profitieren und mir etwas für die Zeit nach der Karriere aufbauen kann, ist äußerst klein. Ich werde deshalb schnell ungeduldig und habe ständig das Gefühl, in meinem Hinterkopf würde eine Uhr ticken. Dieses Ticken auszublenden und nicht alles auf einmal zu versuchen, fällt mir schwer. Oft halse ich mir zu viel auf, weil ich das Gefühl habe, immer mehr und noch mehr tun zu müssen. Wir haben aber auf die harte Tour gelernt, dass unsere Kapazitäten nicht unendlich sind und wir eine Sache nach der anderen organisiert angehen müssen. Deshalb stellen wir alle unsere Verpflichtungen zweimal im Jahr auf den Prüfstand, um sicherzugehen, dass wir uns nicht wieder zu viel zumuten. So wurde mir nach den Games 2022 klar, dass ich eine ganze Saison aussetzen musste – keine Wettkämpfe, kein Training. Wegen meines Rückens, weil ich seit zwei Jahren keine echte Off-Season mehr gehabt hatte und natürlich, weil ich schwanger war. Aber all diesen Argumenten zum Trotz hätte ich fast bei zwei Events zugesagt, für die ich während der Off-Season hätte trainieren und antreten müssen. (Ich lasse Chancen eben ungerne ungenutzt.) Wären die Menschen aus meinem engsten Umfeld nicht gewesen, die mir das glücklicherweise ausgeredet haben, hätte ich diese Events sicher bestritten und mich körperlich, mental und emotional völlig fertiggemacht.

Dein Körper braucht Zeit, sich zu erholen ...

Viele Profisportler haben ein schlechtes Gewissen, wenn sie mal einen Tag freinehmen. Mich erinnert das immer an die Workaholic-Mentalität vieler ambitionierter Geschäftsleute, die im Büro morgens die Ersten sein wollen, die kommen, und abends die Letzten, die gehen. Einige machen einen richtigen Wettbewerb daraus, wer die meiste Zeit im Gym verbringt. Das ist allerdings nicht gut für deinen Körper, so wirst du dich nur verletzen oder alte Verletzungen wieder aufbrechen lassen. Daran muss ich mich selbst jeden Tag erinnern, vor allem in der heißen Phase vor einem wichtigen Wettkampf. Wenn du deinem Körper nicht ausreichend Zeit zur Erholung gibst, setzt du deine Power und Leistungsfähigkeit im

Wettkampf aufs Spiel und erhöhst auf Dauer das Risiko auszubrennen. Mein Dad schützt mich davor, in diese Falle zu tappen, indem er oft fragt: »Tia, brennst du die Kerze schon wieder von beiden Enden ab?« Und manchmal muss ich zugeben: »Ja, das tue ich.« Sein kleiner Hinweis sorgt dann dafür, dass ich mich hinterfrage und darauf achte, dass mein Workload nicht überhandnimmt und meinem Training am Ende sogar schadet (was letztlich auch meiner Performance schadet, sodass ich mir damit einen echten Bärendienst erweisen würde). Wenn du etwas so sehr möchtest, dass du nonstop darauf hinarbeitest, dann bringst du dich damit schnell in eine Situation, in der du dich ausgebrannt und niedergeschlagen fühlst, was völlig kontraproduktiv ist.

Es ist umfassend belegt, dass in Ruhephasen die Muskulatur repariert wird und der gesamte Körper sich erholt. Studien zeigen, dass mindestens 24 Stunden ohne körperliche Belastung dazu beitragen, dass der Körper seine Energiereservoirs wieder auffüllt und im Training zerstörtes Gewebe repariert. Ganz einfach: Die Pause nach dem Training ist genauso wichtig wie das Training selbst, und zwar nicht nur für den Körper, sondern auch für den Geist. Du musst kein schlechtes Gewissen deswegen haben, weil Pausen absolut notwendig sind. Eine weitere gute Frage, die mein Dad mir oft stellt, lautet: »Tia, wer ist der wichtigste Mensch in deinem Leben?«

»Na ja, Shane, du, Mum, meine Schwestern und Willow«, sage ich dann immer.

»Nein, *du* bist der wichtigste Mensch auf der Welt. Und weißt du auch, warum? Weil du für die Menschen, die dir nahestehen, nicht da sein kannst, wenn du dich vorher nicht selbst an erste Stelle setzt und auf deine Gesundheit und dein Wohlbefinden achtgibst. Ich muss dafür sorgen, dass ich mental und körperlich stets auf der Höhe bin, um für dich, deine Mutter und deine Schwestern da zu sein – denn nur dann bin ich ein wirklich guter Ehemann und Vater.«

Da hat er recht. Ich bin Shane, Willow und den anderen Menschen in meinem Umfeld keine Hilfe, wenn es mir körperlich, mental oder seelisch selbst nicht gut geht. Und das ist wichtiger als jeder sportliche Wettbewerb und jeder Job der Welt.

EIN TYPISCHER TRAININGSTAG: AUFSTEHEN, AUFWÄRMEN, ABLIEFERN – UND DAS GANZE VON VORN

Ich trainiere zehn Stunden am Tag, insbesondere in der heißen Phase vor den CrossFit Games.

6 Uhr: Der Tag beginnt mit Aufstehen, Kaffee, Stretching und 75 Minuten Schwimmen.

8 Uhr: Frühstück, gemacht von Shane (Ehemann des Jahres). Ich esse den gesamten Tag über. Shane achtet darauf, dass ich das Richtige esse und die extremen Kalorienmengen, die ich verbrenne, auch wieder zu mir nehme.

10 Uhr: Ich gehe auf die Laufstrecke und mache Intervallläufe und Sprint-Drills.

12 Uhr: Ich fahre ins Gym, esse dort Mittag, mache ein paar Mobility- beziehungsweise Dehnungsübungen und ruhe mich noch etwas aus, bevor wir mit meiner Gym-Einheit beginnen.

13–18 Uhr: Meine Gym-Session besteht aus sieben bis neun Teilen: Warm-up, zwei bis drei Langhantelübungen für Kraft und Skills, eine Langhantelübung für Kraftausdauer, eine Turnübung, ein bis zwei Kraftausdauerübungen, Hilfsübungen (das sind Übungen, die andere Hauptübungen ergänzen) und vielleicht noch eine längere Einheit für aerobe Ausdauer. Danach gehe ich oft noch in die Sauna oder nehme ein Eisbad, um die Regeneration meiner Muskulatur zu fördern.

19 Uhr: Abendessen und Fernsehen. Wir versuchen, alle großen Streaming-Serien zu schauen, auch wenn es während der heißen Phase der Saison schwierig wird, auf dem Laufenden zu bleiben.

20 Uhr: Um diese Zeit beantworte ich E-Mails oder erledige am Computer Büroarbeit, die tagsüber liegen geblieben ist.

21 Uhr: Schlafenszeit. Ich versuche, mindestens acht Stunden am Tag zu schlafen, idealerweise sogar zehn (wenn Willow mich lässt). Wenn ich nicht mindestens zehn Stunden pro Nacht schlafe, spüre ich, dass mein Körper sich nicht so gut erholt.

... aber nicht zu viel Zeit

Ich will an dieser Stelle gar nicht von den – wie ich sie nenne – Weekend Warriors anfangen, Menschen, die höchstens mal samstags ins Gym gehen. Solche Leute stecken zwangsläufig in einer ständigen Muskelkater-Schleife. Sie trainieren wie die Wahnsinnigen, sind am nächsten Tag dann völlig im Eimer und bleiben dem Gym erst mal mehrere Tage lang fern. Zwar erholen sie sich in dieser Zeit, aber weil sie erst nach einer Woche wieder trainieren, kann ihr Körper sich nie an die Belastung gewöhnen, weshalb sie auch keine Fortschritte machen. Mit zwei bis drei Trainingstagen pro Woche mehr würden sie ihre Muskeln konditionieren und die wichtige Muscle Memory entwickeln. So ist es aber jedes Mal, als würden sie wieder bei null beginnen. Jedes. Mal. Aufs Neue.

Wenn du dich in diesen Zeilen wiedererkennst, dann rate ich dir dringend, dir anzugewöhnen, mindestens vier- bis fünfmal pro Woche etwas Aktives zu machen. Sicher hast du im Alltag viel zu tun, also musst du dir kleine Zeitfenster suchen, in denen du Sport treiben kannst. Wenn du einen gesunden Lebenswandel pflegen willst, dann wirst du eine Möglichkeit finden. Ich fühle mit dir, denn auch ich muss mir Freiräume schaffen. In meiner Off-Season habe ich viel am Computer zu tun und bin so oft zu Auftritten oder Sponsoren-Events unterwegs, dass ich manchmal kaum Zeit zum Trainieren finde. Ich habe für mich festgestellt, dass ich gleich morgens trainieren muss, weil der Tag sonst ruckzuck an mir vorbeizieht. Bevor ich mich versehe, ist es 19 Uhr und dann habe ich – genau wie du – keine Lust mehr, etwas zu machen, weil ich von all den Calls, E-Mails und Meetings des zurückliegenden Tages total erschöpft bin. Gleichzeitig weiß ich, dass regelmäßiges Training mein Gehirn stimuliert und mir Energie verleiht. Selbst nach einer simplen 30- bis 45-minütigen Trainingssession fühle ich mich wie neugeboren. Du musst dein Training nur zur Gewohnheit werden lassen, dann funktioniert es auch. Ob frühmorgens oder spätabends, ist egal, Hauptsache, du trainierst überhaupt und bleibst am Ball – der Rest kommt dann von selbst.

Um diese Balance zwischen Alltag und Training zu finden, musst du dir über deine Prioritäten im Klaren sein. Für Außenstehende mag es vielleicht wirken, als gäbe es in meinem Leben keine solche Balance, vor allem wenn ich kurz vor einem wichtigen Wettkampf stehe. Dann bin ich stundenlang im Gym und lasse nicht selten auch meinen Rest Day am Montag ausfallen. Aber ich habe meine Ziele so priorisiert, dass ich sie gut managen kann. Meine Priorität ist, die CrossFit Games zu gewinnen. Ich habe deshalb die Entscheidung getroffen, mir in der Vorbereitung auf den Wettbewerb einen extremen Workload aufzubürden – allerdings zeitlich befristet. Wenn die Games vorüber sind (und ich gewonnen habe), dann fahre ich mein Pensum wieder zurück, trainiere weniger und habe mehr Zeit, mich zu erholen, denn das haben mein Team und ich uns dann verdient.

Mir ist bewusst, dass ich nicht ewig so weitermachen kann, ich bin schließlich auch nur ein Mensch, so wie alle anderen auch.

Shane und ich haben uns vor langer Zeit darauf geeinigt, vor Wettkämpfen so extrem wie möglich ranzuklotzen und nach meiner aktiven Karriere unser Familienleben zu priorisieren. Deshalb gibt es die oben erwähnte Balance in der heißen Phase vor den Games tatsächlich nicht in meinem Leben, sondern dann heißt es nur Training, Training und nochmals Training. Manche Menschen sehen das und glauben, ich würde zu hart trainieren und mich zu sehr verausgaben. Aber ich weiß, was ich mir zumuten kann und was nötig ist, um zu gewinnen. Genauso weiß ich, dass ich diesen Lebensstil so nicht mehr lange führen können werde. Wenn ich eine große Party oder eine Hochzeit verpasse, weil ich in zwei Wochen einen Wettkampf anstehen habe, dann ist das eben so. Sicher sind solche Anlässe etwas ganz Tolles, aber sie würden mich nur von meinem Ziel ablenken und vermutlich meiner Performance schaden. Du musst offen für Neues sein und Chancen nutzen, wenn sie sich dir bieten, aber gleichzeitig musst du auch wissen, wo deine Prioritäten liegen, und den Fokus auf dein Ziel wahren. Das ist oftmals eine Gratwanderung. Wenn du dich mit den richtigen Menschen umgibst, werden diese das jedoch verstehen und dich unterstützen. Und wenn nicht – nun, dann sind es vielleicht doch nicht die richtigen Menschen.

Aktive Erholung

Einen Tag – meist irgendwann in der Mitte der Woche – plane ich für »aktive Regeneration« ein, wie ich es nenne. Es handelt sich dabei um Trainingseinheiten mit geringem Umfang und niedriger Intensität, mit denen ich einerseits die Regeneration meines Körpers beschleunigen möchte und andererseits etwas Abwechslung in meinem Trainingsalltag schaffe. Die Gewichte lasse ich dann meist im Rack und gehe stattdessen raus in die Natur, zum Spazieren, Wandern oder Schwimmen. An solchen entspannten Tagen lasse ich es ganz ruhig angehen und achte nur auf meine Herzfrequenz. Wir konzentrieren uns auf das Zone-2-Training, bleiben also in einer niedrigen Herzfrequenz, die gut für Ausdauer und Regeneration geeignet ist.[16] Man unterscheidet insgesamt sechs Herzfrequenz-Zonen, wobei Zone 1 die niedrigste ist (zum Beispiel beim Fernsehen auf der Couch) und Zone 6 die höchste (zum Beispiel bei einem Sprint mit maximalem Tempo). Zone 2 bedeutet etwa lockeres Joggen, ohne dass du außer Atem gerätst. Deine Herzfrequenz sollte dabei etwa zwischen 60 und 70 Prozent ihres Maximums liegen.

Wir sehen diesen Tag als Teil unseres Trainings, da er sich gut als Ausdauereinheit eignet. Ich laufe dabei keine Bestzeit und bringe meinen Körper nicht an seine Grenzen wie bei einem Intervalllauf, sondern möchte durch ein lockeres Läufchen die Durchblutung anregen und den Kopf freibekommen. Oft treibe ich etwa 60 bis 90 Minuten lang auch anderen Sport wie Schwimmen, Radfahren oder Laufen. Ich gebe meinem Körper einen Grund, sich zu bewegen, allerdings nicht in einem aggressiven Tempo. Schwimmen ist mir an solchen Tagen eigentlich das Liebste, denn umgeben von Wasser werden meine Gelenke entlastet und ich spüre regelrecht, wie mein Körper sich in diesem Schwebezustand erholt. Wie du dich vielleicht erinnerst, ist Schwimmen außerdem ein toller Sport zum Erweitern der Lungenkapazität (wie mein Dad mir bis heute immer wieder predigt).

Sorge für Abwechslung

Ob Hobby oder Job: Wer etwas mit Hingabe betreibt, kann so sehr darin aufgehen, dass er ein Burn-out bekommt, ohne es zu merken. Ich möchte nicht, dass du ein Burn-out erleidest. Damit dir das nicht passiert, solltest du Abwechslung in deinen Alltag bringen.

Aus diesem Grund habe ich damals auch mit dem Bobfahren begonnen. Viele CrossFitter hätten auf diese Chance verzichtet, aus Angst, ihrem regulären Training damit zu schaden. Für mich war es aus mehrerlei Gründen eine tolle Erfahrung:

1. Es hat mir eine Reihe weiterer Chancen eröffnet, auch wenn viele geglaubt haben, ich würde damit meine CrossFit-Saison aufs Spiel setzen.
2. Ich bekam dadurch eine Auszeit vom CrossFit, in der ich den Sport mehr zu schätzen gelernt habe.
3. Es war eine willkommene Abwechslung für mich, die mich ganz neu motiviert hat.

Um etwas Abwechslung in dein Training zu bringen, musst du dich nicht gleich in einer völlig neuen Disziplin für die Olympischen Spiele qualifizieren. Es reicht auch, einfach mal schwimmen oder Skifahren zu gehen. An manchen Tagen fahren Shane und ich mit dem gesamten PRVN-Fitness-Team zum Felsenklettern oder spielen Beachvolley, um einen neuen Trainingsimpuls zu setzen und andere Muskeln als sonst zu aktivieren – und natürlich bringen solche Trips auch allen eine Menge Spaß.

Höre auf deinen Körper

Das Fazit dieses Kapitels soll lauten: Höre auf deinen Körper. Wenn du erschöpft bist, dann ruhe dich aus. Wenn du eine Auszeit brauchst, dann nimm dir eine, selbst wenn das bedeutet, dass du vorübergehend eine andere Aktivität oder Sportart ausübst. Dein Körper weiß am besten, was er braucht. Und wenn er verletzt ist, wird er dich das wissen lassen. Ich hätte 2014 zum Beispiel auf meinen Rücken hören sollen, stattdessen habe ich die Verletzung nur schlimmer gemacht, was mich zwölf Monate meiner Wettkampfkarriere kostete. Du musst ein Gefühl für die Bedürfnisse deines Körpers entwickeln. Höre in dich hinein: Handelt es sich bei dem Zwicken im Rücken nur um eine leichte Zerrung oder ist es doch etwas Schlimmeres? Leichte Muskelschmerzen sind okay und sogar erwünscht, ein Muskelkater signalisiert schließlich, dass sich in deinem Körper etwas zum Besseren verändert und du stärker wirst. Die Schmerzen sollten allerdings nicht so groß sein, dass du kaum noch laufen kannst oder nicht mehr aus dem Bett kommst. Schiebe dein Ego beiseite und gib deinem Körper die Ruhe, die er braucht. Ein Rest Day ist besser als zwei Wochen verletzungsbedingte Zwangspause oder – schlimmer noch – einen wichtigen Wettkampf zu verpassen. Durch meine Schwangerschaft habe ich gelernt, noch besser auf meinen Körper zu hören. Jeden Morgen nach dem Aufwachen achtete ich als Erstes auf seine Signale. War ich fit genug fürs Gym? Wenn ich zu erschöpft war, machte ich stattdessen einfach einen längeren Spaziergang.

Gib kleineren Wehwehchen ein wenig liebevolle Zuwendung, weil sich sonst ernste Verletzungen daraus entwickeln können. Du hast leichte Schmerzen in Schulter oder Knie? Vielleicht ist die Ursache dafür eine Verspannung in deiner Brust- oder Oberschenkelmuskulatur, weil du sie nach dem Training nicht ausreichend gedehnt hast. Ich arbeite mit guten Physiotherapeuten zusammen, die solche Wehwehchen ausmassieren können, und passe mein Training so an, dass ich immer die Bedürfnisse meines Körpers im Blick habe. Wenn mir während einer Übung etwas wehtut, ich die Übung aber trotzdem ausführen kann, dann trainiere ich weiter. Ich erkenne sofort den Unterschied zwischen einem kleinen Zipperlein, das sich durch eine Sportmassage oder etwas Stretching schnell beheben lässt, und einer ernsten Verletzung. Vor und nach dem Training kümmere ich mich dann ein wenig um die schmerzende Stelle. Handelt es sich um eine ernstere Verletzung im Unterkörper, etwa im Knie oder

Sprunggelenk, dann lasse ich die Unterkörper-Workouts ein bis zwei Tage lang weg und konzentriere mich stattdessen auf meinen Oberkörper. Handelt es sich dagegen um eine Schulterverletzung oder Ähnliches, dann trainiere ich vor allem den Unterkörper und mache beispielsweise viele Squats. Wie gesagt: Es ist wichtig, ein Gefühl dafür zu bekommen, was dein Körper in welcher Situation benötigt.

Meine Top-Regenerationsmethoden

Feuer und Eis

Wärme und Kälte sind super, denn unser Körper mag ein wenig Stress – eben nur nicht zu viel. Wenn du ihn extremer Hitze oder extremer Kälte aussetzt, reagiert er darauf, indem er so richtig aufräumt, seine Zellen repariert und wiederherstellt und Entzündungen zurückfährt. Welche von beiden Optionen besser ist? Ich verwende beide, je nachdem, wie ich mich fühle und was im Moment besser für mich funktioniert.

Entscheide ich mich für Kälte, nehme ich Kältebäder, das heißt, ich setze mich zehn bis 15 Minuten lang in sieben bis zehn Grad kaltes Wasser. Wenn ich wirklich harte Geschütze auffahren will, etwa nach einem besonders intensiven Workout, nehme ich tatsächlich ein Eisbad, ich setze mich also in eine Wanne voller Eiswasser. Wissenschaftliche Studien zur Effektivität solcher Kältebehandlungen kommen zu gemischten Ergebnissen, viele informelle Forschungen lassen allerdings einen vielfältigen gesundheitlichen Nutzen vermuten: Kältetherapie kurbelt den Stoffwechsel an, fördert die Lymphdrainage und die Durchblutung.[17, 18] Außerdem kann sie Muskelschmerzen lindern, insbesondere den gefürchteten Muskelkater, der oft 24 bis 48 Stunden nach einer intensiven Einheit auftritt. Sie ist also perfekt geeignet, um nach einem langen Wettkampftag wieder fit für den nächsten Tag zu werden. Ich habe 2015 begonnen, Kältebehandlungen während meiner Wettkämpfe zu nutzen, und es bis heute nicht bereut. Dabei habe ich es zunächst ruhig angehen lassen und mit verschiedenen Zeiten im Kältebad experimentiert, erst drei Minuten, in der darauffolgenden Woche dann vier und so weiter. Dadurch war mein Muskelkater am nächsten Tag nicht so heftig wie sonst. In laufenden Wettkämpfen nutze ich Eisbäder regelmäßig, je nachdem, wie hart der Tag war. An besonders heißen Tagen mache ich Eisbäder auch, um mich runterzukühlen. Ich setze mich nicht unbedingt gerne in eisiges Wasser, tue es aber trotzdem, weil ich weiß, wie sehr es meiner schmerzenden Muskulatur hilft. Ob Eisbäder auch etwas für dich sind, hängt ganz von dir ab. Höre auch hier auf deinen Körper und finde heraus, ob sie deine Regeneration fördern oder nicht.

Wenn du statt auf Kälte lieber auf Wärme setzen willst, empfehle ich dir, in die Sauna zu gehen – eine Methode, die schon seit Tausenden von Jahren bekannt ist. In einer 80 bis 95 Grad heißen Sauna steigt deine Körpertemperatur, deine Durchblutung wird angeregt, die Herzfrequenz erhöht sich und dein Blutdruck sinkt. Studien haben außerdem gezeigt, dass Saunieren das Muskelwachstum stimuliert, die Wahrnehmung schärft und das Immunsystem stärkt. Auch hier sorgt diese gesunde Art von Stress dafür, dass dein Körper sich selbst heilt und repariert. Durch das Schwitzen spülst du außerdem Giftstoffe aus deinem Körper und kühlst ihn herunter. Weil du dabei Flüssigkeit verlierst, solltest du immer ausreichend trinken. Durch die verbesserte Durchblutung gelangen mehr Sauerstoff und Nährstoffe in die Muskulatur, die dadurch schneller repariert wird. Du musst rein gar nichts tun, kannst ganz entspannt in der wohlig warmen Sauna sitzen oder liegen und heilst deine Gelenke, Sehnen, Bänder und Muskeln, ohne sie zu belasten.

2020 merkte ich, wie gut mir Wärmebehandlungen tun. Aufgrund des Corona-Shutdowns konnte ich nach dem Training nicht mehr regelmäßig in die Sauna. Plötzlich hatte ich viel mehr Schmerzen und Wehwehchen im ganzen Körper als sonst. Shane und ich kauften uns daraufhin unsere eigene Sauna (eine der vielen Sachen, zu denen die Pandemie uns gezwungen hat), und sobald ich die nutzte, fühlte ich mich schlagartig besser. Seitdem gehört Saunieren zu meiner üblichen Routine. Wie viel Zeit ich in der Sauna verbringe, hängt von der Jahreszeit und meinem Pensum am jeweiligen Tag ab. In den Wintermonaten bleibe ich mindestens 20 Minuten drin, im Sommer weniger, etwa 10 bis 15 Minuten, weil ich dann üblicherweise schon tagsüber sehr viel geschwitzt habe. Ich sauniere mindestens dreimal pro Woche.

Übrigens finde ich auch eine Kombination aus Hitze und Kälte förderlich, weshalb ich mich häufig erst in die Sauna und dann ins Eisbad setze. Ich mache drei Durchgänge à jeweils erst drei, dann zwei und schließlich einer Minute. Auch diese Methode wende ich dreimal pro Woche an. *Aber Achtung:* Hitze- und Kältebehandlungen sind nicht für jeden geeignet. Konsultiere deinen Arzt, bevor du eine dieser Therapieformen anwendest, insbesondere wenn du bereits an einer Gefäßerkrankung oder an hohem Blutdruck leidest. Die extremen Temperaturwechsel sind eine Belastung für den Kreislauf, wenn du also Herz-Kreislauf-Probleme hast, dann meide Sauna und Kältebecken lieber.

Ernährung

Das Sprichwort stimmt: Du bist, was du isst. Eine ausgewogene Ernährung ist für Gesundheit und Wohlbefinden eines jeden Menschen wichtig, insbesondere aber für Sportler. Wenn du dich nicht gesund ernährst, wirst du das auf jeden Fall spüren. Du musst außerdem ausreichend viel essen, nicht nur, weil sich das gut anfühlt, sondern weil es dir Energie für dein Training gibt. Bevor ich mit CrossFit anfing und mehr über Ernährung erfuhr, aß ich schon zum Frühstück Schokolade und den restlichen Tag über bis zum Abendessen gar nichts, weil ich so viel zu tun hatte (dachte ich zumindest). Sorry, Mum – ich bin eigentlich mit echt gesundem Essen groß geworden. Nachdem ich zu Hause ausgezogen war, ließ ich meine Ernährung aber total schleifen, weil ich, um ehrlich zu sein, auch nicht allzu viel darüber nachgedacht habe. Als ich aber begann, mehr über dieses Thema zu lernen und mich gesünder zu ernähren, fühlte ich mich viel besser in meinem Körper. Ich aß fortan clean, erhöhte meine Kalorienzufuhr und achtete auf die richtigen Mengen an Proteinen, Kohlenhydraten und Fett (Fett liebe ich besonders). Dadurch wurde ich zu einem völlig anderen Menschen, hatte mehr Energie, war glücklicher und definitiv zufriedener.

Das Verhältnis von Mikro- und Makronährstoffen

Ich habe über die Jahre eine Vielzahl von Trenddiäten ausprobiert, angefangen mit der Paleo-Diät (wer nicht?), als ich mit CrossFit begann, bis hin zu vegetarischer und veganer Ernährung. Auch Fasten habe ich versucht, aber keines dieser Ernährungskonzepte hat für mich funktioniert. Ich aß entweder zu viel oder zu wenig, deshalb beschloss ich irgendwann, meine Ernährung so simpel wie möglich zu halten und hauptsächlich auf das richtige Verhältnis der Makronährstoffe – Kohlenhydrate, Eiweiß und Fett – zu achten. Sie sind die Hauptnährstoffe, ohne die unser Körper nicht funktionieren könnte. Die richtige Balance zwischen diesen drei Stoffen zu finden, ist der Schlüssel zu einem gesünderen Leben, aber auch zu besserer Performance und Regeneration. Welches Verhältnis das richtige ist, hängt ganz von dir und deinen Zielen ab.

Mit diesem Ernährungsansatz nehme ich garantiert immer genau die Portionsgrößen und Lebensmittel zu mir, die mein Körper braucht, um Höchstleistungen zu erbringen. Mein Makroverhältnis sieht typischerweise folgendermaßen aus: 140 Gramm Eiweiß,

235 Gramm Kohlenhydrate und 55 Gramm Fett. So halte ich mein Körpergewicht konstant bei 62,5 Kilo fürs CrossFit-Training, und wenn ich fürs Gewichtheben mal etwas leichter sein muss, dann nehme ich mithilfe weniger kleiner Veränderungen schnell zwei Kilo ab. Zwar wähle ich meine einzelnen Mahlzeiten nicht gezielt nach einer bestimmten Nährstoffverteilung, aber ich berücksichtige meinen Trainingsplan bei der Planung meiner Ernährung.

Das Verhältnis meiner täglichen Makros verändert sich – ähnlich wie die Gesamtkalorien, die ich täglich zu mir nehme – im Laufe des Jahres, abhängig davon, ob ich in der Wettkampfvorbereitung bin und mein Körper einen höheren Regenerationsbedarf hat oder nicht. In den Monaten der Off-Season gewähre ich meinem Körper gerne eine dringend benötigte Pause von der fettarmen High-Carb-Ernährung, die er während der Games ertragen muss. Indem ich meine Kohlenhydratzufuhr senke und mehr natürliche und gesunde Fette esse, stelle ich mein hormonelles Gleichgewicht wieder her, nehme mehr Nährstoffe zu mir und unterstütze die Funktion meiner Zellen. So stärke ich Körper, Geist und Seele, während ich mich auf die bevorstehende Saison vorbereite. Im Laufe der Saison erhöhe ich meine Kalorienzufuhr dann schrittweise und passe auch die Makronährstoffverteilung an. Während meine Ernährung in der Off-Season typischerweise etwa zu 40 Prozent aus Carbs, zu 30 Prozent aus Eiweiß und zu 30 Prozent aus Fett besteht, steigt der Kohlenhydratanteil an, je näher die großen Wettbewerbe rücken, bis auf deutlich über 50 Prozent Carbs und unter 20 Prozent Fett, sodass mein Körper bei den Strapazen des Trainings in der heißen Phase optimal regenerieren kann. Neben den Makros sollten auch bestimmte Mikronährstoffe in ausreichender Menge auf deinem Speiseplan stehen, egal, welches Ernährungskonzept du verfolgst. Ich nehme täglich Vitamin D, B-Komplex-Vitamine, Kalzium, Magnesium und Zink über natürliche Lebensmittel und Nahrungsergänzungen zu mir.

ERNÄHRUNGSPLAN EINES TYPISCHEN TRAININGSTAGS

Wie viel ich esse, variiert von Tag zu Tag, je nachdem, in welcher Phase meiner Vorbereitung ich mich befinde und wie ich mich im Training gefühlt habe. An einigen Trainingstagen kann meine Kalorienzufuhr bis auf 2800 Kalorien raufgehen. Ich bin kleiner als die meisten CrossFitterinnen und war noch nie eine große Esserin. Manchmal ist es eine echte Herausforderung für mich, die Kalorienmengen zu mir zu nehmen, die mein Körper braucht, aber es muss sein, damit ich täglich genügend Energie für mein Training habe.

Frühstück

Bagel, Eier, Truthahn-Bacon, Avocado; dazu Naturjoghurt und Früchte

Snack

Banane und ein Müsliriegel

Mittagessen

Reste vom Abendessen des Vortags, Spaghetti Bolognese, vegetarische Gemüsepfanne oder Hackfleisch mit Reis

Nachmittagssnack

Haferflocken mit Heidelbeeren, Ahornsirup und Joghurt

Abendessen

Steak und Gemüse, Lasagne, Spaghetti Bolognese, vegetarische Gemüsepfanne, Tacos oder ein Curry – ein Gericht, das ich gerne esse, das satt macht und mich gestärkt in den nächsten Trainingstag starten lässt

Nachtisch

Eine Tasse Tee mit etwas Gebäck und Schokolade – eine kleine Belohnung für den harten Tag, aber nicht zu viel

Ich ernähre mich so simpel wie möglich und setze überwiegend auf natürliche Lebensmittel, um ausreichende Mengen Protein, Carbs und Fett zu mir zu nehmen: hochwertiges Fleisch, Fisch, viel Obst und Gemüse. Frische Lebensmittel sind immer die beste Nährstoffquelle. Iss vor allem Lebensmittel, die viel hochwertiges Eiweiß enthalten, und meide industriell verarbeitete Produkte und Zucker. Auch auf das richtige Timing deiner Mahlzeiten kommt es an. Zu Anfang meiner Karriere habe ich nur einige wenige, dafür große Mahlzeiten am Tag gegessen, was dazu geführt hat, dass ich mich nach dem Essen häufig voll und lethargisch fühlte und extreme Energieschwankungen hatte. Seit ich mich mehr mit dem Thema Mahlzeitentiming beschäftige, weiß ich, welche Lebensmittel ich wann essen muss, um meinem Körper die bestmögliche Regeneration zu ermöglichen.

Kalorien rein, Kalorien raus

Der Gesamtkalorienbedarf bezeichnet die Menge an Kalorien, die du an einem Tag verbrennst. Er berechnet sich aus einer Reihe verschiedener Faktoren. Der für Profisportler bedeutsamste ist das sogenannte Aktivitätsniveau – also Umfang und Intensität des Trainings. Ich notiere mir, was ich tagsüber so esse, entweder in einem Food-Tagebuch oder einer Kalorienzähler-App. Gleichzeitig stimme ich, basierend auf meinem aktuellen Trainingsvolumen, meinen Kalorienbedarf mit Shane ab. Der ist während der heißen Phase im Mai, Juni und Juli deutlich höher als in den Monaten zuvor, manchmal doppelt oder gar dreifach so hoch wie in den Monaten der Off-Season. Es ist deshalb extrem wichtig für uns, meine Ernährung detailliert zu verfolgen, denn schon eine Woche mit zu geringer Kalorienzufuhr während einer intensiven Trainingsperiode kann massive Energie- und Leistungseinbußen im Gym zur Folge haben und aufgrund mangelnder Regeneration und schlechten Schlafs sogar das Risiko von Verletzungen erhöhen.

Alle Athleten sollten ihre Ernährung an ihr Aktivitätsniveau anpassen. Bei den meisten Hobbysportlern dürfte das Trainingsvolumen nicht so starken Schwankungen unterliegen wie bei mir. Für sie ist deshalb der Grundumsatz der wichtigste Faktor beim Bestimmen des Gesamtkalorienbedarfs. Der Grundumsatz bezeichnet deinen Kalorienbedarf im Ruhezustand, also wie viel Energie dein Körper pro Tag benötigt, um grundlegende Funktionen wie Atmung, Herzschlag und so weiter durchführen zu können. Selbst wenn diese Sportler nicht jeden Tag trainieren, können sie ihre Kalorienzufuhr mithilfe von Grundumsatz und Aktivitätsniveau so anpassen, dass sie ihren Zielen entspricht.

Meine Faustregel lautet: Um Trainingseinheiten herum esse ich überwiegend leicht verdauliche Lebensmittel mit einem hohen glykämischen Index (das bedeutet, dass sie vom Körper schnell aufgenommen werden). Frühmorgens und abends nach dem Training stehen dann nährstoffreiche Lebensmittel mit vielen Kalorien auf dem Speiseplan.

DER BESTE GRÜNE SMOOTHIE

Mit diesem grünen Smoothie beginne ich jeden Tag. Er bringt mich in Fahrt und steckt voller Nährstoffe, die mein Immunsystem stärken.

- 250 ml Kokoswasser
- 2 Handvoll Spinatblätter
- 1 Karotte
- 1/2 Salatgurke
- 1 Handvoll Heidelbeeren
- 2 Handvoll Grünkohlblätter
- 2 Handvoll Sellerie
- 1 daumengroßes Stück Ingwer, geschält und klein gehackt
- 1 Spritzer Zitrone

Zerkleinere alles zusammen in einem Mixer und lass es dir schmecken!

Je nachdem, an welchem Punkt der Saison ich mich gerade befinde und wie mein Training sich gestaltet, schwankt mein täglicher Energiebedarf an Trainingstagen zwischen 2400 und 2800 Kalorien. An Pausentagen ist er natürlich niedriger und liegt bei 2100 bis 2200 Kalorien. Manchmal muss ich mich regelrecht zwingen zu essen. Wenn ich an Pausentagen das Minimum meines Kalorienbedarfs gedeckt habe, fühle ich mich schon extrem voll und es fällt mir schwer, noch mehr zu essen, obwohl ich weiß, wie wichtig es für meine Gesundheit und meine Performance ist. Es ist wichtig, dass du deine Ernährung (und deine Flüssigkeitszufuhr) regelmäßig deinem Trainingspensum anpasst, besonders wenn du CrossFit ausübst und dein Trainingsplan sich Woche für Woche verändert.

Meine Kalorienzufuhr hat sich über die Jahre definitiv erhöht. Als ich noch Gewichtheberin war und in der 59-Kilo-Klasse startete, nahm ich täglich nur 1800 Kalorien zu mir, um mein Gewichtslimit für den Wettkampf zu schaffen. (Im Gewichtheben ist es wichtig, mit deinem Wettkampfgewicht zu trainieren, damit der Körper sich mit der Zeit daran gewöhnen kann und du im Wettbewerb nicht völlig ausgelaugt bist.) Weil ich so wenig aß, machte ich mir vor und während Wettkämpfen immer Sorgen, dass ich statt Fett Muskelmasse verlieren könne, denn ich war schon sehr schlank. Ich wollte meine Kraft nicht durch eine zu geringe Kalorienzufuhr aufs Spiel setzen, also habe ich diese erhöht – ganz behutsam, denn es war wichtig, dabei die richtige Balance zu finden. Ich wollte nicht zu viel Fett oder Muskulatur verlieren, weil das auf Dauer meinen Hormonhaushalt durcheinandergebracht und meiner Gesundheit geschadet hätte. Als ich dann in die USA zog und mit dem Gewichtheben aufhörte, musste ich mir um Gewichtsklassen keine Gedanken mehr machen und konnte meine Kalorienzufuhr hochfahren, was sich umgehend durch bessere Leistung im Training bemerkbar machte. Ich fühlte mich stärker, erholte mich schneller und hatte viel mehr Energie in meinen Workouts. Mein Ruhepuls war morgens bei gleicher Schlafdauer wie sonst niedriger und mein Fokus geschärfter, weshalb ich besser trainieren konnte.

Abnehmen

Als ich CrossFit für mich entdeckte, wog ich kaum mehr als 52 Kilo. Einige Monate später versuchte ich mich im Gewichtheben und musste Masse zulegen, weil mir geraten wurde, in der 59-Kilo-Klasse anzutreten. Vor meinen ersten Wettkämpfen musste ich deshalb bergeweise futtern, um beim offiziellen Einwiegen mehr auf die Waage zu bringen. Ich baute allerdings schnell Muskulatur auf und wurde dementsprechend schwerer. Schon bald wog ich im Training gut 60 Kilo und nahm vor Wettkämpfen innerhalb von vier bis sechs Wochen ein bis zwei Kilo ab. Diese extrem behutsame Methode haben wir durch Trial and Error selbst entwickelt. Wenn ich schneller abnahm, fühlte ich mich zu schwach. Ließ ich mir beim Abnehmen aber vier bis sechs Wochen Zeit, hatte ich im Wettkampf noch genügend Power. Wie bereits erklärt, musste ich langsam abnehmen, damit mein Körper sich auch unter Belastung besser an das neue Gewicht gewöhnen konnte und ich keine Muskulatur verlor. Wenn ich nicht fürs Gewichtheben, sondern nur für CrossFit trainiere, bin ich ungern schwerer als nötig. Shane rät mir immer, mich mit 63 bis 64 Kilo auf die Games vorzubereiten, weil es mir dann leichter fällt, schwere Objekte zu bewegen oder Workouts mit Gewichtsweste oder Rucksack zu absolvieren.

Auch als ich mit der Bob-Mannschaft für Olympia trainierte, musste ich an Gewicht zulegen. Es ist schon seltsam: Kaum fühlte ich mich in meinem Körper wohl, musste ich mich wieder an etwas Neues gewöhnen. Ich wog damals 62 Kilo und musste knapp zehn Kilo zulegen. Die zusätzliche Masse war nötig, um den Bob am Start besser beschleunigen zu können und schneller die Bahn runterzukommen.

Allerdings hat das zusätzliche Gewicht meine Leistung eher beeinträchtigt (mal ganz abgesehen davon, dass ich gerade erst gelernt hatte, meinen Sportlerkörper zu akzeptieren, und diese neu gefundene Akzeptanz nun wieder dahin war). Es machte mich nicht stärker, sondern langsamer und schwerfälliger. Mein Körper konnte sich an die schnelle Gewichtszunahme nicht gewöhnen. Ich spürte das, weil mein Gehirn so schnell reagierte wie sonst, mein Körper aber den Bruchteil einer Sekunde langsamer als normal war. In Wettkämpfen musste ich das bei unseren Timing Calls berücksichtigen. (Bei einem Timing Call rief ich als Bremserin der Steuerfrau zu, dass ich nun mit dem Anschieben loslegte und sie sich bereit machen solle. Ich rief: »READY, BACK, SET!« Danach explodierte ich vom Startblock weg und beschleunigte mit jedem meiner Schritte den Schlitten auf dem Eis.) Vermutlich lag das an meiner schnellen Zunahme, ich hatte dafür nämlich nur zwei Monate Zeit. Daher verschlang ich riesige Essensmengen, worauf mein Körper sich nicht schnell genug einstellen konnte. (Drei Monate lang aß ich täglich zwischen 3800 und 4300 Kalorien!) Ich war so vollgefressen, dass mein ganzer Körper sich ständig müde und langsam anfühlte; ich kam mir vor wie eine Schildkröte. Gleichzeitig achtete ich darauf, gesunde Lebensmittel zu essen, um nicht nur an Fett zuzulegen, was die Sache aber nicht einfacher gemacht hat. Leichter wäre es gewesen, einfach jeden Tag bei McDonald's zu essen und nicht mehr so viel zu trainieren – doch davon wäre ich weder stärker noch schneller geworden. Ich wollte schließlich Muskulatur aufbauen, nicht Fett. Shane bereitete mir jeden Morgen ein Frühstück aus fünf Eiern und fünf Streifen Truthahn-Bacon zu, die ich mit einem Bagel als Sandwich aß. Danach aß ich noch einen zweiten Bagel, eine Hälfte mit Erdnussbutter, die andere mit Brombeermarmelade bestrichen. (Das mag sich für dich vielleicht toll anhören, ich brauchte allerdings

35 Minuten, um das alles zu essen, und als die Bob-Saison vorbei war, konnte ich dieses Frühstück nicht mehr sehen.)

Als die Bob-Nummer hinter mir lag, kehrte ich wieder zum CrossFit zurück. Also musste ich die zehn Kilo, die ich gerade erst im Rekordtempo zugenommen hatte, noch schneller wieder loswerden, um für die Open 2022 in Form zu kommen, denn die Saison begann schon in weniger als einer Woche. Ich musste nicht nur abnehmen, sondern meinen Körper auch wieder an mein altes Fitnessprogramm gewöhnen, das ich während der Bob-Saison ausgesetzt hatte. Als die Pfunde dann purzelten, fühlte ich mich definitiv wieder mehr wie ich selbst. Gesünder. Schneller. Beweglicher. Dass wir nicht zu den Olympischen Spielen durften, nagte zwar noch an mir, alles andere war aber wieder im Lot. Ich wusste außerdem, dass es nicht nur mir so erging, sondern dass viele Sportler weltweit aufgrund von Pech oder Schicksal ihren Olympia-Traum nicht verwirklichen können. Etwas Gutes hatte die Situation außerdem auch: Ich schätzte CrossFit nun noch mehr, denn dort würde kein Verband meinen wohlverdienten Startplatz jemals an jemand anderen geben. Im CrossFit hatte ich – und nur ich – mein Schicksal selbst in der Hand.

Flüssigkeitszufuhr

Flüssigkeit ist im Grunde noch wichtiger als Nahrung. Unser Körper besteht zu 60 Prozent aus Wasser. Damit er richtig funktioniert, müssen wir deshalb unbedingt ausreichend trinken. Für Hobbysportler gilt folgende Faustregel: Trinke mindestens 30 Milliliter Wasser pro Kilo Körpergewicht am Tag. Wettkampfsportler sollten ihren Flüssigkeits- und Elektrolythaushalt etwas genauer im Auge behalten, da beide im Training durch eine Reihe von Faktoren beeinflusst werden können. (Ich trinke jeden Tag mindestens zwei Liter Wasser.) Vergiss nicht: Was du ausschwitzt, musst du deinem

Körper auch wieder zuführen. Beim Schwitzen verliert dein Körper nicht nur Wasser, sondern auch Elektrolyte und Vitamine. Wenn es dir schlecht geht, trinke Wasser. Wenn du müde bist, trinke Wasser. Und wenn du hungrig bist und kein Essen dabeihast, trinke Wasser. Ich versuche, über den Tag verteilt so regelmäßig wie möglich zu trinken, um mein Training zu optimieren. Vor Wettkämpfen mische ich meinem Wasser zusätzliche Elektrolyte bei, damit mein Körper die Flüssigkeit besser halten kann. Ich will um jeden Preis vermeiden, dass ich dehydriere. Nahrungsergänzungen wie Salz, Zitronensäure, Magnesium und Kalium können helfen, wenn du dich dehydriert fühlst, insbesondere wenn du im Sommer oder in generell wärmeren Gefilden draußen Sport treibst.

Ich habe immer eine Flasche Wasser dabei. Du würdest staunen, wie viel Wasser du trinkst, wenn du ständig welches griffbereit hast – vor allem in den Wintermonaten. Du kannst allerdings auch *zu viel* trinken. Wenn du mehr Flüssigkeit aufnimmst, als deine Leber verarbeiten kann (etwa ein Liter pro Stunde),[19] dann wird das überschüssige Wasser im Körper gespeichert, was eine ernste Störung namens Hyponatriämie verursacht, die umgangssprachlich auch als »Wasservergiftung« bezeichnet wird.[20] Die Folgen sind Verwirrung, Übelkeit und Erbrechen, in schweren Fällen kommt es zu einer Schwellung des Gehirns, die tödlich verlaufen kann. Keine Angst, das kommt selten vor, aber es kann passieren. Insbesondere während Wettkämpfen oder intensiven Trainingseinheiten besteht die Gefahr zu überhydrieren.

Um Dehydrierung auszuschließen, überprüft Shane regelmäßig meinen Schweiß. So kann er genau herausfinden, wie viel Wasser und Natrium ich verliere. Wir tun das auf zwei verschiedene Arten, eine davon ist wissenschaftlich fundiert: Mithilfe eines Teststreifens messen wir den pH-Wert in meinem Schweiß. Er sollte leicht sauer sein, aber nicht zu sehr, und auch nicht zu basisch. Zusätzlich nutzen wir noch eine nicht-wissenschaftliche Variante: Wir führen Buch darüber, wie oft ich aufs Klo muss. Wenn das häufig der Fall ist, dann ist mein Flüssigkeitshaushalt in Ordnung, und wenn nicht, dann nicht. Auch hier gilt: Höre auf deinen Körper. Er wird dir mitteilen, was er braucht.

Da wir gerade beim Thema Trinken sind, möchte ich noch zwei potenzielle Leistungssaboteure ansprechen: Koffein und Alkohol. Ich bin der Meinung, dass man in Maßen alles genießen darf, das gilt auch für Kaffee und alkoholische Getränke. Die positiven Effekte von Koffein sind weithin bekannt: Es hilft bei Müdigkeit und Niedergeschlagenheit und – wichtiger noch – kann Studien zufolge Ausdauer und Muskelkraft verbessern.[21] Ich liebe meine morgendliche Tasse Kaffee, gleichzeitig möchte ich mich aber auch nicht zu sehr von Koffein abhängig machen, weshalb ich maximal eine bis zwei Tassen am Tag trinke. Alkohol passt dagegen nicht zu meinem persönlichen Antrieb, weil er mir beim Erreichen meiner Ziele im Weg stehen könnte. Deshalb trinke ich nicht regelmäßig Alkohol. Verstehe mich nicht falsch: Ich habe nichts gegen ein gelegentliches Glas guten Wein. Meine Faustregel lautet: Wenn ich im Training bin und es bis zum Wettkampf maximal noch vier Wochen sind, dann rühre ich keinen Tropfen an. Wenn ich bis zum Wettkampf aber noch mindestens zwei Monate Zeit habe, dann gönne ich mir auch mal ein Glas Wein oder einen *Bundy* (Abkürzung für Bundaberg, einen dunklen Rum aus Queensland) mit Cola. Zu besonderen Anlässen trinke ich auch mal einen oder zwei Cocktails. Auch bei Alkohol gilt: Die richtige Balance ist wichtig!

Schlaf

Schlafen ist für deinen Erfolg genauso wichtig wie Essen und Trinken. Es spielt keine Rolle, wer du bist oder was du tust: Ohne ausreichend Schlaf wirst du keine optimale Leistung erbringen können.[22]

Das gilt nicht nur im Training oder Wettkampf, sondern auch im Klassenzimmer oder Büro. Schlaf ist für die Regeneration deines Körpers essenziell. Während du schläfst, repariert dein Körper sein Gewebe, stellt sein hormonelles Gleichgewicht wieder her und erholt sich auch mental. In der heißen Phase meines Trainings versuche ich, mindestens zehn Stunden pro Nacht zu schlafen, weil ich mich am nächsten Tag sonst ganz steif fühle und mir alles wehtut. In der Off-Season schlafe ich sieben bis acht Stunden jede Nacht. Während mehrtägiger Wettkämpfe versuche ich ebenfalls, zehn Stunden zu schlafen, und mache zwischen den einzelnen Events kleine Nickerchen, wenn es der Ablauf des Wettbewerbs zulässt. Es ist essenziell, deine Akkus vor einem Wettkampf richtig aufzuladen. Forscher der NASA haben 1995 in einer ziemlich coolen Studie herausgefunden, dass es deine Leistung auch optimiert, wenn du nur ganz kurz schläfst, in der Studie ist von 26 Minuten die Rede. Der sogenannte NASA Nap ist ein superkurzes Nickerchen, das aufhört, kurz bevor der REM-Schlaf einsetzt.[23] Du fühlst dich danach erholter, ohne groggy zu sein, deine Leistung ist bis zu 34 Prozent besser und du bist 54 Prozent aufmerksamer.

Schon bevor die NASA-Studie herauskam, war mein Vater ein großer Anhänger von Powernaps und immer, wenn er bei uns zu Besuch ist, fordert er mich auf, tagsüber 10- bis 20-minütige Nickerchen einzulegen. Manchmal hätte ich ihn gerne ständig bei mir, damit er mich an diese Nickerchen erinnern kann, weil ich mit solchen Powernaps tatsächlich das Beste aus mir heraushole.

Die Schlafqualität ist mindestens genauso wichtig – wenn nicht noch wichtiger – als die Quantität. Schalte dein Smartphone aus (lege es notfalls in einen anderen Raum), dunkle dein Schlafzimmer schön ab und sorge für eine angenehm kühle Temperatur, um einen optimalen REM-Schlaf zu gewährleisten. Shane und ich dunkeln unser Schlafzimmer so stark ab, dass wirklich kein einziger Lichtstrahl eindringt, auch in Hotelzimmern auf Reisen und während Wettkämpfen.

Apropos Schlaf: Ich bin davon überzeugt, dass man immer eine Nacht darüber schlafen sollte, wenn man eine wichtige Entscheidung treffen muss. Ob in der Geschäftswelt oder im Alltag: Nach einer guten Nachtruhe kann man die meisten Situationen deutlich besser beurteilen, weil über Nacht die Emotionen verschwinden und man daher objektiver an die Sache herangeht, als wenn man sofort handeln würde. Ich habe nach dem Aufwachen jedenfalls immer einen klareren Kopf.

Um meinen Schlaf zu kontrollieren, trage ich am Finger einen Oura-Ring, einen schlichten Ring, der Schlafverhalten, Aktivitätsniveau, Körpertemperatur und Stresslevel misst. (Dies ist nur eines der Biohacking-Gadgets, mit denen ich meinen Körper überwache. Shane ist ein großer Fan von solchen technischen Spielereien. Ich nicht so sehr, aber ich habe auch nichts dagegen, als sein Versuchskaninchen herzuhalten, weil es letztlich immer darum geht, wie wir noch gezielter trainieren und unsere Körper optimieren können.) Der Oura-Ring dokumentiert meine unterschiedlichen Schlafphasen und wie oft ich pro Nacht aufwache. Wenn mir dabei etwas Ungewöhnliches auffällt, überlege ich, was am Tag zuvor passiert sein könnte, das nachts meinen Schlaf gestört hat. Ich verwende außerdem einen Brustgurt, der tagsüber bei Ausdauereinheiten meine Herzfrequenz misst. Dieses Sammeln von Daten kann schnell zur Sucht werden. Ich zumindest versuche ständig, meine Werte zu optimieren. Aber ob mit Gadgets oder ohne: Du solltest auf jeden Fall auf ausreichend guten Schlaf achten, weil das deinen Regenerationsprozess beschleunigt.

Um Champion zu werden, musst du hart arbeiten, dich aber auch ausreichend erholen. Egal, auf welchem Level du trainierst: Gib deinem Körper genügend Zeit zur Regeneration, damit du mit neuer Energie in den nächsten Tag starten und wieder dein Bestes geben kannst. Genau wie Pull-ups und Snatches muss Regeneration ein fester Bestandteil deines Trainings sein.

NACHWORT

Werde unaufhaltsam

Wenn du mich 2010 gefragt hättest, wo Shane und ich uns in zehn Jahren sehen, hätte ich vermutlich geantwortet: »Bei der Arbeit in den Minen.« Ich muss mich immer noch manchmal kneifen, um sicher zu sein, dass die vergangenen zehn Jahre nicht bloß ein verrückter Traum gewesen sind. Zu sehen, wie weit wir es gebracht haben, ist toll – aber wir stehen heute nicht durch Zufall hier. Das letzte Jahrzehnt war für uns so erfolgreich, weil wir in jedem Aspekt unseres Lebens bewusste Entscheidungen getroffen und als Team konstant auf unsere Ziele hintrainiert haben, mit grenzenloser Leidenschaft und unerschütterlicher Hingabe.

Als ich mir überlegt habe, wie ich dieses Buch abschließe, musste ich an all die Momente denken, in denen Journalisten von mir wissen wollten, wie ich meiner Ansicht nach den CrossFit-Sport geprägt habe und welches Vermächtnis ich hinterlasse. Aber woher soll ich wissen, welches Vermächtnis ich hinterlasse, wenn ich noch gar nicht am Ende angelangt bin? Wissen diese Leute denn immer noch nicht, dass ich ständig nur den nächsten Wettkampf im Sinn habe? Erkennen sie nicht, dass ich nie zufrieden bin? Ich bin stolz auf meine Entwicklung, aber abgeschlossen ist sie noch lange nicht. Ich habe mein volles Potenzial noch nicht entfaltet.

Ich werde auf absehbare Zeit weiter an mir arbeiten, um in jeder Saison neue persönliche Bestleistungen abzuliefern. Keine Ausreden. Keine Selbstzufriedenheit. Oft werde ich gefragt, was denn mein bestes Jahr gewesen sei. Meine Antwort lautet dann stets: »Ich habe mein bestes Jahr noch vor mir.« Und das muss nicht unbedingt ein Wettkampfjahr im CrossFit sein, vielleicht habe ich mein bestes Jahr ja auch als Mutter. Ich weiß nur, dass ich noch lange nicht fertig bin.

Statt mich zu fragen, welches Vermächtnis ich jetzt schon hinterlassen habe, überlege ich mir lieber, welches ich in Zukunft einmal hinterlassen möchte. Bei einigen Punkten bin ich mir schon sicher: Ich möchte etwas schaffen, das weit über meine aktive Karriere hinaus Bestand hat. Ich möchte als Beispiel dafür in Erinnerung behalten werden, was ein menschlicher Körper zu leisten imstande ist. Und für harte Arbeit, zielgerichtetes Training und ein unaufhaltsames Mindset. Der Gedanke an ein solches Vermächtnis lässt mich nun schon seit vielen Jahren sportliche Spitzenplätze erobern. Ich möchte als echte Naturgewalt in Erinnerung bleiben, aber natürlich auch als faire Sportlerin und als Vorbild für andere Athletinnen, gleich in welcher Sportart. Denn ja, Frauen können definitiv mit den großen Jungs mithalten.

Nach all diesen Überlegungen zu meinem Vermächtnis spiele ich den Ball jetzt erst mal dir zu. Was immer du hier mitnimmst: Ich hoffe, dass ich dir mit diesem Buch helfen konnte, dein volles Potenzial zu entfalten.

Und nun gehe raus und zeige der Welt, wie groß dein Herz ist!

Tust du genug, um unaufhaltsam zu werden?

Auf dem folgenden Notizzettel stehen Fragen, die ich mir immer wieder selbst stelle, um sicherzugehen, dass ich noch auf Kurs bin. Taten sagen letztlich aber natürlich mehr als Worte, also sei immer fleißig und nutze diese Checkliste, um gelegentlich deinen Zwischenstand zu überprüfen.

1. Mit was habe ich aktuell Probleme? (Finde heraus, was dich ausbremst.)
2. Was möchte ich erreichen?
3. Warum möchte ich es erreichen?
4. Was muss ich an diesem Morgen tun, damit mein Tag erfolgreich wird?
5. Habe ich heute, gestern und die gesamte Woche über stets mein Bestes gegeben?
6. Arbeitet irgendetwas in meinem Leben gegen mich?
7. Führe ich ein ausgewogenes Leben?
8. Bringen meine Gewohnheiten mich meinem Ziel näher?
9. Umgebe ich mich mit den richtigen Menschen, um mein Ziel zu erreichen?
10. Gibt es etwas, das ich heute tun kann, um meinem Ziel näher zu kommen?

BEISPIELTRAININGSPLAN

Falls du dich fragst, wie genau eine typische Trainingswoche von mir aussieht, dann findest du hier einen Beispielplan für die Vorbereitung auf die CrossFit Games. Auch unsere PRVN-Klienten bereiten sich mit ähnlichen Programmen auf ihre Wettkämpfe vor.

1. Warm-up, Körperbewusstsein und -entwicklung

Je 2 Sätze (es kommt nicht auf die Zeit, sondern eine saubere Ausführung an):

- 60 Single Unders
- 12/9 Kalorien auf dem Echo Bike (12 Kalorien für Männer, 9 für Frauen)
- 12 Single Leg V-Ups im Wechsel
- 8/8 Single Leg Box Step-downs
- 8/8 Single Arm Dumbbell Sots Presses

Absolviere anschließend folgende Übungen (saubere Ausführung):

- Parallette Handstand Hold, insgesamt 1:30 oder 2:00 Minuten
- Stationary Handstand Hold, insgesamt 1:30 oder 2:00 Minuten
- L-Sit Hold (hängend an Ringen), insgesamt 1:30 oder 2:00 Minuten

Hinweis: Das Ziel soll in kurzen Einzelsätzen erreicht werden.

2. Kondition (Fitness)

2 Runden (auf Zeit):

- 40 Wallballs (9 kg auf 3,5 m Höhe für Männer, 6 kg auf 3 m Höhe für Frauen)
- 40 Toes to Bar
- 40 Kalorien auf dem Echo Bike
- 120 Double Unders

3. Gewichtheben (Technik, Geschicklichkeit und Kraft)

Power Cleans von Holzblöcken:

- 4 Sätze alle 90 Sekunden: 3 Power Cleans @ 75 % des 1RM
- Dann 3 Sätze alle 90 Sekunden: 2 Power Cleans @ 80 % des 1RM
- Dann 3 Sätze alle 90 Sekunden: 2 Power Cleans @ 85 % des 1RM

Hinweis: Die Prozentzahlen basieren auf dem Gewicht, mit dem du eine Maximalwiederholung Cleans schaffst (One-Repetition-Maximum, kurz: 1RM). Diese Einheit ist intensiv. Stelle die Blöcke so ein, dass die Hantel sich 3 bis 5 Zentimeter oberhalb deiner Knie befindet.

4. Kondition (Fitness)

Auf Zeit:

- 9 Power Cleans mit 97,5/68 kg
- 9 Front Squats
- 18 Bar Muscle-Ups
- 7 Power Cleans
- 7 Front Squats
- 14 Bar Muscle-Ups
- 5 Power Cleans
- 5 Front Squats
- 10 Bar Muscle-Ups
- Zeitlimit: 15 Minuten

5. Bankdrücken (Kraft)

3 Sätze mit 5-3-1 Wiederholungen:

- Satz 1:
  5 Wiederholungen @ 70 %, 3 Wiederholungen @ 75 %, 1 Wiederholung @ 80 %
  Die Zeit, die du zum Wechseln der Gewichtscheiben benötigst, ist deine Pause.
- Set 2:
  75-80-85 %
  Die Pause beträgt 2 Minuten zwischen den Teilsätzen.
- Satz 3:
  80-85-90 %
  Die Pause beträgt 2 Minuten zwischen den Teilsätzen.

Pausiere 4 Minuten zwischen den Sätzen.

Hinweis: Die Prozentzahlen basieren auf deinem 1RM für Bankdrücken.

6. Turnen (Geschicklichkeit und Körperbewusstsein)

- Tuck Front Lever Hold:
  4 × 8–12 Sekunden
  Pause: 1 Minute zwischen den Sätzen
- Upside-Down Dead Lifts:
  4 × 6–9 Wiederholungen
  Pause: 1 Minute zwischen den Sätzen
- L-Sit Pull-Ups:
  4 Maximalkraftsätze bis zu einer Wiederholung vor Muskelversagen
  Ziel: +4/+3 Wiederholungen

7. Rudern (Fitness)

- 4 × 500 m
  Pause zwischen den Sätzen: 1 Minute
  Pause am Ende: 1 Minute (insgesamt: 2 Minuten)
- 4 × 500 m
  Pause zwischen den Sätzen: 1 Minute
  Pause am Ende: 2 Minuten (insgesamt: 3 Minuten)
- 4 × 500 m
  Pause zwischen den Sätzen: 1 Minute

Tempo:

- Erster Durchgang: 4 × 500 m @ 2K+1-Tempo (schnell)
- Zweiter Durchgang: 4 × 500 m @ 2K-Tempo (schneller)
- Dritter Durchgang: 4 × 500 m @ über 2K-Tempo (am schnellsten)

DANKSAGUNG

Ich möchte dem ganzen Team danken, das mir geholfen hat, dieses Buch zu schreiben (Shane, Kathy Huck und Matthew Benjamin). Euer Input war extrem hilfreich für mich, ich konnte dadurch mein Wissen mit anderen teilen und sie auf ihrem Weg unterstützen.

Danke an alle, die mich in all den Jahren auf meinem Weg begleitet und unterstützt haben. Egal, wie groß oder klein diese Unterstützung war: Sie hat dazu beigetragen, dass ich mich kontinuierlich weiterentwickelt habe zu dem Menschen, der ich heute bin – ohne euch wäre das nicht möglich gewesen.

Ein großer Dank geht auch an meine Freunde und Familie, die von Anfang an hinter mir standen, noch lange bevor ich in die Welt des CrossFit eingetaucht bin. Ich bin unendlich dankbar für die Liebe und Unterstützung, die ich von euch allen erhalten habe. Ihr habt mich in guten und schlechten Phasen erlebt und wart immer für mich da, wenn ich eure Bestätigung gebraucht habe.

Zu guter Letzt möchte ich noch einmal Shane danken, meinem besten Freund, Coach, Ehemann und Vater unserer Tochter Willow. Uns verbindet eine Sandkastenliebe, seit wir uns vor vielen Jahren kennengelernt haben. Du hast mir beigebracht, offen für Neues zu sein, mich geliebt und mich in allem, was ich versucht habe, stets unterstützt und beraten. Nichts von dem, was ich erreicht habe, wäre möglich gewesen, wenn du nicht den Weg dafür geebnet hättest. Ich kann mich glücklich schätzen, in dir meinen Seelenverwandten gefunden zu haben. Du bist wirklich etwas ganz Besonderes. VIELEN DANK!

Ich liebe dich! XO

KARRIERE-TIMELINE

2013

Einen Monat, nachdem ich mit dem CrossFit-Training begonnen hatte, startete ich erstmals bei den CrossFit Open.
Weltranglistenplatz: 5954

2014

Ich trat bei den CrossFit Regionals an und belegte den 18. Platz.
Weltranglistenplatz: 241

2015

Ich arbeitete mich die Rangliste hoch und belegte bei den CrossFit Games mit nur 40 Punkten Rückstand den zweiten Platz hinter Katrin Davíðsdóttir.
CrossFit Games: Vizeweltmeisterin

2016

Ich wurde erneut Zweite bei den CrossFit Games (mit 11 Punkten Rückstand auf Katrin Davíðsdóttir). Außerdem wurde ich 14. im Gewichtheben (in der 59-Kilo-Klasse) bei den Olympischen Sommerspielen in Rio de Janeiro.
CrossFit Games: Vizeweltmeisterin

2017

Ich gewann meine ersten CrossFit Games mit zwei Punkten Vorsprung auf Kara Webb.
CrossFit Games: Weltmeisterin

2018

Ich gewann die CrossFit Games zum zweiten Mal in Folge, dieses Mal mit 64 Punkten Vorsprung auf die Zweitplatzierte Laura Horvath. Außerdem trat ich im Gewichtheben bei den Commonwealth Games an und gewann Gold in der 59-Kilo-Klasse.
CrossFit Games: Weltmeisterin

2019 Ich gewann die CrossFit Games als erste Frau zum dritten Mal in Folge und besiegte die Zweitplatzierte Kristin Holte mit 95 Punkten Vorsprung.
CrossFit Games: Weltmeisterin

2020 Ich gewann die CrossFit Games zum vierten Mal in Folge, mit 360 Punkten Vorsprung auf die Zweitplatzierte Katrin Davíðsdóttir. Außerdem begann ich, mit der australischen Bob-Mannschaft zu trainieren.
CrossFit Games: Weltmeisterin

2021 Ich gewann die CrossFit Games zum fünften Mal in Folge, mit 256 Punkten Vorsprung auf die Zweitplatzierte Laura Horvath, und wurde zur besten CrossFitterin aller Zeiten gekürt.
CrossFit Games: Weltmeisterin

2022 Im Januar qualifizierte ich mich mit dem Bob-Team für die Olympischen Winterspiele, aufgrund neuer verbandsinterner Bestimmungen wurden wir aber nicht für die Teilnahme an den Spielen ausgewählt. Ich gewann als erster CrossFit-Athlet – gleich, ob Mann oder Frau – die CrossFit Games zum sechsten Mal in Folge, mit 113 Punkten Vorsprung auf die Zweitplatzierte Mallory O'Brien.
CrossFit Games: Weltmeisterin

2023 Ich trat bei den Open an, nahm mir anschließend aber eine Auszeit, um mein Baby Willow zur Welt zu bringen, das am 9. Mai 2023 geboren wurde.

QUELLEN

1 Clear, James: *Die 1% Methode.* München: Goldmann Verlag, 2020

2 Duckworth, Angela: *Grit – Die neue Formel zum Erfolg.* München: Bertelsmann Verlag, 2017

3 Duckworth, Angela (2013): *Grit: the power of passion and perseverance.* TED Talks Education. https://www.youtube.com/watch?v=H14bBuluwB8. Abgerufen am 9. März 2024

4 Lally, Phillippa; van Jaarsveld, Cornelia H. M.; Potts, Henry W. W.; Wardle, Jane (2009): *How Are Habits Formed: Modelling Habit Formation in the Real World.* European Journal of Social Psychology 40/6: S. 998–1009. https://onlinelibrary.wiley.com/doi/abs/10.1002/ejsp.674. Abgerufen am 9. März 2024

5 Shipman, Claire; Kay, Katty (2014): *The Confidence Gap.* The Atlantic. https://www.theatlantic.com/magazine/archive/2014/05/the-confidence-gap/359815/. Abgerufen am 9. März 2024

6 Dweck, Carol: *Selbstbild.* München: Piper, 2017

7 Branch, John et al. (2022): *What Scares the World's Most Daring Olympians.* New York Times. https://www.nytimes.com/interactive/2022/sports/olympics/athletes-winter-injuries.html. Abgerufen am 9. März 2024

8 Clear, James: *Die 1% Methode.* München: Goldmann Verlag, 2020

9 Star, Katharina (2022): *How to Prevent Anxiety From Causing Procrastination.* Verywell Mind. https://www.verywellmind.com/procrastination-and-panic-disorder-2584095. Abgerufen am 9. März 2024

10 *Body Image Confidential.* ESPN. http://www.espn.com/espn/feature/story/_/id/19232937/espnw-body-image-confidential#!survey. Abgerufen am 9. März 2024

11 LaFrance, Adrienne (2015): *What Happens to a Woman's Brain When She Becomes a Mother.* The Atlantic. https://www.theatlantic.com/health/archive/2015/01/what-happens-to-a-womans-brain-when-she-becomes-a-mother/384179/. Abgerufen am 9. März 2024

12 LL Cool J: *Mama Said Knock You Out.* Def Jam Recordings, 1990

13 Clear, James: *Die 1% Methode.* München: Goldmann Verlag, 2020

14 Dweck, Carol: *Selbstbild.* München: Piper, 2017

15 Kim, Hyun-Jun et al. (2013): *Effects of Oxygen Concentration and Flow Rate on Cognitive Ability and Physiological Responses in the Elderly.* Neural Regeneration Research 8/3: S. 264–269. https://www.ncbi.nlm.nih.gov/pmc/articles/PMC4107523/#:~:text=Highly%20concentrated%20oxygen%20was%20found,increases%5B7%2C11%5D. Abgerufen am 9. März 2024

16 Wilkins, Bridie (2023): *Zone 2 Training Guide: What Is It, Benefits + Examples.* Women's Health. https://www.womenshealthmag.com/uk/fitness/a42824841/zone-2-training/. Abgerufen am 9. März 2024

17 Krstic, Zee (2021): *All the Ways Ice Baths Can Benefit Physical Wellness, According to Orthopedic Experts.* Good Housekeeping. https://www.goodhousekeeping.com/health/a35994614/ice-baths benefits/. Abgerufen am 9. März 2024

18 Lindberg, Sara (2019): *Ice Bath Benefits: Research, Tips, and More.* Healthline. https://www.healthline.com/health/exercise-fitness/ice-bath-benefits. Abgerufen am 9. März 2024

19 Verbalis, Joseph G. (2022): *Ask a Doctor: What Happens If I Drink Too Much Water?.* Washington Post. https://www.washingtonpost.com/wellness/2022/10/24/drinking-too-much-water-hyponatremia/. Abgerufen am 9. März 2024

20 *Water Intoxication: What Happens When You Drink Too Much Water?.* Medical News Today. https://www.medicalnewstoday.com/articles/318619. Abgerufen am 9. März 2024

21 Morehen, James (2022): *Caffeine and Sports Performance: Pros, Cons and Considerations.* Science for Sport. https://www.scienceforsport.com/caffeine-and-sports-performance-pros-cons-and-considerations/. Abgerufen am 9. März 2024

22 Watson, Andrew M. (2017): *Sleep and Athletic Performance.* Current Sports Medicine Reports. 16 (6): S. 413–418. https://doi.org/10.1249/jsr.0000000000000418. Abgerufen am 9. März 2024

23 Geoghegan, Tom (2011): *Who, What, Why: How Long Is the Ideal Nap?.* BBC News. https://www.bbc.com/news/world-us-canada-13232034. Abgerufen am 9. März 2024